中央高校基本科研费项目"宁夏语言生态与和谐语言生活的研究"（编号：2019BGBS10）
2011年度国家社会科学基金项目（西部项目）"宁夏回族社区语言调查研究"（编号：11XYY006）

Research on Speech
Community and Language Culture
Survey of language life in Ningxia

言语社区与
语言文化研究

宁夏语言生活调查

刘晨红 ◎ 著

中国社会科学出版社

图书在版编目（CIP）数据

言语社区与语言文化研究：宁夏语言生活调查 / 刘晨红著 . —北京：中国社会科学出版社，2023.3
ISBN 978 - 7 - 5227 - 1194 - 2

Ⅰ.①言… Ⅱ.①刘… Ⅲ.①西北方言—社会语言学—调查研究—宁夏 Ⅳ.①H172.2

中国版本图书馆 CIP 数据核字（2022）第 247110 号

出 版 人	赵剑英
责任编辑	耿晓明
责任校对	赵雪姣
责任印制	李寡寡

出　　版	中国社会科学出版社
社　　址	北京鼓楼西大街甲 158 号
邮　　编	100720
网　　址	http://www.csspw.cn
发 行 部	010 - 84083685
门 市 部	010 - 84029450
经　　销	新华书店及其他书店
印　　刷	北京明恒达印务有限公司
装　　订	廊坊市广阳区广增装订厂
版　　次	2023 年 3 月第 1 版
印　　次	2023 年 3 月第 1 次印刷
开　　本	710×1000　1/16
印　　张	15
字　　数	212 千字
定　　价	79.00 元

凡购买中国社会科学出版社图书，如有质量问题请与本社营销中心联系调换
电话：010 - 84083683
版权所有　侵权必究

目 录

第一章 绪论 …………………………………………………………（1）
  第一节 宁夏语言生活研究现状 …………………………………（1）
  第二节 宁夏言语社区的类型 ……………………………………（7）
  第三节 研究的内容及价值 ………………………………………（15）

第二章 宁夏言语社区居民语言使用状况研究 ……………………（21）
  第一节 农村村民语言使用状况 …………………………………（21）
  第二节 城市市民语言使用状况 …………………………………（31）
  第三节 高校大学生汉语能力状况 ………………………………（43）
  第四节 中学生普通话使用状况 …………………………………（50）

第三章 宁夏移民社区语言调查研究 ………………………………（57）
  第一节 宁夏移民概况及移民语言的相关研究 …………………（57）
  第二节 移民对宁夏话的影响 ……………………………………（65）
  第三节 红寺堡移民区中学生语言使用状况 ……………………（73）
  第四节 兴泾镇移民语言使用状况 ………………………………（87）
  第五节 宁夏移民社区语言状况的比较 …………………………（129）
  第六节 移民村镇语言景观调查研究 ……………………………（137）

第四章 宁夏社会用语使用状况研究 ………………………………（155）
  第一节 宁夏话"子"缀称谓的文化内涵 ………………………（156）

第二节 银川市告示语的调查分析 …………………………（164）
第三节 银川市店铺名称的语言文化 ………………………（200）
第四节 银川市地名的语言文化 ……………………………（210）

参考文献 ………………………………………………………（227）

后　记 ………………………………………………………（236）

第一章

绪　　论

第一节　宁夏语言生活研究现状

语言学研究的问题可分为两类，一类是学科本身提出的问题，另一类是在现实语言生活中发生的问题。关注语言生活问题，研究语言生活问题，是促进中国语言学发展的动因。[1] 语言生活，有时又称"语文生活""语言文字生活"等，"凡是运用和应用语言文字的各种社会活动和个人活动，可概称为'语言生活'"[2]。李宇明在其文章《语言生活与语言生活研究》补充解释"语言生活"的概念，把"语言生活"定义为"语言生活是运用、学习和研究语言文字、语言知识和语言技术的各种活动"。"语言生活"像"政治生活、经济生活、文化生活、娱乐生活"等一样，是用领域来限定生活，是一种领域的社会生活。[3] 研究在社会生活中实际语言的运用是社会语言学关注的问题。

语言的基本功能是交际，但语言不仅仅是交际工具，它还是资源，记录着文化，渗透着情感；一些语言或方言的萎缩与消亡，意味着中华语言文化资源的流逝，意味着一些人的情感焦虑。社会变迁与语言文化的关系也是社会语言学领域研究的热点。德国语言学家冯·洪堡特很早就对民族、语言、文化三者的关系进行了研究，他认为："从语言中可以识别出

---

[1] 李宇明：《当代中国语言生活中的问题》，《中国社会科学》2012年第9期。
[2] 眸子（李宇明）：《语言生活与精神文明》，《语文建设》1997年第1期。
[3] 李宇明：《语言生活与语言生活研究》，《语言战略研究》2016年第3期。

每一种文化。""语言仿佛是民族精神的外在表现,民族的语言即民族的精神,民族的精神即民族的语言。"① 当前学术界也普遍认为语言和文化的关系甚为密切:一方面,语言是文化存在的符号标志,是文化的表达形式,没有语言,文化无从形成和显现;另一方面,文化是语言存在的意念理据,是语言的社会底座,语言不能脱离文化而存在,没有文化,语言也不能建构和确立。所以从语言的视角来阐释文化现象是很有价值的。

近十几年来,我国学术界,尤其是语言学界对语言和文化的探究表现出了极大的热忱,不断开辟出新的研究领域,研究成果甚是可观,关于语言和文化的研究论著不断问世,诸如罗常培的《语言与文化》、② 邢福义的《文化语言学》、③ 申小龙的《中国文化语言学》、④ 沈锡伦的《中国传统文化和语言》、⑤ 常敬宇的《汉语词汇与文化》,⑥ 等等。这些研究多数是从宏观的角度探求汉语和中国文化的关系,或者把汉语和外族语进行比较,寻找在不同的文化背景下,语言所表现出来的差异。有关区域性文化和方言之间关系的研究有待深入。我国幅员辽阔,不同区域有自己独有的文化特色,这必然会对语言产生不同的影响,这种影响也会波及全民族共同语言。所以,我们认为从区域性的角度来研究语言和文化之间的关系很有必要,也是很有意义的。

我国是统一的多民族国家,民族语言丰富,各民族各地区语言的社会使用状况复杂多样。宁夏回族自治区是我国回族人口最多的省区,回族在语言使用上和其他少数民族不同,回族并没有独立的民族语言,回族无论民族内外都是以汉语为交际工具。在宁夏这个民族自治区人们使用的语言主要是普通话和汉语方言,语言关系主要是普通话和方言的关系。对于宁夏地区的语言研究,目前学界主要关注方言本体的研究,语言的社会使用情况研究不足。

---

① 转引自胡明扬《西方语言学名著选读》,中国人民大学出版社1988年版,第28—29页。
② 罗常培:《语言与文化》,语文出版社1989年版。
③ 邢福义:《文化语言学》,湖北教育出版社1990年版。
④ 申小龙:《中国文化语言学》,吉林教育出版社1990年版。
⑤ 沈锡伦:《中国传统文化和语言》,上海教育出版社1995年版。
⑥ 常敬宇:《汉语词汇与文化》,北京大学出版社1998年版。

一 方言研究

宁夏境内方言本体研究成果丰硕，语言文化、语言接触视角的研究有初步成果。从20世纪80年代开始，宁夏的方言研究者就进行了调查描写，各县市的方言概要在各县市的地方志中都有记录，而且也有相关的专著出版，比如高葆泰、林涛的《银川方言志》、① 杨子仪、马学恭的《固原县方言志》、② 林涛的《中卫方言志》、③ 杨苏平的《固原方言俗语》、④ 刘晨红、林涛的《吴忠方言研究》。⑤ 根据已经出版的著作和发表的论文资料，研究者对宁夏方言的分区从语音的角度进行了划分。例如张安生在《银川话阳平、上声合并史新探》（上），⑥ 提出银川方言属于三声调方言，单字调有阴平、阳平上、去声三类，为研究官话方言提供了很多实例。张安生的《宁夏境内的兰银官话和中原官话》⑦ 根据古入声的今调，将宁夏境内的汉语方言分成了兰银官话、中原官话两大区，并且首次将宁夏境内的汉语方言分为川区话和山区话，其中兰银官话分布在北部川区的11个市县，俗称"川区话"，内部细分为银川、中卫、同心三个小片，使用人口大约为366万人；南部山区固原、彭阳、隆德、海原、西吉、泾源六市县以及东部的盐池县，俗称"山区话"，使用人口大约为214万人，同时指出了其各自的语音特点和内部差异。

由于诸多历史原因，回族形成了"大分散、小聚集"的地域特征，宁夏的回族所使用的语言就是居住地的汉语方言。对于宁夏回族汉语方言的研究，学术界有所涉及。由李树俨主持，张安生参与编写的《银川方言词典——现代汉语方言大词典·分卷》调查记录了银川方言的现状，侧重调查了银川汉族的语音，汉、回、满族通用的汉语词，新老派方言之间的差异，银川回族的语音和特殊语词以及银川方言音变的规律。其中涉及银川方言的内部差别、银川方言的特点、回汉方言差异、变调、轻声、回族儿

---

① 高葆泰、林涛：《银川方言志》，语文出版社1993年版。
② 杨子仪、马学恭：《固原县方言志》，宁夏人民出版社1990年版。
③ 林涛：《中卫方言志》，宁夏人民出版社1995年版。
④ 杨苏平：《固原方言俗语》，宁夏人民出版社2007年版。
⑤ 刘晨红、林涛：《吴忠方言研究》，中国社会科学出版社2018年版。
⑥ 张安生：《银川话阳平、上声合并史新探》（上），《河北大学学报》2005年第1期。
⑦ 张安生：《宁夏境内的兰银官话和中原官话》，《方言》2008年第3期。

化的规律及部分语法特点等。① 该方言词典用分条列举的形式，总结了汉语银川方言的研究成果。张安生的《同心方言研究》以回族为发音合作对象，深入研究了同心方言的语音词汇语法规律。②

相关研究细致描写了宁夏方言或宁夏某地回族汉语方言的语音、词汇、语法方面的面貌，基本摸清了宁夏地区自然语言生态状况。

如果说语言是文化的载体，是文化的一部分，那么方言是地域文化的重要载体，也是地域文化整体的一部分。21世纪以来，宁夏方言研究开始从语言文化、语言接触的角度进行，比如马伟华从族群文化的角度解释了当代生态移民的语言选择。③ 张秋红探析了宁夏吴忠市红寺堡多方言移民聚居区的语言接触与竞争。主要探讨宁夏生态移民对关中方言带来的影响，通过语言变迁了解移民的语言文化认同。④

"语言的历史实际上是语言使用者的历史，而语言的使用者'人'总是社会的、文化的人，因此，离开使用者或不与特定社会、文化相联系的语言，不能算作真正的语言。由于语言的关系不单纯是语言学问题，还是人类学、考古学、历史学、社会学、文化学问题。"⑤ 社会语言学认为"语言是异质有序的系统"，话语人因为交际的场合、交际目的、交际对象等方面的不同，会采用不同的语言变体。笔者调查宁夏不同言语社区人们语言使用的差异，从动态的角度关注宁夏言语社区人们的语言状况，探究语言文化。

在调查研究宁夏言语社区的语言状况的时候，宁夏境内方言研究的成果为本书判断宁夏各类言语社区语言归属以及描述、分析各个社区语言特点时提供了可借鉴的基础资料。

二 语言使用研究

当前我国语言生活空前活跃、多姿多彩，健康和谐，热点纷呈，一个

---

① 李荣主编，李树俨、张安生编纂：《银川方言词典——现代汉语方言大词典·分卷》，江苏教育出版社1996年版。
② 张安生：《同心方言研究》，中华书局2006年版。
③ 马伟华：《移民与文化变迁：宁夏吊庄移民语言变迁的调查研究》，《内蒙古大学艺术学院学报》2009年第4期。
④ 张秋红：《移民方言接触与回族方言语音变迁探析——以宁夏红寺堡开元村关中方言为例》，《北方民族大学学报》（哲学社会科学版）2017年第5期。
⑤ 王远新：《中国民族语言学：理论与实践》，民族出版社2002年版，第24页。

主体多元的语言生活新局面已经形成。① 关于中国的语言生活研究，李宇明总结了五方面的主要工作，分别是分领域观察语言生活、利用媒体语言统计语言生活、语言舆情的分析研判、语言国情的调查研究、建立学术研究体系。② 宁夏回族自治区区域性语言生活的相关调查研究相对贫乏，只有少许关于普通话普及使用的研究和零星的关于社会用语的研究。

宁夏的普通话普及使用情况研究不足。国家通用语言文字是我国各民族各地区各行业的共同交际工具。中华人民共和国成立以来，国家通用语言文字为民族地区的政治、经济、文化教育、交通运输、信息技术等领域的发展作出了重大贡献。党的十九届五中全会指出，提高民族地区教育质量和水平，加大国家通用语言文字推广力度。梳理资料，宁夏地区的普通话普及与使用情况研究的相关文献有限，比如有对宁夏高校普通话水平测试及培训现状的调查。③ 有对红寺堡生态移民扶贫回族聚居区人们语言情况进行调查。④ 相关研究显示，在西部地区和民族地区的宁夏，普通话普及率和普通话水平相对较低，而且有明显的城乡差异和民族差异。根据2016年8月23日教育部、国家语委发布的《国家语言文字事业"十三五"发展规划》的要求，明确提出要大力提升农村地区普通话水平，到2020年，全国范围内基本普及普通话。宁夏区域内推广普通话、提升普通话水平的任务还很艰巨。因此，普通话普及与使用情况的研究空间很大。

宁夏社会用语的研究很少。社会用语是指流行于社会、面向公众的用语。社会用语既有书面的，又有口头的。从使用的范围来看，它包括街道、集市、商店、旅游地、公共娱乐场所、机场、车站、码头、饭店、邮局、银行等一切公共场所；从使用的种类来看，社会用语包括各种广告、标语、招贴、牌匾、标签、公约、商品说明的用语，以及新闻广播用语、服务用语、宣传用语、叫卖用语、招呼称谓用语，还包括在公众场合发言、演说时所用的程式化用语，书信及公文的程式用语，等等。

---

① 郭熙：《七十年来的中国语言生活》，《语言战略研究》2019年第4期。
② 李宇明：《语言生活与语言生活研究》，《语言战略研究》2016年第3期。
③ 杨晓宇、刘鸿雁、马军丽：《宁夏高校普通话水平测试及培训现状调查》，《宁夏师范学院学报》2017年第5期。
④ 周永军、马子豪：《宁夏生态移民区移民语言使用状况实证研究》，《宁夏大学学报》2018年第6期。

社会用语作为一种应用于社会公众场合的语言现象，与人们的日常社会生活密切相关，在现实生活中为人们广泛使用。它具有社会性、公众性、开放性、实用性等特点。它是日常生活中使用频率最高、涉及面最广的一种语言活动，它集中体现了社会各行业语言运用的特点，集中体现了民族心理、道德观念、文化修养等社会文化诸因素，社会用语常常对整个社会的语言发展具有导向作用。社会用语的研究范围与语言服务研究范围大体一致。李宇明指出社会语言服务已经成为城市应很好规划的信息服务功能。包括道路街巷、公共单位的各种牌匾标识，商贸、旅游、交通、邮政、金融、医疗、文化娱乐等领域的语言文字应用。[1] 笔者的研究主要关注话语本身，采用社会用语的概念。

学界对于宁夏社会用语的研究不多，论文有何彤慧、李禄胜的《宁夏地名特征与地名文化》，该文分析了宁夏地名特征表现出的边地文化、生态文化、绿洲文化、山地文化及民族文化等特征，认为宁夏地名是宁夏自然生态与人文历史形成、发展和演变的真实写照，从而也构成了独具地方特色的地名文化。[2] 对于社会变迁因素引起地名演进的分析没有涉及。许钟宁的《公关语言的精品——宁夏系列公关标语口号论析》，认为公关标语是社会组织为实现既定的公关目标以文字为媒介创制的用以宣传鼓动的简短语句，公关口号是它的口头形式，二者功能相同。该文以2002年出现在银川街头的几则公关标语口号为例，从修辞学的角度进行了分析。[3] 许钟宁的《二元修辞学》中有一些零星例子是宁夏社会用语的语言现象，但这些例子是用来说明修辞的某些特点。[4] 因此对于宁夏社会用语的研究成果很少，而且主要是从修辞学或地理学的静态角度分析，从社会语言学动态的角度进行调查分析宁夏社会用语及语言文化的涉及极少。

三 研究取向

我们旨在探讨语言、民族与社会文化相互之间的关系，使用宏观的社会语言学的概念。"社会语言学认为，语言不是一个静止的、自足的、同

---

[1] 李宇明：《中国语言生活的时代特征》，《中国社会科学》2012年第4期。
[2] 何彤慧、李禄胜：《宁夏地名特征与地名文化》，《宁夏社会科学》2003年第4期。
[3] 许钟宁：《公关语言的精品——宁夏系列公关标语口号论析》，《修辞学习》2002年第5期。
[4] 许钟宁：《二元修辞学》，复旦大学出版社2012年版。

质的符号系统,语言受社会影响而不断产生变异,是一个动态的、不自足的、异质而有序的符号系统。"① 胡壮麟认为,社会语言学研究社会方方面面对语言使用的影响,研究基于某些社会变量(如民族、宗教、地位、性别、教育程度等)所区分的社团之间在语言使用上的差异,也研究如何运用所创建的规则来对社会阶级或社会经济阶级进行分类。② 徐大明、王玲认为社会语言学需要结合语言的社会环境来研究语言。中国的社会语言学研究则结合中国的社会环境研究和分析汉语及少数民族语言的应用、变化和发展等问题。③

社会的变化常常引起语言的变化,这是一条不变的真理。我国是一个多民族、多方言的国家,语言状况比较复杂,尤其是当今社会,人口流动越来越多,民族间的交流越来越频繁,社会的因素使语言问题更加复杂。在现代社会中,尤其在民族地区,各种语言的使用状况如何?各种语言在社会中应当占有什么样的地位,如何使各种语言协调来促进交际而不是增加矛盾或造成冲突,在现代社会中怎样使用语言充分发挥功能,满足交际的需要,这些都是需要研究和解决的,但是实际研究相对薄弱。从社会与语言的共变角度,研究宁夏回族自治区言语社区语言状况还有较大空间。

第二节 宁夏言语社区的类型

一 言语社区和社区

言语社区概念是社会学中社区概念在社会语言学的一次衍生,是社会语言学借鉴社会学的结果。社区(community)一词最早是由德国社会学家F. 滕尼斯(F. Tounies)于1887年提出来的,在滕尼斯看来,社区是基于亲族血缘关系而结成的社会联合。1926年美国社会学家派克(R. E. Park)和布尔吉斯(E. W. Burgess)提出"社"就是人群,"区"就是地区、空

---

① 吴福祥:《关于语言接触引发的演变》,《民族语文》2007年第2期。
② 胡壮麟:《系统功能语言学的社会语言学渊源》,《北京科技大学学报》(社会科学版)2008年第2期。
③ 徐大明、王玲:《城市语言调查》,《浙江大学学报》(人文社会科学版)2010年第6期。

间、环境。社区就是人们及其活动与地区环境的空间组合关系。① 多数社会学家比较认可的定义是"社区是指生活在一定地理区域内，具有共同意识和共同利益的社会群体"。

滕尼斯在使用社区概念时，将社区概念作了较广泛的定义。他将社区分为三种类型，第一种是地区社区，亦称地理的或空间的社区，它以共同的居住区及对周围或者附近财产的共同所有权为基础。邻里、乡庄、城镇等都是这种社区。第二种是非地区社区，亦称精神社区。这种社区含着为了一个共同目标而进行的使用和协调行动，同地理区位没有关系。这种社区包括宗教团体和某种职业群体等。第三种是亲属社区，亦称血缘社区，即由具有共同血缘关系的成员构成的社区。②

笔者采用水镜君对社区的解释"无论哪一类的社区，都有一个或清晰或模糊或虚拟的边界。地域性社区的边界相对稳定，精神共同体的边界因成员的增减而扩展或缩小，虚拟社区的边界则变动不居。社区的空间范围亦随之稳定或变化。不同种类社区在空间上或重叠或部分重叠、交叉，呈复杂的状态。个人与社区的关系也并非只有一种，不论在城镇还是乡村，一个人有多个社区认同的情况并不少见。如一个宗教信徒认同某个宗教社区，他（她）同时还可以认同自己所属的地域共同体、血缘共同体，如果他（她）经常参与某个（某几个）电子网络群体的讨论，并认同该群体的价值观念，他（她）还是一个或几个虚拟社区的成员"③。本书使用的社区概念，指在一定地域共同生活，具有共同生活方式、风俗、意识的人们的共同体。

言语社区是语言学的首要研究对象和语言调查的基本单位，④ 是言语行为的存在场。⑤ 从 20 世纪 30 年代开始，诸多语言学者对"言语社区"从不同角度进行解说，李现乐在《试论言语社区的层次性》中梳理了国外代表的关于言语社区概念的解释，布龙菲尔德认为，一个言语社区就是

---

① Park R. E. & Burgess E. W., *Introduction to the Science of Sociology*, Chicago, University of Chicago Press, 1921, p. 873.
② 转引自孙荣《改革开放四十年上海城市社区治理的制度变迁研究》，复旦大学出版社 2019 年版，第 13 页。
③ 水镜君：《"忆旧共同体"与多元社区的建设》，《中州学刊》2004 年第 2 期。
④ 徐大明：《言语社区理论》，《中国社会语言学》2004 年第 1 期。
⑤ 李现乐：《试论言语社区的层次性》，《东北大学学报》（社会科学版）2010 年第 3 期。

"依靠言语相互交往的一群人"①。霍凯特认为,言语社区是"通过共同的语言能直接和间接地彼此进行交往的一整群人"②。美国社会语言学家甘柏兹给言语社区(言语共同体、语言社团)的定义是,"语言社团被从功能主义的角度定义为一种讲话人的非正式组织,将这些人组织起来的是一些思想意识和相近的态度,是语言方面的共同标准和追求"。他认为:"语言调查的重点不应该是个别的讲话人或个别人的语言能力,而首先应该是一个语言社团。"也就是说"特定的群体基于其特定的环境、特定的地位在语言的应用上必然形成独特的语言社区"③。拉波夫认为:"言语社区并不是根据语言因素使用过程中任何明显的一致性,而是根据一套共有规范来界定的。"④

国内关于言语社区的介绍也比较多,祝畹瑾在《社会语言学概论》中综合介绍了社会语言学家甘柏兹、拉波夫等人的关于言语社区的观点,指出:"言语共同体是指在某种语言运用上持有某些共同社会准则的人员的集合体。其大小要按照研究的需要和抽象的程度来划分。""我们不能设想存在明显的、稳定的共同体界限。言语共同体可以说是研究者提出的构想。"⑤

徐大明在《言语社区理论》一文中强调了言语社区在整个社会语言学中的重要地位及其对普通语言学发展的推动作用,提出确定言语社区的一些原则和有效的测量指标:(1)社区第一性,言语第二性。(2)语言使用规范的一致性。(3)语言态度的一致性。(4)其他指标,如交际密度指标,沟通度指标等。指出言语社区具有人口、地域、互动、认同、设施五个要素。⑥

付义荣在其著作《言语社区和语言变化研究——基于安徽傅村的社会

---

① [美]布龙菲尔德:《语言论》,袁家骅、赵世开、甘世福译,商务印书馆1980年版,第45页。
② [美]霍凯特:《现代语言学教程》(上),叶蜚声、索振羽译,北京大学出版社1986年版,第8页。
③ [英]约翰·甘柏兹:《会话策略》,徐大明、高海洋译,社会科学文献出版社2001年版。
④ William Labov, *Sociolinguistic Patterns*, University of Pennsylvania Press, 1973, pp. 120 - 121.
⑤ 祝畹瑾:《社会语言学概论》,湖南教育出版社1992年版,第32页。
⑥ 徐大明:《言语社区理论》,《中国社会语言学》2004年第1期。

语言学调查》①中遵循"社区第一,语言第二"的原则,首先界定"傅村是一个社区"。然后依据社区里说同一种语言变体的群体界定为一个言语社区,界定"傅村言语社区就是指使用无为话的傅村社区"。该书中用大量篇幅介绍了言语社区理论,尤其论述了言语社区的相对性。文中先论述了社区的相对性,指出在社区的各个要素中,地域是第一重要的要素,它是其他各要素存在的物质基础,有了地域要素,社区就有了一定边界。社会学研究中,社区的地域范围不是绝对不变的,而是相对的,范围可大可小。村庄、城镇、街道、城市的市区或郊区等,这些社会共同体都可以被看作一个社区。"社区是灵活的、有弹性的。"与社区诸要素相对应的是,语言要素也具有相对的性质。社会语言学家使用的"变体"这个术语就是一个中性术语,它可以指称不同层次上的语言实体,语言、方言、次方言、土语都可以称为"变体",每个变体都相对于其他变体而存在。社区诸要素的相对性和语言要素的相对性,必然使得言语社区的概念具有相对性,言语社区界限因而具有一定的操作化色彩,并无统一的规定和标准。②"同一个语言社团的成员最主要的标志不是行为上的一致性,而是在语言方面的思想上和态度上的一致性"。付义荣在其著作《闽南农村汉语方言词汇变化研究》再次实践了言语社区的理论,界定了闽南农村言语社区,从言语社区的角度对闽南农村汉语方言词汇的变化进行了深入调查。③

夏历在《农民工言语社区探索研究》一文中提出农民工言语社区构想,以北京市的农民工为典型代表来论证农民工是一个言语社区,初步的调查结果还显示,农民工言语社区是一个多层次的结构体,表现出多角度的层化态势。④农民工言语社区的成立,打破了言语社区地域、民族界限的局限,言语社区的动态性将被加强。

李现乐在《试论言语社区的层次性》中梳理了语言学界关于言语社区是多层社区的论述,提出言语社区的层次性是言语社区内部结构系统的基本特征之一,从言语社区基本构成要素中人口、地域、互动、认同和设施

---

① 付义荣:《言语社区和语言变化研究——基于安徽傅村的社会语言学调查》,北京大学出版社2011年版,第23—25页。
② 付义荣:《言语社区和语言变化研究——基于安徽傅村的社会语言学调查》,北京大学出版社2011年版,第22—23页。
③ 付义荣:《闽南农村汉语方言词汇变化研究》,中国社会科学出版社2020年版,第25页。
④ 夏历:《农民工言语社区探索研究》,《语言文字应用》2007年第1期。

的层次性论述了言语社区的层次性。认识言语社区的层次性有助于我们更深入地把握言语社区的结构系统。①

综上所述言语社区具有相对性、动态性以及层次性。

二 宁夏的社会概况及言语社区类型

既然要对宁夏地区进行社会语言学调查，那首先要了解该地区社会基本状况，区分宁夏地区言语社区的类型。

(一) 宁夏的社会概况

宁夏回族自治区简称"宁"，地处黄河上游，位于东经104°17′—109°39′，北纬35°14′—39°14′，面积6.64万平方千米，辖5个地级市、22个县(市、区)，首府为银川市。

根据《宁夏第七次全国人口普查主要数据情况》②，宁夏全区常住人口为7202654人。人口地区分布，银川市为2859074人，占全区常住人口的39.69%；石嘴山市为751389人，占10.43%；吴忠市为1382713人，占19.20%；固原市为1142142人，占15.86%；中卫市为1067336人，占14.82%。全区常住人口中，汉族人口为4612964人，占64.05%，与2010年第六次全国人口普查相比增加543552人，增长13.36%；少数民族人口为2589690人，占35.95%，增加357752人，增长16.03%，其中回族为2523581人，增加332602人，增长15.18%，各民族人口稳步增长。

宁夏是一个多民族聚居的地方，从居住的状态看，有民族聚居区和民族杂居区，如王远新所说，在我国，各民族长期友好往来，共同发展，形成了以汉族为主体的各民族大杂居、小聚居和交错居住的格局。我国绝大多数少数民族都有或大或小的聚居区。在一个特定的民族杂居区内，常常聚居或杂居着其他民族；而在一个特定的民族聚居区内，也会杂居或聚居着其他民族。基于这样一种历史形成的杂居中有聚居、聚居中有杂居的民族分布特点，民族杂居区和聚居区是相对的概念。在一个特定范围内，不同民族交错或互相杂处，形成民族杂居区，而在这同一范围的不同区域里，不同民族又多以单一民族或单一民族为主的聚居形式分布。这样，无

---

① 李现乐：《试论言语社区的层次性》，《东北大学学报》(社会科学版) 2010年第3期。
② 宁夏回族自治区统计局：《宁夏第七次全国人口普查主要数据情况》，http：//tj.nx.gov.cn/xwfb_ htr/202105/t20210525_ 2857924.html (2021-05-25 15：36)。

论是民族的杂居还是聚居，都与所指的地域涵盖的范围有关：地域涵盖范围越大，民族分布的杂居特点就越突出，反之亦然。因此，一般来说我们只能认为，在一个特定的区域里，同一个少数民族居住比较集中的是民族聚居区，两个或两个以上民族交错聚居或相互杂处的是民族杂居区。①

  从居住空间上看，有城镇社区和乡村社区之分。宁夏的城镇社区处于增长的趋势。根据《宁夏第七次全国人口普查主要数据情况》②全区常住人口中，居住在城镇的人口为4678654人，占64.96%；居住在乡村的人口为2524000人，占35.04%。与2010年第六次全国人口普查相比，城镇人口比重上升17.06个百分点。10年来，随着该区新型工业化、新型城镇化和农业现代化进程稳步推进，全区城镇化建设取得了历史性成就。从地域空间分类的横向角度考察，宁夏社区中行政社区、自然社区、民族社区相互重叠交错，构成了宁夏各族群众生活的社会环境。比如纳家户村是一个民族聚居的村寨社区，地处宁夏平原，自然条件优越，社区经济发展迅速，社区结构分化程度高，代表了由传统社会正快速向现代化社会转变的平原地区回族乡村社区状况。

  （二）宁夏地区言语社区的类型

  宁夏回族自治区是我国回族人口最多的省区，回族在语言使用上和其他少数民族不同，回族没有独立的民族语言，回族是以汉语为交际工具。由于宁夏社区的民族差异和空间差异，形成了不同的言语社区，表现出不同的言语特征。

  笔者关注的是随着宁夏社会的发展，不同言语社区人们的语言生活发生了什么变化，以及观察语言文化在中华民族共同体建设方面的积极的影响。

  从上文言语社区的相关论述中可知言语社区是动态的、相对的、多层的，那么宁夏地区的言语社区也是动态的、相对的、多层的，范围可大可小。对于区域内而言，一个个少数民族聚居的小区域是一个少数民族言语社区；对于宁夏境内，整个宁夏也是一个民族杂居言语社区。依据不同标准，宁夏言语社区有不同的划分类型，根据居住空间的结构，分为农村

---

① 王远新：《论我国民族杂居区的语言使用特点》，《民族语文》2000年第2期。

② 宁夏回族自治区统计局：《宁夏第七次全国人口普查主要数据情况》，http://tj.nx.gov.cn/xwfb_htr/202105/t20210525_2857924.html（2021 - 05 - 25 15：36）。

言语社区和城市言语社区。

陈忠祥按照空间结构把宁夏社区分为乡村社区和城镇社区。以此，宁夏言语社区可以分为乡村言语社区和城镇言语社区。

1. 农村言语社区

农村社区是指居民以从事农业为主要谋生手段的区域社会。多数乡村社区结构比较封闭，村民之间的血缘、地缘关系较浓，家族、宗族、民族、乡族观念较强，具有深厚的地域观念、乡土观念和社区归属感，而与外界联系、交往则相对较少。

语言使用上，宁夏农村少数民族聚居的言语社区，尽管也使用汉语，但由于地域的差异，受到当地方言的影响，明显具有民族文化的特征。大的乡村言语社区可以再次细分为一个个具体的更小的乡村言语社区。比如宁夏银川市永宁县纳家户村就是一个乡村言语社区。

在农村社区里还有一种新情况——农村移民社区，宁夏移民社区是指20世纪80年代以来，人们从宁夏南部山区迁移到宁夏川区定居下来而形成的言语社区。也就是从宁夏南部山区迁移到宁夏川区的乡村，形成新的乡村社区。人们由于生活地域的变迁，生产方式的转变及交际范围的扩大，移民区人们的语言使用状况与非移民区的有所不同，显示出一定的特征。比如移民聚居区有吴忠市红寺堡区、银川市永宁县闽宁镇、银川市西夏区兴泾镇等，这些移民聚居区具有人口、地域、互动、认同、设施五个要素，是一个个移民言语社区。

2. 城市言语社区

城镇社区是指位于城镇，居民以第二、第三产业为谋生手段的区域社会。"新中国成立以来，民族地区城镇文化建设随着民族地区经济文化建设的整体发展而有了明显的进步，现代文化的因素不断渗入到民族地区城镇社会生活中，并成为主流的文化因素。民族地区城镇文化的现代性表现在城镇文化的物质、精神和制度各个层面。在城镇文化的物质形态上，现代特征的水泥建筑、宽敞的街道、政府、商场、娱乐场所是醒目的标志；在精神文化方面，城镇居民的语言、思想观念、思维方式、风俗习惯等都发生了脱离传统的明显变化；在制度文化方面，民族区域自治制度的建立、现代经济制度、婚姻制度和现代办事规程的确立，标志着现代制度文化已经在民族地区城镇扎根。民族地区的城镇文化又具有浓郁的传统色彩。传统性主要表现为民族性。"①

宁夏城市社区中回汉混居是社区内居住格局的基本形式，回族传统的聚居模式正在消退，回族居民在市区的分布已从板块式转向散点式，成片集中分布的格局正在逐步解体；社区空间结构由封闭趋向开放，社区纵向格局正在加强，社区同大社会的人流、物流、信息流的循环逐步加快，而社区自身的自主性呈减弱趋势。回族社区空间结构处于由聚居向混居、由封闭向开放的变化过程。

陈忠祥认为，随着城镇化的发展，银川市城市的地域空间不断外延，规模不断扩大，外围地带不断变更为市区，城内大量危、旧房拆除改造及道路、商业网点的建设，原有社区的回族居民搬迁，社区居民中回族比例大大下降，回汉混居已成为主流态势已经形成，居民之间不分职业、民族，不论宗教信仰，大家都友好往来，团结互助，形成了一种新型的民族平等的睦邻关系。如银川市城区的新华街，曾经是市区内一个较大的回族社区，古老的新华清真寺就坐落在这一社区，至新中国成立时围寺而居的回族住户有百余户。新中国成立后随着城市的多次改造，特别是20世纪90年代初对这一社区的大兴土木，银川商城、新华购物中心、新华百货等一批商厦和商业网点的建成，这里成了市区最繁华的区域，曾长期居住于此的回族大多数迁往北环、德胜、唐徕、光华等住宅小区，新华清真寺也东移重建。目前居于清真寺周围的仅有十几户回族住户，就整个新华街9个居委会统计，回族人口仅占街道总人口的13.6%，而且居住形式绝大部分为回汉混居。②

城市社区随着旧城改造，商业发展，城内回族居民搬迁，社区居民中回族比例大大下降，回汉混居已成为主流，开放态势已经形成。

随着宁夏城镇化的进程，宁夏少数民族社区从空间特性到生产方式以及文化生活都已发生并且还在发生变化。"语言是一种生活形态。"随着城镇的发展，人们生活形态的变迁，对人们的语言使用及语言文化有没有影响，有什么影响呢？本书调查银川市回汉混居社区市民的语言状况。

在城市言语社区内根据区域特点，还可以划分出一个个的单位社区。"单位社区是社区类型之一。指企业、事业所办的社区。这类社区，居民

---

① 蒋彬：《简论民族地区的城镇文化建设》，《西南民族大学学报》2005年第9期。
② 陈忠祥：《宁夏回族社区空间结构特征及其变迁》，《人文地理》2000年第5期。

第一章　绪　论

职业的构成比较明晰，居住地和生产或工作地有明显的界限和隔离带，生活环境质量好，邻里间比较熟悉，但互动意识不强，社区活动多被单位组织活动替代。"① 丁石庆曾调查北京地区少数民族单位社区的语言使用情况，② 笔者将大中小学看作一个个单位社区进行语言调查。

笔者对宁夏言语社区的划分是相对的，不是绝对的，划分的目的是描述并且对比相对不同类型的言语社区语言状况的特点。

第三节　研究的内容及价值

一　研究的主要内容

民族地区语言生活意义重大，关系经济发展、文化交流，关系国家统一、民族团结。我国推广国家通用语言文字，保证信息畅通，促进国家认同，这是国家根本利益之所在。普通话和方言的和谐，各民族语言之间的和谐，是国家语言生活的理想状态。③ 宁夏各类言语社区各类群体语言能力、语言使用状况以及影响语言使用的社会因素等问题需要深入调查，本书通过调查研究把握该地区语言生活状况，审视语言文化生态。

语言是文化的重要载体，是国家文化软实力的重要组成部分。文化依赖语言进行传播，语言是人与人之间交流的重要工具，语言不通就难以交流，不交流就难以形成认同。党的十九大报告指出，"文化是一个国家、一个民族的灵魂"。

刘宝俊指出，"民族语言学研究语言和文化，主要着眼于语言、民族、文化三者间的相互关系"。民族的各种特征中，"语言具有稳定对应性、完整外露性和综合表征性，是民族内聚外分最直接、最客观的标志"④。宁夏言语社区的语言调查研究，不仅涉及民族语言学，也涉及社会语言学。社会语言学既研究语言结构，也探讨语言与民族、语言结构与社会结构之间的关系。对宁夏言语社区的语言进行调查研究，主要目的是描写现代社会

---

① 胡申生主编：《社区词典》，上海古籍出版社2006年版，第26页。
② 丁石庆主编：《社区语言与家庭语言：北京少数民族社区及家庭语言调查研究之一》，民族出版社2007年版。
③ 李宇明：《当代中国语言生活中的问题》，《中国社会科学》2012年第9期。
④ 刘宝俊：《民族语言学论纲》，《中南民族学院学报》（哲学社会科学版）1994年第5期。

宁夏各类言语社区语言状况，分析其语言文化特征，重点调查社会因素对居民语言使用、语言功能的影响，在多方言、普通话、民族语言并存的社会，使各种语言协调来促进交际，增强民族间的交流合作，为促进少数民族和民族地区社会经济发展服务。主要研究内容有三方面。

（一）调查研究各类社区居民语言使用状况

语言的社会本质在于它是社会交际工具和认知工具。从历史的角度看，语言可以处在形成、发展、保持或消亡的状态。处在不同状态的语言，似乎是受一种无形的力量驱使，这种决定语言处在不同状态的力量称作语言的生命力（language vitality），也就是语言活力。语言活力的强弱和该语言的结构特点不能说完全没有关系，但主要还是取决于它的交际功能和认知功能。语言的交际功能和认知功能主要体现在它的使用群体（言语社区）具有的实际语言能力和语言运用状况中，以及体现在它所处的更大的言语社区的地位和关系中。因此学界把语言交际功能和认知功能表现出来的、存在分布差异和程度差异的使用和发展状况称作语言活力，换句话说，语言活力是具体语言群体语言能力和语言运用的不同存在状况与发展水平。[1] 族群语言活力理论在学科归属上，应算作社会语言学中的宏观社会语言学，宏观语言学也叫"大社会语言学"，主要研究社会中的语言问题，如双语（bilingualism）、双方言（bidialectalism）等方面；相对应的"微观社会语言学"，即"小社会语言学"，则主要研究语言的变异（variation）部分。[2] 它和语言规划（language planning）、语言接触（language contact）、言语社区（Speech community）等方面关系紧密。它着眼于不同语言在社会功用上的差异或变异，在研究重点和方法上，试图通过语言使用功能的变异探索语言功能变化的内在制约机制，兼顾语言实际使用状况（语用的）和语言潜在发展能力（语法的）两个方面。[3]

语言文字使用情况调查，一般包括两种情况：一种是对语言文字具体用法的调查，调查人们对一些具体的语言成分如何使用，对这些具体用法是赞同还是反对；另一种是宏观的调查，调查人们掌握各种语言（包括方言）和文字的情况，使用这些语言文字的习惯和场合，对各种语言文字及

---

[1] 黄行：《中国少数民族语言活力研究》，中央民族大学出版社2000年版，第7页。
[2] 王娟：《社会语言基本理论问题审视及应用》，中国商业出版社2018年版，第30页。
[3] 黄行：《中国少数民族语言活力研究》，中央民族大学出版社2000年版，第4页。

其使用过程中的看法。社会语言学家把后面的这种调查叫作语言状况的调查。①

王远新在《中国民族语言学：理论与实践》中总结了我国少数民族语言调查研究的成果主要是在语言结构和语言使用两个方面。而且强调语言调查是语言结构研究的基础，"语言调查是语音研究的基础，其主要任务有二：一是通过对发音合作人话语的记录、描写、分析，认识一种陌生语言或方言的结构特点；二是通过对这种语言或方言的使用人口、分布状况、社会文化背景、语言人的语库特点、语言掌握程度、语言使用场合、语言使用的发展变化和发展趋势、语言态度等方面的研究，认识一种语言或方言的功能特点以及语言关系的特点"②。

语言使用状况的调查既是语言结构调查中不可或缺的一项内容，也是社会语言学调查研究的一项重要内容。在2019年全国民族团结进步表彰大会上提出，全面加强国家通用语言文字教育，不断提高各族群众科学文化素质。社会语言学是一门与国情、族情密切相关的语言学学科，因此，不同国家国情、族情以及学术传统上的差别，常常会导致不同国家的学者所关心的社会语言学问题及其侧重点有所不同。随着语言研究的不断深入和研究领域的不断拓展，越来越多的学者认识到，双语和多语现象以及与此相关的双语教育问题、各民族语言之间的相互关系及其与此相关的族际语问题、少数民族语言与文化的保护与发展问题，是我国语言研究，特别是少数民族语言研究中的迫切问题。③

语言态度是语言文字使用情况调查的重要内容之一。一项比较全面的语言文字使用情况的调查，一般都包括调查对象的背景情况（包括个人、家庭、社会文化背景），语言文字的学习途径、掌握程度、使用情况，以及语言态度等内容。一项以语言态度为主的调查甚至是语言态度的专项调查也大体包括上述内容。④

借鉴当前的学术观点，本书主要研究内容之一就是调查宁夏言语社区的语言状况，这部分内容以深入实地考察为前提，对宁夏地区语言进行多

---

① 苏金智：《国内外语言文字使用情况调查概述》，《语言文字应用》1999年第4期。
② 王远新：《中国民族语言学：理论与实践》，民族出版社2002年版，第46页。
③ 王远新：《中国民族语言学：理论与实践》，民族出版社2002年版，第65页。
④ 王远新：《中国民族语言学：理论与实践》，民族出版社2002年版，第90页。

角度调研，采用田野调查和研究有关资料等多种方式，通过定量统计和定性分析的方法，考察各类言语社区居民方言与普通话的使用情况、语言态度等，根据宁夏言语社区的类型，选择各类典型言语社区进行个案调查，主要调查乡村回族聚居社区（永宁县纳家户村）、城市回汉混居社区（银川市市区）、学校社区以及移民社区（兴泾镇、闽宁村）等，描述当前宁夏语言社区人们的语言选择模式、语言习得、语言能力、语言态度等相关问题，梳理了解社会因素导致的宁夏言语社区语言使用的变化，描写宁夏回族自治区社会语言的个性特点，从不同社区的角度出发，反映语言接触和语言变化现实，为社会语言学研究提供典型的个案，也可以从一个侧面为在少数民族聚居地的社会工作者提供服务。

（二）从特有词汇入手探讨宁夏社区的语言文化

从词汇的角度研究语言文化，这也是国外学者在研究"语言文化"时普遍采用的模式。赫德森认为："文化由概念和命题构成的，而语言中的绝大多数词都是可以表达概念的。"萨丕尔也承认："语言的词汇多多少少忠实地反映出它所服务的文化。"① 此类观点在国内尤其普遍，陈松岑认为，特定的文化常把某种烙印加到语言之上，而最明显的表现就是在语言的词汇平面上。② 邢福义指出，"语言，主要是它的词汇，是人类编织的文化世界，当然包括其物质层次的丝线；从语言棱镜，主要是它的词汇系统中，可以观察到文化物质层次的种种景象。"③ 基于这样的认识，国内外学者在探讨"语言与文化"时，往往以词汇为研究重点。我们的研究也遵循这样的研究范式，以宁夏特有词汇为研究内容，尤其选择能够体现文化特征的那些词语来探讨宁夏地区的语言文化特质。

（三）调查宁夏言语社区社会用语，透视语言文化

文化对语言的影响是多方面的，宁夏社会用语也是丰富多样的，由于时间和精力的限制，我们无法全面地来考察宁夏社会用语和文化的关系，选择了几个比较有特色的方面作为研究的对象，来探索宁夏社会用语和社会文化之间的相互关系。

---

① ［德］爱德华·萨丕尔：《语言论》，陆卓元译，陆志韦校订，商务印书馆1985年版，第196页。
② 陈松岑：《社会语言学导论》，北京大学出版社1985年版，第51页。
③ 邢福义：《文化语言学》，湖北教育出版社2000年版，第110页。

我们主要选取宁夏地区社会用语的告示语、店铺名称、小区街道命名、地名等几个方面进行调查研究。本书采用相对社区的观点，把银川市看作一个言语社区，调查该社区的社会用语，重点调查了银川市告示语、银川市街道名称、居民小区名称、店铺名称、地名的变迁，由此透视宁夏社区的语言文化特征，盘点地区社会用语，使得地区社会用语朝着正确、健康的方向发展，使之既能达到交际目的，又能取得良好的社会效益；既能促进民族文化素质的提高，又能加强全社会的经济建设和精神文明建设，从而更好地为构建和谐社会服务。

二　研究价值

就宁夏言语社区语言调查研究的价值具体来说主要有以下两个方面：

（一）拓展宁夏语言生活研究方法和视角，丰富社会语言学的个案研究

对宁夏言语社区语言的研究采用了多维的研究方法，通过语言描述、语言统计、语言比较等多种手段全面分析宁夏社区语言的特征，把语言和民族、社会、文化等多种学科结合起来，进行了多视角的研究，不仅考察静态的语言现象，而且调查语言的动态使用和变异情况，将提供宁夏这个民族地区语言生活状况的资料，丰富社会语言学的个案研究，有助于深入全面了解中国社会语言生活状况。

（二）为语言文字政策规划提供参考，助力铸牢中华民族共同体意识

在双语、多语现象日益普遍的今天，语言使用变异日益增多，对宁夏言语社区进行调查研究，描述各类言语社区的语言使用状况，考察语言变体的分工状况，发现语言选择呈现出的规律性特征。调查研究语言使用的变异现象可以更快、更直接地把握一个群体或是一个言语社区成员语言上的整体变化趋势，可以反映新的社会背景下宁夏地区人们在语言上发生的群体性变异。语言的使用是一种社会行为，语言态度这种社会心理因素必然会对语言使用者的语言能力和语言行为产生深刻的影响。具体而言，它会对人们的语言习得、语言选择、语言使用、语言发展起着重要的调节作用。因此，语言态度的研究不仅是社会语言学中有理论价值的课题，而且对于了解一个民族、一个群体或社团的社会心理特点，对于制订正确的、

切实可行的语言规划和教育规划,对于正确处理民族关系以及民族语文工作中的一系列实际问题,都具有十分重要的实用价值。①

　　随着宁夏城镇化的推进,人们的生产、生活方式根本改变,人居环境、人口素质转型,人口大量流动、城乡社会结构全面调整。也就是说当今社会,开放的、多元的交流愈加频繁的社区正在形成中,随之,宁夏言语社区的语言生活悄然发生变化。以前,处于同一生活区域的居民,共同构成一个相对稳定的交际圈。近年来,由于人们职业、身份、文化素养等方面的变化,相对稳定的交际圈被打破,因而人们言语使用表现出一定的变异。基于这些因素,本书从开放的、动态的角度,从居民聚居地与外部社会的接触中寻找在当今城镇化社会背景下宁夏各类社区语言使用情况,研究宁夏社区的语言文化特征,一方面有助于了解西部民族地区语言变化的特点,为语言文字政策规划提供参考。另一方面繁荣地区文化发展,促进民族地区语言生活和谐有序,助力铸牢中华民族共同体意识。因此宁夏言语社区语言调查研究以及语言文化分析有着现实意义和学科价值。

---

① 王远新:《论我国少数民族语言态度的几个问题》,《满语研究》1999 年第 1 期。

第二章

宁夏言语社区居民语言使用状况研究

第一节　农村村民语言使用状况

关于中国农村的社会语言学研究，付义荣在其论文《中国农村社会语言学的研究现状及理论思考》中从微观和宏观社会语言学研究进行了较为详细的梳理，指出学界对中国农村的微观社会语言学研究从少数民族语言和汉语的研究两方面展开。专门以中国农村社区作为调查单元而做的微观社会语言学研究，始于黄行的《广西龙胜勉语的语音变异》，[①] 兴于21世纪。少数民族语言研究主要以聚居于我国农村地区的少数民族为调查对象，通过其语言中存在的共时变异来探讨语言发生的变化情况。汉语的微观社会语言学研究主要以居住于农村地区的汉族居民为调查对象，主要研究的是当地汉语方言中语音、词汇与语法的变异与变化。文章指出，中国农村的宏观的社会语言学研究大致始于20世纪80年代，主要研究中国农村少数民族社区和汉族社区，关于中国农村少数民族社区语言使用与语言演变的社会语言学研究成果多。[②] 经查阅相关文献，笔者发现关于宁夏农村少数民族社区宏观的社会语言学研究几乎没有涉及，笔者以永宁县纳家户村为例，调查宁夏农村言语社区少数民族的语言使用状况。

[①] 黄行：《广西龙胜勉语的语音变异》，《民族语文》1990年第1期。
[②] 付义荣：《中国农村社会语言学的研究现状及理论思考》，《语言文字应用》2021年第3期。

一 纳家户村的基本情况

纳家户村地处银川市永宁县城西杨和乡，距银川市21千米，距永宁县城1千米，交通方便。纳家户村现有人口中回族占98%。回族村民中纳姓又占了75%以上。我国回族人口分布具有"大杂居，小聚集"的特点，纳家户村就是一个人口分布呈小聚集的典型回族村落。有文章记述纳家户的纳姓，相传为元代"纳速剌丁"的后裔。《陕西通志》记述："元初，贵族赡思丁·纳速剌丁子孙甚多，分为纳、速、剌、丁四姓，居留各省，故宁夏有纳家户，长安有剌家村，云南玉溪有纳家营，今宁夏纳氏最盛。"《甘宁青史略》称："纳氏是纳速剌丁的后裔，元代迁居西夏。"① 另有纳家户村始建于明代嘉靖三年（1524）的清真大寺初建匾文："吾家弃秦移居西夏。"由此可见，宁夏永宁县纳家户纳姓，大约在元末明初从陕西迁入宁夏。

纳家户村社会生产长于经营粮食、瓜菜、果园，兼营牛羊养殖、屠宰、皮毛、运输、建筑、农机修理以及饮食服务，商品经济具有一定规模。纳家户村内有历史悠久、规模宏大、气势雄伟的清真大寺。据调查，在2000年，纳家户的第二产业就已占到全村经济总量的16%，而第三产业则达到了28%。② 在城镇化进程高速发展的今天，近郊农村村民的生产、生活方式等方面不断受到外界的影响，村民的语言生活也不断发生变化，该言语社区的言语交际也变得较为复杂和多元。基于这样的考虑，我们选取了这个典型回族聚居村落——银川市永宁县纳家户村作为典型个案进行考察。

二 纳家户村方言语音概貌

纳家户村民的自然语言是汉语方言，宁夏方言学者林涛先生曾以纳家户回族为调查对象，归纳了老派的汉语方言音系，描写了其语音、常用词汇、词组及语法的主要特点。文章描述纳家户的方言概貌如下。③

---

① 慕寿祺：《甘宁青史略》，广文书局1972年版。
② 沙爱霞：《宁夏纳家户民族生态旅游村的建设研究》，《宁夏大学学报》（自然科学版）2004年第2期。
③ 林涛、许钟宁：《纳家户方言的语音系统》，《西北第二民族学院学报》1997年第4期。

纳家户方言有23个声母，零声母在内。辅音声母比普通话多个[v]。纳家户方言零声母字只有开、齐、撮三呼，普通话中的合口呼零声母字读为[v]声母。古知庄章三组字普通话一般读作[tʂ、tʂʰ、ʂ]声母，纳家户方言里部分也读[tʂ、tʂʰ、ʂ]声母，但庄组字中逢遇流梗三摄多数读[ts、tsʰ、s]声母。如"助初雏锄蔬数皱骤愁瘦争睁生省"等。古平声梗摄云母合口和通摄以母字，普通话今读[ʐ]声母，纳家户方言里，读零声母。如"荣融溶蓉熔"等。

纳家户方言韵母的特点，部分古入声字的今韵母，纳家户方言与普通话差异比较大。如"北墨勒肋白柏迫陌魄麦"等字，纳家户方言中读[ia]韵；"克客刻革格隔额"等字，纳家户方言中读[a]韵；"去黑给胳"等字，纳家户方言中读[ɯ]韵。古泥母、来母的蟹、止两摄古合口字，普通话今读开口呼[ei]韵，纳家户方言中仍读合口呼[uei]，如"内馁类泪雷蕾擂磊"等。普通话里的后鼻尾音韵母[əŋ、iŋ、uŋ、yŋ]四韵，在纳家户方言里读相应的前鼻尾音韵母[ən、in、uən、yn]。

纳家户方言声调的特点，方言中有阴平、阳平上和去声，单字调阳平与上声相同，在连读变调中可以把它们分开。古入声字在纳家户方言中绝大多数今读去声，一少部分今读阴平或阳平。

从已有的资料看，对纳家户方言语音系统的静态描写翔实充分，但对于这个乡村言语社区纳家户村民语言使用的动态状况有待深入调查研究。本节调查纳家户村民的语言能力、语言使用以及亲属称谓语的使用情况。

三 调查方法及调查对象基本信息

2012年11月课题组对纳家户村进行了调查，调查方法采取问卷调查法，本次调查共发放问卷60份，收回60份，有效问卷58份。调查组选择调查对象主要采用"偶遇法"，调查对象为回族，同时考虑了年龄和性别的参数。被调查对象年龄最小的10岁，最大的88岁，男性19人，女性39人。具体信息见表2-1。

表2-1　　　　　被调查对象的基本信息（N=58）　　　（单位：岁、人）

年龄 选项	10—19	20—29	30—39	40—49	50—59	60—79	80以上	总计
人数	6	10	11	6	7	13	5	58

四 调查情况及分析

一般来说,在具体语言交际行为中,掌握多种语言或方言的人使用哪种语言进行交际不是随意的,会受到各种因素的影响。本节主要考察纳家户村民对通用语普通话与方言银川话的选用情况以及亲属称谓词的使用。

(一)普通话与方言选用情况

普通话是我国国家通用语言,随着普通话的大力推广,一般情况下,城市普通话的普及率高于农村。在城镇化推进的过程中,纳家户村民普通话能力如何?语言使用状况有无变化?本节通过普通话与方言的选用情况进行调查。本节先调查了纳家户回族村民普通话听说能力以及普通话学习的主要途径。对普通话与方言的选用情况的调查,我们把语言选用场合分为三大类:家庭场合、村域场合和外域场合。具体调查内容如下:

1. 普通话的听说能力

纳家户村民普通话的听说能力的调查通过被试自报与调查员访谈进行,调查情况见表2-2。

表2-2　　　被调查对象普通话的听说能力(N=58)　　(单位:岁、人)

选项＼年龄	10—19	20—29	30—39	40—49	50—59	60—79	80以上	总计
人数	6	10	11	6	7	13	5	58
听懂普通话	6	10	11	6	7	13	5	58
能说普通话	6	9	9	4	4	0	1	33

表2-2显示,被调查的33人(57%)能说普通话。58人都能够听懂普通话,即使是80岁以上的老人也能听懂普通话,调查中调查员与老人们用普通话交流很顺畅。这个调查数据与我们从观察法得到的结果一致,也和我们的预期结果一致,纳家户回族村民普遍具有普通话听的能力,大部分具有说普通话的能力。因为银川属于北方方言中的西北方言的兰银官话区,纳家户方言属于兰银官话银吴片,和普通话的语音差别不是很大,声母比普通话多一个[v],声调比普通话少一个,只有三个声调,而且对应关系也比较齐整,普通话的阴平、55调值,在银川话还是阴平,调值略低是44;普通话的阳平、上声在银川话里合并为一个调,叫阳平上,调值是

31；普通话的去声，调值是51，在银川话里还是去声，调值是53。韵母的差异也不是很大。

在我们调查的数据中，可以看到，59岁以下的人共40人，其中32人会说普通话，占80%。纳家户这个农村社区居民普通话普及率明显较高。1997—2004年由教育部与国家语言文字工作委员会组织实施的"中国语言文字使用情况调查"，涉及了我国农村社会语言学的调查。此次调查发现，20世纪末我国城市普通话的普及率为66.03%，农村仅为45.06%。[①] 纳家户言语社区普通话听说能力高于全国农村普及率的这种情况有两个原因，一方面是纳家户方言与普通话差异不大，容易学习。另一方面与村民生活社会的语言环境有关。1955年在现代汉语规范问题学术会议上确定把汉民族共同语称为普通话，并大力推广。本节调查的59岁以下的这些人处在大力推广普通话的大环境中，外部语言环境为他们学习普通话提供了良好的社会环境。尤其是39岁以下的青壮年能够听说普通话的比例更高，也是由于改革开放的社会环境使得纳家户人交往的空间和机会增多，人们接触普通话的机会增多，于是学习普通话的人会随之增多（见表2-3）。

表2-3　　　　被调查对象普通话学习的主要途径（N=58）　　（单位：岁、人）

选项＼年龄	10—19	20—29	30—39	40—49	50—59	60以上	合计人数	比率
学校	5	4	2	0	1	0	12	21%
广播、电视	0	0	5	2	3	11	21	36%
家庭/孩子教	1	1	1	0	0	0	3	5%
外出工作/打工	0	4	1	4	1	3	13	22%
其他	0	1	2	0	2	4	9	16%
合计	6	10	11	6	7	18	58	100%

2. 普通话学习的主要途径

通常人们所说的学习普通话是指学习听说两方面，本节此处学习普通

[①] 中国语言文字使用情况调查领导小组办公室：《中国语言文字使用情况调查资料》，语文出版社2006年版，第6页。

话既包括听说两方面，也单指其中一个方面，所以尽管在调查对象里有不会说普通话的人，但对于听懂普通话能力的获得途径本节也进行了调查。调查的目的是在于了解纳家户村民学习接触普通话的主要途径，以便有效地推广普通话。从表2-3调查数据来看，通过广播、电视学习的占36%，通过外出工作/打工学习的占22%，通过学校学习的占21%，通过家庭/孩子教学习的占5%，其他方式占16%。从年龄看，30岁以下的人，普通话学习的途径主要是学校。30岁以上的人主要是通过广播、电视学习普通话。由此看来，学校和广播、电视媒体是纳家户人们学习普通话的主要途径。

3. 语言使用的对象和场合

对于有双语（普通话和方言）能力的人，使用何种语言进行交际影响因素较多，初步观察发现交际对象、交际场合这两个因素对于纳家户村民的语言选用有一定影响，因此我们从这两方面进行了调查。调查时考虑了场域因素，分别从家庭内部场域，社区内场域（村内），社区外场域（购物和公共场合）进行调查。

家庭内部场域调查的问题有两个，它们是："当您与父母、子女交谈时一般用什么语言？""当您在家交谈时一般用什么语言？"村内场域内调查的问题是："当您与本村人闲谈时一般用哪种语言？"村外场域内调查的问题有两个，它们是："当您在城市购物时一般用哪种语言？""当您在公共场合（在公交车上、医院、到机关办事时）一般会用哪种语言？"

调查结果的具体情况见表2-4（为了行文方便，表2-4中"普"表示普通话，"方"表示纳家户方言，"普方"表示普通话加纳家户方言）。

从表2-4中看，域内场合，纳家户村民在家庭内部交际的首选语言是当地方言。与父母交谈时，仅有1人选用普通话，57人都用方言。在与子女交谈时，54人选用方言，仅有4人选择普通话。从数据看，纳家户方言是纳家户回族村民家庭成员主要交际用语。

村域场合，也就是纳家户村内，与本村人交际全部使用纳家户方言。

域外场合，除了60岁以上的老人都使用方言，其他年龄段的人里有一半以上的人选择使用普通话。年龄越小，使用普通话人越多。

由此看来，纳家户回族村民在普通话和方言的选用上影响最大的因素是场域，其次是年龄因素。在域外场合，普通话成为年轻人交际的强势语言。

表2-4　　　　　　语言使用的对象和场合（N=58）　　　　（单位：岁、人）

选项 \ 年龄	10—19		20—29		30—39		40—49		50—59		60以上	
人数	6		10		11		6		7		18	
语言选用	普	方	普	方	普	方	普	方	普	方	普	方
和父母	0	6	1	9	0	11	0	0	6	0	7	0	0
和子女	0	0	2	7	0	11	0	0	6	2	5	0	18
在家	0	6	1	9	0	11	0	0	6	0	7	0	18
和本村人	0	6	0	10	0	11	0	0	6	0	7	0	18
城市购物时	3	3	8	2	6	5	1	2	1	3	4	0	18
在公共场合	3	3	6	4	5	6	1	0	5	1	6	0	18

注：20—29岁中有1人还没有孩子，所以在和子女交流使用的语言这一项里只用9人，不是10人。

王远新认为，"在双语和多语（包括双方言和多方言）社会中，由于社会或民族认同、情感、目的和动机、行为倾向等因素的影响，人们会对一种语言或文字的社会价值形成一定的认识或做出一定的评价，这种认识和评价通常称为语言态度"[①]。语言态度不仅仅表现在对语言价值的明确判断上，更多地表现在对语言选择使用的行为上。纳家户村民对普通话和方言选择使用的状况也反映了说话人的语言态度。

（二）回族亲属称谓的使用

家庭是社会结构的基本单位，社会演变的微观表现直接反映在家庭结构变化方面，家庭结构关系在语言上表现为亲属称谓。亲属称谓语是指人类社会中体现特定的人在特定的家庭或社会关系中的特定的身份（包括辈分）、家族地位、性别等而得出来的，反映人们的家族关系的一套名称。亲属称谓是从家庭及亲属关系中产生出来的一种称谓形式，是亲属制度的语言反映，它以简单的词语形式反映出了复杂的亲属制度。在语言的词汇系统中，亲属称谓是称谓系统中一个重要的子系统。不同语言（或方言）

---

① 王远新：《论我国少数民族语言态度的几个问题》，《满语研究》1999年第1期。

的亲属称谓各自构成具有自己特点的体系。通常来说,可以把亲属关系分为两大类:血亲和姻亲。血亲指与自己有血缘关系的亲属。姻亲指的是没有血缘关系而有婚姻亲戚,包括自己的配偶及其父母兄弟姐妹、自己兄弟姐妹的配偶、父母兄弟姐妹的堂兄弟姐妹的配偶、表兄弟姐妹的配偶等。

回族亲属称谓的结构层次和汉族是一脉相承的,只是具体称谓词出现了变异。与汉语亲属称谓对比,显示了"异中有同,同中求异"的特点。纳家户村回族亲属称谓与宁夏其他县市的亲属称谓大体一致,杨苏平曾调查总结了宁夏隆德方言亲属称谓的特点是男系血亲重于母系血亲、上下有别、长幼有序、从亲不从疏。① 这些特点在纳家户村回族亲属称谓里也是具有的。本节不做纳家户方言亲属称谓语的专题研究,对本地亲属称谓语的系统和面貌不作详细描写,而是重点调查父系亲属和母系亲属称谓,考察亲属称谓在实际运用中非常规的动态的使用方法,真实地反映纳家户村回族亲属称谓的特点以及动态发展情况。

家庭的主干是父亲和母亲,以父亲、母亲为代表,形成了父系亲属和母系亲属称谓。

1. 父系亲属称谓和母系亲属称谓

(1) 父系亲属称谓

对父系的亲属称谓,宁夏不同方言区,称谓不完全一样。据我们的调查,纳家户人一般称曾祖父为"太爷爷 [tʰɛ¹³iə¹³·iə]",曾祖母称"太奶奶 [tʰɛ¹³nɛ³⁵·nɛ]"。祖父一般称"爷 [iə⁵³]",祖母称"奶奶 [nɛ³⁵·nɛ]",父亲一般都称为"爹 [tie⁴⁴]",现在的年轻人多数称父亲为"爸 [pa¹³]",母亲称为"妈 [ma⁴⁴]"。对于父亲的兄弟,其称谓有所变化,过去把父亲的哥哥和兄弟基本上都叫"亲爹 [tɕʰiŋ⁴⁴tie⁴⁴]",按照长幼的顺序分别称为"大亲爹""二亲爹""三亲爹"等,对他们的妻子相应地称为"大亲妈""二亲妈""三亲妈"等,对父亲最小的兄弟称为"老爸爸 [lɔ⁵³pa¹³·pa]",把他的妻子称为"老婶婶"。现在纳家户人对父亲的兄弟称谓有所变化,一律称为"大爹""二爹""三爹"等,对他们的妻子相应地称为"大妈""二妈""三妈"等,对于父亲的姐妹,未婚的一般称为"娘娘 [ȵiaŋ⁴⁴·ȵiaŋ]",结婚的称为"姑妈 [ku⁴⁴

---

① 杨苏平:《隆德方言研究》,中国社会科学出版社2018年版,第119—123页。

ma⁴⁴]",对姑妈的丈夫一般称为"姑爹"。对平辈的兄弟,弟称兄为"哥[kə⁴⁴]",兄称弟为"弟弟[ti¹³·ti]""老弟"等。称兄之妻为"姐姐[tɕiə⁵³·tɕiə]",一般不叫"嫂子[sɔ⁵³·tsɿ]",其意为嫂子加入了这个家庭,已经将其视为家人。称弟之妻为"兄弟媳妇[ɕyŋ⁴⁴·tiɕi⁵³·fu]"。兄弟之女称为"侄女[tʂə¹³ ny̠⁵³]"。妻子称丈夫为"掌柜的[tʂaŋ³⁵ kuei¹³·ti]"或"当家的[taŋ⁴⁴tɕia⁴⁴·ti]""娃他爹[va¹³tʰə⁴⁴·tie⁴⁴]"等,一般不直呼其名。丈夫称妻子为"媳妇子[ɕ¹³i fu¹³·tsɿ]"或"婆姨[pʰə⁵³·i]"。现在,年轻的夫妻之间也有以名相称的。

妻对夫之父,对人称为"老公公[lɔ⁵³ kuŋ⁴⁴·kuŋ]",当面随夫称"爹"。妻对夫之母,对人称为"老婆婆[lɔ⁵³pʰuə⁵³·pʰə]""婆婆",当面随夫称"妈"。妻对夫之兄,当面称"哥哥[kə⁴⁴·kə]""大哥""二哥""三哥"等,对人称"他大爹[tʰə⁴⁴ta¹³ tie⁴⁴]"。妻对夫之弟,当面称其名字,对人称"小叔子[ɕiɔ¹³ ʂu⁴⁴·tsɿ]"。妻对夫之姊,当面称"姐姐[tɕiə⁵³·tɕiə]",对人称"大姑子[ta¹³ku⁴⁴·tsɿ]"或"大姑姐[ta¹³ ku⁴⁴·tɕiə]"。妻对夫之妹,当面称其名字或"妹妹[mei¹³·mei]",对人称"小姑子"。父母称子女一般直呼其官名或经名,对人称"儿子[a⁵³·tsɿ]""丫头[ia⁴⁴·tʰou]"。称儿媳妇,一般都是直呼其官名或经名,或加儿子的经名、官名称为"某某媳妇"。对继母当面称"妈",对人称"后妈"。

(2) 母系亲属称谓

纳家户人们在称呼母系亲属时,其称谓与父系称谓有很大的差异。对岳父的父亲和母亲,一般是跟着妻子来称呼,称"爷爷"或"奶奶"。一般把岳父当面称为"姨爹[i⁵³·ti]",对人称为"外父",把岳母当面称为"姨妈[i⁵³·mə]",对人称为"外母"。夫妻双方的父母互称"亲家[tɕʰiŋ⁴⁴·tɕia]""男亲家""女亲家",当面称"他姨爹[tʰə⁴⁴i⁵³·ti]""他姨妈[tʰə⁴⁴i⁵³·mə]"。把妻子的姐姐称为"大姨子[ta¹³i⁵³·tsɿ]""二姨子[a¹³i⁵³·tsɿ]"等,把妻子的妹妹称为"小姨子[ɕiɔ⁵³i⁵³·tsɿ]",当面叫"她姨妈[tʰə⁴⁴i⁵³·mə]"。把妻子的哥哥称为"大妻哥[ta¹³ tɕʰi⁴⁴·kə]""二妻哥[a¹³tɕʰi⁴⁴·kə]"等,当面叫"哥[kə⁴⁴]"或"他舅舅[tʰə⁴⁴ tɕiou¹³·tɕiou]",把妻子的弟弟称为"小舅子[ɕiɔ⁵³ tɕiou¹³·tsɿ]",当面称"他舅舅"或直呼其名。妻子姊妹的丈夫,对人称"挑担[tʰiɔ⁵³·tæ]"或"连襟[lian⁵³·tɕiŋ]",当面称"姐夫[tɕiə⁵³·

fu]"。把妻子的侄儿和侄女，都称为"妻侄儿［tɕʰi⁴⁴tʂɚ¹³·ɚ］"和"妻侄女［tɕʰi⁴⁴tʂə¹³n̠y⁵³］"。

把母亲的父亲称为"外爷爷［vɤ¹³iə¹³·iə］"，把外爷爷的兄弟称为"大外爷［ta¹³vɤ¹³iə¹³］""二外爷［a¹³vɤ¹³iə¹³］"，最小的称为"老外爷［lɔ⁵³vɤ¹³iə¹³］"，把母亲的妈妈称为"外奶奶［vɛ¹³nɛ³⁵·nɛ］"，对外奶奶的姐妹一般称为"大外奶奶［ta¹³vɛ¹³nɛ³⁵·nɛ］""老外奶奶［lɔ⁵³vɛ¹³nɛ³⁵nɛ］"等。对母亲的哥哥和兄弟，一律称为"舅舅［tɕiou¹³·tɕiou］"，如果舅舅多，就分别称为"大舅舅［ta¹³tɕiou¹³·tɕiou］" "二舅舅［a¹³tɕiou¹³·tɕiou］""老舅舅［lɔ⁵³tɕiou¹³·tɕiou］"等；把母亲的姐妹称为"姨妈［i⁵³·mə］"，如果姨妈多，就分别称为"大姨妈［ta¹³i⁵³·mə］""二姨妈［a¹³i⁵³·mə］""老姨妈［lɔ⁵³i⁵³·mə］"等，其配偶分别称为"大姨爹［ta¹³i⁵³·ti］""二姨爹［a¹³i⁵³·ti］""老姨爹［lɔ⁵³i⁵³·ti］"等。对舅舅之子女或媳妇称"姑舅哥［ku⁴⁴tɕiou¹³kə⁴⁴］""姑舅姐［ku⁴⁴tɕiou¹³tɕiə⁵³］""姑舅妹［ku⁴⁴tɕiou¹³mei¹³］""姑舅嫂子［ku⁴⁴tɕiou¹³sɔ⁵³·tsɿ］"等。女儿之子女称为"外孙子［vɛ¹³suŋ⁴⁴·tsɿ］""外孙女［vɛ¹³suŋ⁴⁴n̠y⁵³］"。

纳家户村亲属称谓语随着社会发展处于一个动态的变化过程，主要表现为一些亲属称谓语都在向普通话靠拢，其中最为典型的便是年轻人将父亲称谓由"爹"转为"爸"。

2. 亲属称谓非常规的动态使用

在纳家户村言语社区亲属称谓非常规的动态使用主要表现在亲属称谓泛化使用和亲属称谓简化使用。

A. 亲属称谓泛化使用，即以亲属称谓称呼没有亲属关系的人。这在纳家户村言语社区非常普遍，人们对没有亲属关系的邻居或关系较好的人称呼为"爷爷、奶奶、叔叔、姨姨、哥哥、姐姐"等。

B. 亲属称谓简化使用。一些表示"堂亲、表亲"亲属称谓在面称使用时去掉表示亲疏关系的"表""堂"等字。例如，面称"堂哥、堂姐""表哥、表姐"时，直接称"哥、姐"。

五　结语

纳家户回族村民普遍具有普通话听的能力，大部分具有说普通话的能力。学校和广播、电视媒体是影响纳家户人们学习普通话的主要因素。

纳家户村民在普通话和方言的选用上影响最大的因素是场域，其次是年龄因素。村域场合，也就是纳家户村内，与本村人交际全部使用纳家户方言。域外场合，除了60岁以上的老人都使用方言，其他年龄段的人里有一半以上的人选择使用普通话。年龄越小，使用普通话人越多。在域外场合，普通话成为年轻人交际的强势语言。

纳家户村亲属称谓语随着社会发展处于一个动态的变化过程，主要表现为一些亲属称谓语都在向普通话靠拢、亲属称谓的泛化使用和亲属称谓的简化使用特征明显。纳家户回族亲属称谓与汉族亲属称谓一脉相承的同时，又显示出"异中有同，同中求异"的地域文化特色，纳家户回族亲属称谓的特点是宁夏回汉民族交流交往交融的语言表征。

第二节　城市市民语言使用状况

关于中国城市的社会语言学研究的高水平专著、论文很多，还有专门的国际学术研讨会、学术团体，"城市语言调查"业已成为中国社会语言学的一个特色，并得到国际学术界的认可，城市语言调查最主要的理论是"言语社区理论"[①]。我国大规模、高速度的城市化进程改变着城市语言生活，随着城镇化的社会变化，银川市民的语言状况也随之发生了变化。本节关注的问题是在国家大力推广普通话的背景下银川城镇回汉族居民的语言使用状况如何？普通话、方言在社会生活中发挥怎样的作用？人们的语言态度如何？本节选择宁夏首府城市银川市市区进行个案调查。通过调查，了解以银川为代表的城市多民族混居社区的语言状况。

一　调查对象和调查方法

银川市是宁夏回族自治区的首府，下辖三区两县一市，"三区"即兴庆区、金凤区、西夏区；"两县"即永宁县、贺兰县；"一市"即灵武市。银川市地处中国西北地区宁夏平原中部，西倚贺兰山、东临黄河，是发展中的区域性中心城市。至2017年年末，银川市常住人口达222.54万人，城镇的人口为171.56万人。

[①] 徐大明、王玲：《城市语言调查》，《浙江大学学报》（人文社会科学版）2010年第6期。

本次调查以银川市兴庆区、金凤区、西夏区的城区作为调查区域，主要采用判断抽样法。判断抽样是指调查人员凭借自己的主观经验从总体样本中选择那些被判断为最能代表总体的单位作样本的抽样方法。当调查人员对自己的研究领域十分熟悉，对调查总体比较了解时采用这种抽样方法，可获取代表性较高的样本。这种抽样方法多应用于总体小而内部差异大的情况，以及在总体边界无法确定或因研究者的时间与人力、物力有限时采用。本次调查者是宁夏银川人，在银川生活了几十年，对该区域十分熟悉，因此采用了这种抽样方法，通过查询资料及深度观察，最后确定了城区调查点采集样本。在西夏区，选择了同心路作为样本采集点进行调查；金凤区选择了康居小区作为调查点，康居小区是农村农民城镇化后的集中住所，而且此地多为回族居民，主要是收集农民城镇化后在融入城市过程中的语言使用情况的样本；兴庆区是老城区，其中的中山公园及其周边人口密集，多数是世居的银川人，因此被选为样本采集点。通过三个调查点的调查样本来观察银川市城市社区市民语言使用的状况。本次调查[①]采用调查问卷的方式，由调查员询问被试者并填表，在每个调查点发放了102份调查问卷，一共发放306份问卷。

二 调查情况分析

本次调查包括五个方面的内容，分别是被调查者的基本信息、普通话和方言的使用场合、普通话的应用能力、普通话学习意愿和目的、语言态度。

（一）被调查者的基本信息

在调查问卷中共设五个年龄段，46岁以上的人基本是国家推广普通话之前出生的，31—45岁的人大致是在国家推广普通话之后至改革开放之前出生的，18—30岁的人则基本属于现在所说的80后、90后一代，他们都普遍接受了义务教育，18岁以下则是在网络时代的影响下长大。每一个年龄段都有独特的成长环境，希望通过调查了解不同年龄的人们在语言使用方面的特征。

民族和性别方面，根据银川市人口的民族与性别构成特点，我们选择

---

① 本次调查是笔者和北方民族大学文史学院汉语言文学专业学生贾楠楠于2012年4—5月进行。

的调查样本回汉民族占主体,兼顾其他各民族,使回族调查样本占被调查者的三分之一,使男女比例大致达到1:1。

学历分为四个等级,分别是小学、初中、高中或中专和本科及以上,通过调查了解人们受教育程度对人们语言使用的影响情况。下面的表2-5到表2-8显示的是被调查者的信息。

表2-5　　　　　　　　被调查者的民族（N=306）

民族	回族	汉族	其他民族	总数
人数（人）	106	180	20	306
比率（%）	34.65	58.82	6.53	100

表2-6　　　　　　　　被调查者的性别（N=306）

性别	男	女	总数
人数（人）	143	163	306
比率（%）	46.73	53.27	100

表2-7　　　　　　　　被调查者的年龄（N=306）

年龄（岁）	18以下	18—30	31—45	46以上	总数
人数（人）	59	95	89	63	306
比率（%）	19.28	31.05	29.08	20.59	100

表2-8　　　　　　　　被调查者的受教育状况（N=306）

学历	小学	初中	高中或中专	本科及以上	总数
人数（人）	36	111	87	72	306
比率（%）	11.76	36.27	28.43	23.53	100

（二）普通话和方言的使用场合

由于银川话与普通话的差异不是很大,所以银川市民大多会讲普通话,当然有些普通话不标准,在调查中,我们对会讲普通话的人们的界定采用宽泛标准。

1. 单位或学校语言选用情况

我们首先调查了人们在单位或学校语言的选用情况,又区分了两种情况,设置了两个问题,即"在单位开展工作或学校上课时(学生)""在单位闲聊或学校下课时(学生)",提供"普通话、方言、其他"三个选项。具体情况见表2-9和表2-10。

表2-9 在单位开展工作或学校上课时(学生)的语言选用情况(N=306)

数据＼选项	普通话	方言	其他
人数（人）	273	27	6
比率（%）	89.22	8.82	1.96

表2-10 在单位闲聊或学校下课时(学生)的语言选用情况(N=306)

数据＼选项	普通话	方言	其他
人数（人）	213	87	6
比率（%）	69.61	28.43	1.96

表2-9和表2-10都是调查市民在单位或学校的场合的语言使用情况,但差异在于开展工作或者闲聊、课上与课下不同状态中,在于交际场合、交谈内容的不同。在单位开展工作或学校上课时(学生),交际场合、交谈内容的正式性高于在单位闲聊或学校下课时(学生)。表2-9和表2-10对比可知,在开展工作或上课时,普通话的使用频率要高于在单位闲聊或者学校下课时,这说明普通话的使用与交际场合和交谈内容的正式程度有关。总体看来,在单位或学校,普通话普及和使用频率高,语言选用上,人们优先选择普通话。

2. 经常使用普通话场合的情况

为了进一步调查人们在普通话和方言的选用上受交际场合的影响,本次调查设置了一个问题"哪种场合下经常使用普通话(可多选)",提供了五个选项,被调查者可以多选,这五个选项依次为在商场购物、在餐馆与服务员交谈、去居委会办事、在市场买菜、跟家人朋友聊天。其中,跟家人朋友聊天是私人场合,另外四项是公共场合的交谈。在这四项公共场合中,他们的正式程度并不相同。具体情况见表2-11。

表 2 – 11　　　　　经常使用普通话场合的情况（N = 306）

经常使用普通话的场合	人数（人）	比率（%）
在商场购物	261	85
在餐馆与服务员交谈	172	56
去居委会办事	159	52
在市场买菜	161	53
跟家人朋友聊天	147	48

表 2 – 11 的调查数据显示，在商场购物时，普通话使用的比例最高。商场是一种公共正式场合，其正式程度高于另外四项，相应地，在商场中普通话的使用比率也高于在其他几种场合普通话的使用比率。而跟家人朋友聊天是非正式私人场合，普通话的使用比率最低。由此我们可以看到，普通话的使用比率与场合正式程度的关系，场合越正式，普通话的使用比率就越高。这说明，银川市民在使用普通话时，是根据不同场合而定的，人们会自觉地选择适合当下场合的交际语言。

（三）普通话的应用能力及学习意愿和目的

1. 首先获得的语言能力

为了了解被调查者最先学会的语言是方言还是普通话，我们进行了相关调查，见表 2 – 12。

表 2 – 12　　　　　最先学会的语言（N = 306）

数值＼选项	方言	普通话	总数
人数（人）	234	72	306
比率（%）	74.47	23.53	100

表 2 – 12 显示，被调查者中最先学会方言的人数为 234 人，占被调查者的 74.47%，最先学会普通话的人数为 72 人，占被调查者的 23.53%。可见，方言仍是银川市民最先接触的语言，是大多数人的第一语言。由此可以间接地了解到，在银川市城市市民中银川方言是主要的使用语言。

2. 不同年龄首先获得普通话能力的情况

从表 2 – 12 可以看到，银川市民最先学会方言的占绝大多数，最先获得普通话语言能力的只有23.53%。这23.53%人的年龄因素与普通话能力的获得有一定关系。我们调查了四个年龄段的人们在语言能力获得方面的情况。见表2-13。

表2-13　　不同年龄段最先获得说普通话能力的情况（N=306）

年龄（岁）	18以下	18—30	31—45	46—60
比率（%）	45.76	26.32	23.60	14.28
总人数（人）	59	95	89	63
先学会普通话的人数（人）	27	25	21	9

从表2-13看，年龄越小，最先学会说普通话的比例越高。18岁以下的最先学会普通话的人占45.76%，这说明越来越多的人是以普通话为第一语言，反映出银川市的普通话普及率越来越高。

3. 学习普通话的意愿

语言学习的意愿直接影响语言能力的获得，我们调查了人们学习普通话的意愿。见表2-14。

表2-14　　　　　学习普通话的意愿（N=306）

是否愿意学习普通话	非常愿意，但没有学习机会	愿意，但觉得学习普通话很难	不愿意	不需要	总数
人数（人）	144	42	24	96	306
比率（%）	47.06	13.73	7.84	31.37	100

从表2-14看，有144人非常愿意学习普通话，但是没有学习机会，占47.06%；有42人愿意学习，但是觉得学普通话很难，占13.73%；有24人不愿意学习，占7.84%；另外还有96人不需要学习普通话，占31.37%。该表说明市民学习普通话的意愿强烈，普通话推广传播的阻力较小，被接受度较高。但仍要看到，很多人没有学习的机会，如何使市民在不影响其工作休息的条件下，同时还能学习普通话，这个问题有待解决。

4. 学会普通话的途径和目的

银川市民学会普通话的主要途径是什么？调查见表2-15。

表 2-15　　　　　通过何种途径学会普通话（N=306）

数值\选项	学校	家里	广播、电视	与人交流
人数（人）	174	35	26	71
比率（%）	56.86	11.44	8.50	23.20

表 2-15 显示，有 174 人在学校学会普通话，占 56.86%；通过与人交流学会普通话的有 71 人，占了 23.20%；有 35 人是在家里学会说普通话的，占到 11.44%；通过广播、电视学会说普通话的人数最少，只有 26 人，占了 8.50%。该表说明对于银川市民来说学校是推广普通话的主要场所。银川市要提高普通话水平，必须把学校作为推广普通话的主要场所，提高教师的普通话水平，发挥教师推广普及普通话的积极作用。此外，与人交流也是银川市民掌握普通话的重要途径，因此，今后普通话推广普及要多措并举，进一步强化以校园推广为主，电视、广播、互联网和社会交往等方式补充。

5. 学习普通话过程中遇到的问题

为了了解人们学习普通话过程中遇到的问题，调查时我们设置了四个选项，即"周围人不说""方言成习惯""怕被嘲笑""其他"，调查结果见表 2-16。

表 2-16　　　　学习普通话过程中遇到的问题（N=306）

数值\选项	周围人不说	方言成习惯	怕被嘲笑	其他
人数（人）	80	119	23	84
比率（%）	26.14	38.89	7.52	27.45

从表 2-16 中可以看出，26.14% 的人认为"周围人不说"是学习普通话过程中遇到的问题，38.89% 的人认为"方言成习惯"是学习普通话过程中遇到的问题。这两大问题中，"周围人不说"是一种外在的环境性因素，"方言成习惯"是内在的语言因素，这二者是相互影响的。甲说方言成了习惯，甲是乙眼中的别人，当越来越多的甲出现时，乙就觉得周围人都不说普通话，最后，即便乙想说普通话，也早已被这大环境同化了。

这不仅是银川人学习普通话过程中遇到的问题,也是普通话推广过程中的重大阻碍。要继续普及普通话,就要从内外因两方面入手,一方面,要研究当地方言,有针对性地提高普通话;另一方面,要着力营造说普通话的氛围,让孩子带动家长、让政府带动市民,以改变"周围人不说"的情况。

6. 普通话程度

对于银川市民普通话程度的自我评价,我们通过调查对象自报的方式,调查了"与五年前相比普通话提高与否""普通话程度怎么样",具体见表2-17、表2-18。

表2-17　　　　　　与五年前相比普通话提高与否（N=306）

数值 \ 选项	很大提高	有点提高	没变化
人数（人）	99	120	87
比率（%）	32.35	39.22	28.43

表2-17数据显示,调查对象自报跟五年前相比,有99人觉得自己的普通话水平有很大提高,占32.35%;有120人觉得自己的普通话水平有点提高,占39.22%;认为自己的普通话水平没有变化的有87人,占了28.43%。在问及被访者普通话提高的原因时,被访者给出的答案多是与人交流或工作中提高的、慢慢就提高等。结合银川市近年来的发展,综合分析,应该是在日益开放与经济快速发展的过程中,一方面是人员流动促使普通话水平提高,包括本地人流出与外地人流入;另一方面是城市的发展。银川在西部大开发战略的支持下,经济迅速发展,同时城市不断挖掘自身独特的文化,城市文化建设也得到了很大提高,语言文化建设也不断跟进,普通话的推广与广泛使用就是其中很重要的方面。

表2-18数据显示,调查对象自报,普通话流利准确占了30.39%,熟练但个别音不准的占了42.16%,这两项占的比率较大,只能听不能说普通话的比例只有1.96%,是很少的一部分。可见,大部分银川市民认为自己的普通话水平还是比较好的。这是因为银川方言与普通话的语音差异不是很大,人们学习普通话相对容易和标准。

表 2-18　　　　　　普通话程度的情况（N=306）

数值＼选项	流利准确	熟练但个别音不准	较熟练方言较重	基本交谈不太熟练	能听懂但会说一些	能听懂但不会说
人数（人）	93	129	44	19	15	6
比率（%）	30.39	42.16	14.38	6.21	4.90	1.96

市民普通话标准流利情况与年龄段、职业、受教育程度的关系，我们做了调查。调查对象自报普通话流利标准的具体情况见表 2-19、表 2-20、表 2-21。

表 2-19　　　不同年龄段普通话标准流利的情况（N=306）

年龄（岁）	18 以下	18—30	31—45	46—60	60 以上
比率（%）	44.44	33.33	32.14	16.67	14.29

表 2-20　　　不同职业人普通话标准流利的情况（N=306）

职业	教师	教师外的专业技术人员	商业服务人员	公务员	企事业单位负责人	农民	小商贩	学生	其他
比率（%）	90	29.41	75	60	57.14	14.28	45.83	91.67	76

表 2-21　　　不同教育程度人普通话标准流利的情况（N=306）

学历	小学	初中	高中或中专	大专或本科及以上
比率（%）	18.18	32.43	41.37	41.67

表 2-19、表 2-20 和表 2-21 显示的是普通话水平与年龄段、职业和受教育程度等变量的关系，①受调查者年龄越小，普通话的水平越高。②普通话水平从高到低依次是教师、学生、其他、商业服务人员、公务员、企事业单位负责人、小商贩、农民，教师的普通话水平最高，农民的普通话水平最低。③受调查者学历越高，普通话水平越高。教育部、国家语委组织并联合地方语委于 2010—2011 年所做的"普通话普及情况调查"显示，年龄、受教育程度是影响普通话普及的重要因素，年龄越小或受教

育程度越高,越可能会说普通话。① 很显然,宁夏银川市民普通话普及的重要因素符合语言国情。如果单纯地从"推普"角度看,银川市民中那些年龄较大、文化程度较低的人是重点"推普"对象。

7. 学习普通话的目的

学习目的影响学习效果,因此我们调查了银川市民学习普通话的目的,见表2-22。

表2-22　　　　　　　　学习普通话的目的（N=306）

数值\选项	求职	时尚	与人交流	适应社会发展
人数（人）	69	24	117	96
比率（%）	22.55	7.84	38.24	31.37

从表2-22中可以看到,银川市民对于普通话学习的目的是多元而明确的,主要有两个特征,一是与人交流和适应社会发展所占比重较大,这反映出普通话得到越来越多的银川市民认可和肯定,这与普通话在公共领域的推广有关。二是求职的目的,即用人单位的要求也是推动普通话普及的一种重要动因。

(四) 语言态度

语言态度是指人们对语言使用价值的看法,其中包括对语言的地位、功能以及发展前途等的看法。语言态度属于语言的社会心理范畴,在人们的语言生活中起着十分重要的作用,并对个人的语言能力和语言行为产生极为深刻的影响。简单概括来说,广义的语言态度不仅包括人们对不同语言或方言的认识和选择,还包括对这些语言或方言的情感和审美心理。语言态度这方面,我们设计了"最有用的语言""最权威的语言""最友善的语言"及"普通话是否会取代银川话"等问题,来了解银川市民对普通话和银川话的地位、功能和发展前途等的看法。

结合表2-23和表2-24,可以看到83.33%的银川市民认为普通话是最有用的语言,86.28%的银川市民认为普通话是最权威的语言,而且选择

---

① 谢俊英、李红卫、姚喜双、魏晖：《普通话普及情况调查分析》,《语言文字应用》2011年第3期。

普通话是最权威的话语的比率高于最有用的比率，对银川话的有用性和权威性评价都比较低。银川市民对普通话的这种评价，与实际语言生活相符，正是因为在正式场合中感受到普通话的使用率高，所以才会有普通话是最权威最有用的评价。此外，人们的实际需要、情感兴趣等也是影响语言态度的重要因素。

表 2-23　　　　　　　　　最有用的语言（N=306）

数值 \ 选项	普通话	银川话	其他	总数
人数（人）	255	48	3	306
比率（%）	83.33	15.69	0.98	100

表 2-24　　　　　　　　　最权威的语言（N=306）

数值 \ 选项	普通话	银川话	其他	总数
人数（人）	264	24	18	306
比率（%）	86.28	7.84	5.88	100

表 2-25 显示，49.02% 的人认为普通话是最友善的语言，46.08% 的人认为银川话是最友善的语言，这两个数据相差不大，难分伯仲。银川市民对普通话和银川话的情感评价基本一致。之所以这样，我们认为，普通话作为官方推广的标准用语，是一部分银川人的第一语言，是大部分银川人在公共场合或正式场合所接触的语言，这与近年来银川的人员流动和经济发展分不开；银川话作为本地方言，是大部分银川人的第一语言，银川人对其有一定感情，而且在许多私人场合，人们更多使用银川话进行交际。

表 2-25　　　　　　　　　最友善的语言（N=306）

数值 \ 选项	普通话	银川话	其他	总数
人数（人）	150	141	15	306
比率（%）	49.02	46.08	4.90	100

表2-26数据显示，225人希望自己的普通话标准流利，占了73.53%，说明人们有进一步提高自己普通话的希望和要求。表2-27数据显示，62.75%的市民希望周围人多说普通话，对他人的希望其实也是对自己的希望，希望周围人多说普通话也意味着希望自己多说普通话，这是银川市民对普通话的接受和认可，是对自己的期望和要求。多数银川市民希望自己的普通话标准流利，多数银川市民希望周边人多讲普通话，这些都显示出对使用普通话的积极态度。

表2-26　　　　对自己的普通话水平的意愿（N=306）

数值＼选项	标准流利	大概能沟通	会听就行	总数
人数（人）	225	69	12	306
比率（%）	73.53	22.55	3.92	100

表2-27　　　　希望周围人多说的语言（N=306）

数值＼选项	普通话	银川话	其他	总数
人数（人）	192	57	57	306
比率（%）	62.75	18.63	18.63	100

三　结语

通过对调查资料的统计分析，从银川市民普通话与方言的使用场合、学习普通话的意愿、目的、语言态度等方面，基本上了解了银川市民语言使用的情况。银川市民语言使用的规律有以下特征：

第一，普通话在银川市民日常生活中占重要地位，方言也是银川市民生活中不可缺少的部分。银川市民能够根据场合选择交际用语，正式场合交流，人们多选用普通话，非正式的场合，比如家庭成员间交流多用方言。

第二，银川市民普通话水平与受教育程度、年龄有着密切的关系。受教育程度越高，普通话水平越好；年龄越小，普通话水平越高，以普通话作为第一语言的比例越高。也能预测，随着教育水平的提高，今后银川市正式场合使用普通话的人会越来越多。

第三，从语言态度上看，银川市民对普通话的认可度高，主要表现在银川市民认为学习普通话与社会发展相适应和认为普通话是最有用的语言，希望周围人多说普通话。同时，银川市民学习普通话的意愿也很强烈，多数人希望周围人多说普通话，希望自己的普通话标准流利。同时，银川市民也认为银川方言是亲切、友善的语言。在这样的语言态度下，促使银川市民一方面积极主动的学习普通话，并且在公共场合多用普通话交流；另一方面银川市民在家庭等非公共场合较多使用方言。在银川这样回汉族混居的社区，方言与普通话共存，各有分工。

第三节 高校大学生汉语能力状况

《国家中长期语言文字事业改革和发展规划纲要（2012—2020年）》指出："提升学生语言文字应用能力。""高等学校要科学设置语言文字相关课程，以提高语文鉴赏能力、文字书写能力和语言表达与交际能力为重点，全面提升学生的语文素养及语言文字综合运用能力。"[1] 大学生是社会的一个重要群体，他们的语言文字应用能力不仅关系到学生个人发展，也关系到国家社会的发展。民族地区民族高校大学生语言文字应用能力如何？如何提高语言文字应用能力？这些问题亟待研究。

一 相关研究现状

关于"语言能力"这个术语，其所指并不一致，蔡冰认为语言能力包括语言知识、语言运用、语言水平、语言技能。并且认为这四方面是体现关系，"语言知识一般无法直接观察到，而是体现于语言运用；语言运用的质量表现为语言水平，语言水平则通过不同的语言技能得到展现，语言技能包括听、说、读、写四个方面。"[2] 语言技能是语言能力的基础，是语言能力其他三个方面的具体体现。本节所指的汉语能力，是学生个人使用

---

[1] 教育部国家语言文字工作委员会：《国家中长期语言文字事业改革和发展规划纲要（2012—2020年）》。http://www.moe.gov.cn/srcsite/A18/s3127/s7072/201212/t20121210_146511.html。

[2] 蔡冰：《"语言能力"是什么？》，《语言科学》2013年第6期。

汉语的听、说、读、写能力。

　　检索知网，我们看到，近年来，人们对于大学生语言文字能力的调查研究，尤其是对汉语能力调查研究的文章不是很多。以研究对象为依据，文章大体分为两类，一类是以某地的大学生为研究对象，另一类是以全国大学生为研究对象。第一类主要有3篇。常月华的文章调查了河南5所高等院校21个专业的非师范类学生，"调查显示，目前大学生语文能力方面仍然存在着不少问题，有些问题令人担忧。其原因既有来自学校教育和社会影响方面，也有个人性的"①。武晓平、单欣的文章"对长春理工大学等3所高校学生语言生活状况的调研来看，理工类院校大学生母语能力不容乐观"②。王玉珏、李洪亮的文章调查涉及了山东5所高校，结论是"从总体来看，大学生的母语素质呈现出'三高三低'的特点"③。

　　第二类文章主要有2篇。屠国平的文章认为，"大学生的汉语言文字能力持续下降已成为不争的事实"，并"针对培养大学生汉语言文字能力的相关问题提出了解决问题的意见与建议"④。胡蔚涛的文章认为，"通过对全国普通高校在校大学生一定规模的调查和分析，发现当代大学生的汉语水平不容乐观，在汉语的使用中存在诸多问题"⑤，提出加强汉语教育的紧迫性。该文的问卷涉及全国450余所高校共3771份，其中宁夏高校只有1所，问卷只有3份。我们检索到的文章大多都是研究普通高校的大学生，对于民族院校大学生的汉语能力研究没有涉及。我国是一个多民族的国家，民族高校有十多所，民族高校大学生汉语言能力状况如何，对于将来学生个人乃至民族地区的发展都有一定影响。本节以地处宁夏的某民族大学为例进行调查，希望通过此次调查能够了解民族高校在校大学生汉语言能力现状，发现问题，分析问题形成的原因，提出提高汉语言能力之

---

　　① 常月华：《大学生语文能力现状调查与分析》，《郑州大学学报》（哲学社会科学版）2007年第3期。

　　② 武晓平、单欣：《关注大学生语言生活状况 提高大学生母语能力素养——基于三所理工类大学学生语言生活状况的调研》，《长春理工大学学报》（社会科学版）2011年第11期。

　　③ 王玉珏、李洪亮：《大学生母语素质现状与对策研究——基于山东省部分高校为例》，《语文学刊》2016年第8期。

　　④ 屠国平：《大学生汉语言文字能力现状调查与对策研究》，《中国大学教学》2009年第12期。

　　⑤ 胡蔚涛：《从大学生汉语状况看加强汉语教育的紧迫性》，《衡水学院学报》2006年第3期。

策略。

二 调查方法和调查对象

调查在 2015 年 3 月、4 月进行，主要采用问卷法，被调查对象匿名填写，共发放 250 份问卷，实际收回 210 份。收回率 84%，有效问卷 100%，收回的调查问卷使用 SPSS 软件进行统计分析。

以该校 2011—2014 级学生为调查对象，涉及了文史、理工、经济、管理、艺术、体育等学科门类七个学院九个不同专业的学生。调查对象中，汉族学生 30 名，占调查总人数的 15%；藏族学生 52 名，占调查总人数的 25%；维吾尔族学生 45 名，占调查总人数的 20%；蒙古族学生 30 名，占调查总人数的 15%；其他少数民族学生 53 名，占调查总人数的 25%。由于民族高校少数民族在校生占全校生总人数的 50% 以上，所以调查对象中少数民族学生占多数。同时为了解具有本民族语言并且经常使用本民族语言的学生情况，我们把藏族、维吾尔族、蒙古族三个民族的学生单独统计了出来。

三 存在的问题

第一，学生汉语基础较差。为了了解该校大学生的汉语基础，笔者从两方面进行了调查，一是通过调查对象的高考语文成绩来看大学生入学时汉语基础的情况。参与调查的学生中高考语文成绩高于 120 分的只有 22 人，只占总调查人数的 10%；100 分至 120 分之间的有 31 人，占总调查人数的 15%；90 分至 99 分之间的有 70 人，占总调查人数的 33%；而 90 分以下的有 87 人，占总调查人数的 42%。可见，调查对象的高考语文成绩普遍偏低，大学入学时汉语基础相对薄弱。

二是问卷反映了调查对象大学入学后的汉语基本技能。问卷中设计了两道试题检测汉字注音和字形辨识。其一"下列注音全部正确的一组是"，给出 ABCD 四个选项，每个选项有 4 个常用词或短语，每个词或短语里有 1 个汉字标注了声韵调。调查结果是，答题正确率（B 项正确）只达到 50%，有一半的学生答错。其二"下列词语中没有错别字的一项是"，给出 ABCD 四个选项，每个选项有 4 个常用词语。调查结果是，答题正确率只有 46%。通过这两道试题的测试结果，可见有一半学生标音识字的基本能力都比较薄弱，入学后，学生的汉语基本技能也没有明显的改观。

第二，普通话水平不高，但提高的愿望强烈。普通话虽已成为校园语言，但调查对象普遍自认为普通话水平不高。认为自己的普通话"很好"的学生只有4人，仅占总调查人数的2%；认为自己的普通话"比较好"的有81人，占总调查人数的38%；认为自己的普通话"一般"的有94人，占总调查人数的45%，认为自己的普通话水平"很差"的有31人，占总调查人数的15%。

普通话是国家通用语言，与其他普通高校相比，该民族院校大学生的普通话水平不高。其原因有两点，一是该校65%的乡村生源。在乡村，人们主要使用方言进行交际，学生在家乡自然也是多用方言，他们的普通话受到方言的影响较大。二是该校50%—60%的少数民族生源，有许多少数民族学生在日常交流中使用本民族语言，他们的普通话水平较低，有的只能满足简单的交际需要。

大部分学生有提高普通话的学习愿望。参加调查的学生中，有51%的学生"很希望"提高自己的普通话水平；有20%的学生"比较希望"；另有29%的学生表示"不希望或者无所谓"。这29%的学生大多是来自少数民族地区，通过访谈了解到，这些学生毕业以后打算回乡工作，认为返乡后交际语言会以家乡方言或者是本民族语言为主，觉得普通话可能不是那么重要。

第三，听说的口语表达能力不是很高。听和说的表达能力主要就是口语交际能力的表现。调查显示，该校大学生听和说的口语交际能力普遍不是很高。"口语交际中准确领会或归纳他人传递信息的能力"的调查中，选择"很好"的只有13人，占总调查对象的6%，选择"比较好"的有101人，占48%，选择"一般"的有83人，占40%，选择"不好"的有10人，占5%，选择"很不好"的有3人，占1%。

"口语交际中阐述自我观点的能力"的调查中，选择"很好"的只有14人，占总调查对象的7%，选择"比较好"的有106人，占50%；选择"一般"的有87人，占42%，选择"不好"的有3人，占1%；无人选择"很不好"。"交际中能够根据不同需要，得体运用语言的能力"的调查中，调查对象选择"好"的有4人，占2%；选择"比较好"的有77人，占37%，选择"一般"的有103人，占49%，选择"不好"的有26人，占12%。

第四，读写的书面表达能力需要提高。阅读方面，在参与调查的学生中，对于现代文学作品的阅读能力，仅有3人自认为"很好"，只占总调查对象的1%，有43人自认为"比较好"，占20%，有87人自认为"一般"，占42%，有61人自认为"比较差"，占29%，有16人自认为"很差"，占8%。对于阅读文言文的能力，同样还是仅有3人自认为"很好"，仅占1%，有35人自认为"比较好"，占17%，有71人自认为"一般"，占34%，有64人自认为"比较差"，占30%，有37人自认为"很差"，占18%。通过调查，不论是现代文的阅读能力还是文言文的阅读能力，学生自认为"较差"和"很差"的都接近50%，学生的阅读能力存有较大问题。

写作能力不容乐观，在参与调查的学生中，"写作表达中准确、简明地阐述自我观点的能力"，选择"很好"的有6人，仅占总调查人数的3%，选择"比较好"的有72人，占34%，选择"一般"的有83人，占39%，选择"不好"的31人，占15%，选择"很不好"的有18人，占9%。为了验证学生自报情况的真实性，我们在问卷里设计了写作的题目，即"就你感觉最深刻的一次假期经历，写一篇200字左右的小作文"。参加调查的学生中有63人做了回答。基本印证了上述的情况，少部分小作文较好，大部分作文处于中等及中等偏下水平。在这些小作文中没有错别字的只占20%，有一个错别字的占23%，有两个的占39%，有两个以上的占18%。

在应用文写作方面，对于"能根据不同需要（如申请、报告、论文等），得体运用语言的能力"的调查，选择"很好"的有12人，占总调查对象的6%，选择"比较好"的有81人，占38%，选择"一般"的有92人，占44%，选择"不好"的有21人，占10%，选择"很不好"的有4人，占2%。"在专业论文写作上是否有表达方面的问题"，有15%"经常有"，有82%"偶尔有"，只有3%"没有"。"专业论文写作中存在的具体问题是什么？"依次是"难以准确、简练地表达论文观点"的有93人，占44%，"行文措辞随意化，不够专业严谨"的有81人，占39%，"其他"23人，占11%，"不懂得正确的论文格式"的有13人，占6%。也就是说，语言表达还是主要的问题。

调查显示，该校学生的读写能力普遍处于中等或者中等以下水平，而且在书写中语言表达是主要问题。

四 原因分析

与普通高校相比，该民族高校大学生汉语听说读写能力不够乐观的基本原因是一半以上少数民族学生的生源结构，以及许多少数民族学生有自己的本民族语言，汉语不是母语，大学之前的汉语学习不好，汉语基础较差。具体来讲也有一些学生、学校和社会的原因。

第一，学生对汉语言的重视程度不高，对培养汉语能力的主观能动性不强。在"影响语文学习的因素"调查中，有24%的学生认为是"语文学习对专业学习不太重要"。"是否有意识地培养自己的汉语能力"，有20%的学生"很注意培养"，有18%的学生会"偶尔注意培养"，有63%的学生"不太在意"。这表明有相当一部分学生思想上没有足够重视培养自己的汉语能力，缺乏自觉自主的行为。

第二，外语学习冲击大，学生学习汉语时间投入较少。调查对象中有30%的人认为"没有时间"是"影响语文学习的因素"之一。《大学英语》是大学公共必修课，每周都有4—6节的必修课时，学生自主学习英语的时间也是绝对多于汉语学习时间，调查显示有97人是"英语学习时间大大多于汉语学习时间"，占46%，有82人是"英语学习时间较多于汉语学习时间"，占39%，有31人是"英语学习时间等于汉语学习时间"，占15%，"英语学习时间少于汉语学习时间"的为0。加上专业的学习，大学生能够用在汉语学习的时间是少之又少。

第三，师资不足，教师对学生汉语学习的指导不够。在调查"影响语文学习的因素"中，有20%的学生认为"缺乏老师引导"。学校的大学英语教学，不仅有相当的课时和严格的考评体系，而且有专门教学单位和一定数量专职教师。与汉语相关的《阅读与写作》《大学汉语》等课程的教师，大多都是兼职教师，师资明显不足，教学大多是100多人的班级授课，课堂教学对于学生的指导和引导明显不足，教学效果一般。

第四，网络语言环境的不良影响。从调查问卷的测试题以及学生的小作文看，调查对象书写错误率高的大多是同音字。伴随着电脑、手机长大的学生，尤其是大学生长时间使用电脑完成作业，他们正逐渐让键盘取代手中的笔，能闭着眼飞速地敲打键盘，可睁着眼正确工整地书写汉字却成了许多学生的难题，文字能力逐渐衰退。

五 提高汉语能力之对策

针对民族高校大学生汉语能力的现状及原因，提高汉语能力提出以下建议：

第一，处理好外语与汉语、少数民族语言和汉语的关系，重视汉语能力的培养。民族高校大学生语言学习中处理好外语与汉语、少数民族语言和汉语的关系，是语言生活中面临的问题。语言主体化和多样性是事物的两个方面，教学中要求学生学习语言时，要做到兼顾多样，突出重点。汉语是我国的主体语言，汉语普通话是民族共同语，也是国家通用语言。当下，随着"一带一路"的推进，在国际交流中，汉语越来越发挥着重要的作用。"充分发挥汉语教育的功能，增强大学生'学好汉语'的意识，提高大学生的语言文字应用的水平，对于维护国家文化秩序，其意义非常重大。"[①] 文化认同是最深层次的认同，是民族团结之根、民族和睦之魂，要认真做好推广普及国家通用语言文字工作。对于民族院校的大学生，"学好汉语"意义更加重大。

第二，加强课程和师资建设，提高汉语课程的教学效果。目前，该校课程设置里，有与《大学语文》相当的公共必修课《阅读与写作》，每周两节课，主要训练学生的"读写"能力，有全校通识选修课《普通话训练》《演讲与口才》等课程，主要训练学生的"听说"能力；还有专门面对有少数民族语言的学生开设的《大学汉语》。学校的课程设置相对完善，但总体效果不尽如人意。就现状来说，进一步加强课程教学是提高民族高校大学生汉语能力直接有效的方式。还应注意，课程教学中要改变传统单一的教学方法和测评方式，改变以往"教师说""学生听"的教学模式，采用以学生为主体的教学模式，使学生在"练中学""做中学"，调动学生的积极性，达到"学以致用"。改变单一传统的期末闭卷考试的终结测评方式，采用终结考核与过程考核相结合的测评方式，增加对学生平时语言使用的观测，通过测评方式的更新引导学生注重语言使用，使语言能力的培养日常化和经常化，改变学生仅仅为应付考试而学习汉语的状况。充分利用慕课、精品视频公开课等课程资源，吸引学生学习

[①] 孙亦平、邓琳：《当代大学生语言与社会文化秩序构建——基于江西地区大学生语言状况的分析》，《江西社会科学》2017 年第 6 期。

汉语。同时加强制度建设，吸引、培养一批优秀师资承担相关课程，增强课程的吸引力。

第三，创建良好的校园学习氛围。王玉珏、李洪亮认为："高校应认真贯彻国家语委、教育部的文件精神，大力推进高校语言文字评估、语言文字示范校建设等工作，大力开展'推普周'、普通话水平测试、汉字应用测试、'中华经典诵写讲'等活动，通过组织竞赛、测试、展演等多种活动方式，吸引更多的学生参与到活动中来，在活动中提升汉语能力。"[①]我们非常同意这种观点，结合该所民族高校现有的相关社团，比如"读书社""话剧社""演讲与辩论社团""主持人社团"等，发挥学生社团的作用，开展与汉语相关的实践活动，营造良好的校园学习氛围。

第四节　中学生普通话使用状况

语言文字是人类最重要的交际工具和信息载体，是文化的基础要素和鲜明标志，是促进历史发展和社会进步的重要力量。《国家中长期语言文字事业改革和发展规划纲要（2012—2020年）》明确提出："提高国家通用语言文字普及程度。到2015年，普通话在城市基本普及，在农村以教师、学生和青壮年劳动力为重点基本普及，汉字社会应用基本规范；到2020年，国家通用语言文字在全社会基本普及，全国范围内语言交际障碍基本消除。"并且强调"加快民族地区国家通用语言文字的推广和普及"[②]。根据我国《宪法》制定的《中华人民共和国国家通用语言文字法》明确规定了普通话和规范汉字作为国家通用语言文字。宁夏回族自治区属于西部地区和民族地区，普通话的普及有利于促进民族间交流，有利于各民族交流交往交融，有利于铸牢中华民族共同体意识。学校是普通话普及和提高的主阵地。青少年语言使用和语言态度是影响推普质量的关键。宁夏地区县城和乡村中学生普通话普及和使用情况如何呢，本节将进行调查。

---

① 王玉珏、李洪亮：《大学生母语素质现状与对策研究——基于山东省部分高校为例》，《语文学刊》2016年第8期。

② 教育部国家语委：《国家中长期语言文字事业改革和发展规划纲要（2012—2020年）》，http：//www.moe.gov.cn/srcsite/A18/s3127/s7072/201212/t20121210_146511.html。

本节选取宁夏中部中卫市中宁县,宁夏中卫市中宁县是兰银官话中卫小片,调查县城中学高中生的普通话普及与使用情况。中宁县城有中宁中学和中宁一中两所高级中学,中宁中学始建于1947年,是宁夏省级示范高中。中宁一中2004年动工,2005年9月正式投入使用并实现首批高一招生,也是省级示范性高中,教育教学成绩名列全区前茅。

调研组[①]通过调查中宁中学和中宁一中在校学生的普通话水平、使用场合以及对普通话水平测试的认识来了解中宁县城普通话推广教育的现状,以进一步深化普通话的推广。

一 调查对象和调查方法

本次调查以中宁中学、中宁一中的高一、高二、高三年级在校学生为对象,采用分层次抽样方法选取调查样本,涉及调查对象的户籍地、性别、年级、民族等相关因素。

本次调查采取问卷调查法收集资料。问卷由20个问题组成,主要包括中学生普通话水平、普通话的使用情况、对普通话水平测试的了解、学习普通话的主要途径、使用普通话的感受等方面的问题。被调查学生的抽取及问卷的发放与回收,均由调研组成员完成。实际发放问卷300份,有效收回297份,有效回收率99%。有效问卷资料由调查员核实后进行编码,然后输入计算机,使用问卷星网站进行统计分析。调查样本概况见表2-28。

表2-28　　　　　　　调查样本概况(N=297)

样本类型		人数(人)	比例(%)	样本类型		人数(人)	比例(%)
籍贯	县城	168	56.6	性别	男	118	39.7
	农村	129	43.4		女	179	60.3
民族	汉族	230	77.5	年级	高一	100	33.7
	回族	55	18.5		高二	98	33.0
	其他	12	4.0		高三	99	33.3

[①] 调研于2013年4月进行,调研组成员由笔者和北方民族大学文史学院汉语言文学专业2009级本科生王超组成。

从样本构成看，户籍地县城学生略多于农村学生，女性略多于男性，汉族学生占据大多数，三个年级学生基本均等。

二　调查情况分析

（一）普通话能力

通常普通话能力包括听说两方面，我们观察调查的中学生都能够听懂普通话，所以只调查普通话说的情况。关于被调查者普通话能力的调查设置了两个问题，一是被调查者自我评价普通话说的能力，二是被调查者自我评价普通话的水平。

表2-29的调查数据显示，在被调查的297名学生中，能流利说普通话的有144人，占到总人数的48.5%，能说一些普通话的有139人，占到了46.8%，能说一点普通话的还有14人，占到4.7%。没有人几乎不会。被调查者自我评价普通话的水平，认为自身普通话好的有30人，占10.1%，认为比较好的有76人，占25.6%，认为自身普通话一般的有191人，占到了64.3%。中宁县城高中学生，普通话普及程度较高，基本没有不会说普通话的。但是学生认为普通话水平一般的占比超过一半，有很大的提升空间。

表2-29　　　　　　　普通话的能力情况（N=297）

说普通话的能力	人数（人）	比例（%）	普通话的水平	人数（人）	比例（%）
能流利地说	144	48.5	好	30	10.1
能说一些	139	46.8	比较好	76	25.6
能说一点	14	4.7	一般	191	64.3
一点不会说	0	0	差	0	0

（二）场合对象与普通话使用的情况

我们调查了被试学生高中以前在家与在学校两种不同场合普通话使用情况和高中阶段在家与在学校两种不同场合普通话使用情况，将两阶段两种场合普通话使用情况进行比较，考察被试学生普通话使用情况的动态发展。家庭内部主要调查了在家和家人交谈选用话语情况，我们观察在学校学生课上师生交流或者回答问题一般都使用普通话，所以主要调查在学校课下与老师同学交谈时普通话和方言使用情况。见表2-30和表2-31。

表2-30 高中以前在家与在学校两种不同场合语言使用情况（N=297）

在家和家人交谈	人数（人）	比例（%）	学校课下与老师同学交谈	人数（人）	比例（%）
普通话	39	13.1	普通话	96	32.3
中宁话	202	68.0	中宁话	163	54.9
其他方言	56	18.9	其他方言	38	12.8

表2-31 高中阶段在家与在学校两种不同场合语言使用情况（N=297）

在家和家人交谈	人数（人）	比例（%）	学校课下与老师同学交谈	人数（人）	比例（%）
普通话	29	9.8	普通话	107	36.0
中宁话	217	73	中宁话	157	52.9
其他方言	51	17.2	其他方言	33	11.1

数据显示被试学生在高中以前和高中阶段与家人交谈基本都用方言，普通话在两个阶段使用比例相差不大，分别是13.1%和9.8%，也可以说方言是被试学生的家庭主要用语。在学校课下与老师同学交谈使用的依然主要是方言，方言的使用比例将近70%。普通话在两个阶段使用比例也相差不大，分别是32.3%和36%，普通话使用在高中阶段略高于高中以前。

我们调查了被试中学生在家庭、学校以外公共场合普通话使用情况，主要分为公共正式场合主要使用的语言和公共非正式场合主要使用的语言，调查情况见表2-32。

表2-32 公共场合语言使用情况（N=297）

公共正式场合主要使用的话语	人数（人）	比例（%）	公共非正式场合主要使用的话语	人数（人）	比例（%）
普通话	144	48.5	普通话	61	20.5
中宁话	97	32.7	中宁话	199	67.0
普+方	56	18.8	普+方	37	12.5

说明："普+方"表示普通话和方言都说。

表 2-32 数据显示被试中学生在公共正式场合单一使用普通话的比例最高，达到 48.5%，在公共非正式场合主要使用普通话的比例略高于家庭内部家庭成员使用普通话的比例。

调查显示被试中学生普通话使用情况与场合对象因素有关，在家庭、学校之外方言使用范围广，使用场合多，普通话使用均显劣势。

（三）影响中学生语言使用的原因

从上面调查统计看，被试的中学生使用语言是以方言为主，普通话为辅。学生大都有说普通话的能力，为什么语言使用中普通话不是主体使用语言呢？笔者从语言使用者的主观语言态度和客观外部环境进行了调查。

语言态度的调查，我们调查了被试中学生日常交流使用普通话和方言的感受。见表 2-33。

表 2-33　　　　使用普通话和方言的感受（N=297）

用普通话的感受	人数（人）	比例（%）	用方言的感受	人数（人）	比例（%）
亲切好听	86	29	亲切好听	114	38.4
自然正常	117	39	自然正常	128	43.1
别扭	94	32	别扭	55	18.5

数据显示，在情感评价方面被试中学生对于方言的评价"亲切好听""自然正常"的比例均高于普通话的评价。

客观外部环境主要调查了学校所在地中宁县城人们使用普通的情况，笔者主要是调查学生感知的县城人们说普通话的情况。见表 2-34。

表 2-34　　　　县城人们讲普通话的情况（N=297）

感到讲普通话的人	人数（人）	比例（%）
很多	30	10.1
一般	119	40.1
不多	148	49.8

数据显示学校所在县城普通话氛围缺乏，外部环境对讲普通话没有形成良好促进作用。调查显示被试者对普通话的主观态度评价和社会外部因

素对被试者日常语言使用有明显影响。

（四）学习普通话的动因

学生现实的语言使用现状是方言为主，那么对于普通话的学习诉求如何呢？（见表2-35）

表2-35　　　　　　　学习普通话的动因（N=297）

学习普通话的动因	人数（人）	比例（%）
交流方便	92	31.0
学习需要	160	53.9
别人都在说	22	7.4
其他	23	7.7

虽然大多数同学都有普通话基础，但由于身边人大多是中宁县本地人，用方言就能满足交流需要，而学校则成了一个使用普通话较广泛的环境，而且学习需要成为大家学习并使用普通话的主要动力。所以在问卷的最后有些同学提出了创造一个良好的普通话环境，这样大家都会讲普通话，而不会觉得不好意思；以及提出"老师上课讲普通话，也是我们学习普通话的重要途径"（见表2-36）。

表2-36　　　　　　　学习普通话的意愿（N=297）

是否认为有必要学好普通话	人数（人）	比例（%）	学习普通话的途径	人数（人）	比例（%）
很有必要	232	78.1	学校	118	40
无所谓	54	18.2	家庭	30	10
没有必要	11	3.7	广播、电视	149	50

（五）学习普通话的意愿和途径

学生学习普通话的意愿很高，大部分同学都是通过电视、广播和学校教育接触学习普通话的，学校应该给学生提供多接触学习普通话的机会，通过现代传媒技术可以更快、更早、更广泛地让大家接触并学习普通话，提高中学生的普通话水平。学校也应当重视普通话的普及，大力推广普通话，在教学中把普通话教育推广下去。在问卷的最后"建议"中也有很多同学提出了这样的观点，要求学校组织一些关于普通话的活动，多办普通话演讲活动，加强教育教学对普通话的推广作用以及教师在上课时必须讲标准的普通话。

三 结语

从普通话能力、普通话使用场合对象、影响语言使用的原因、学习普通话的途径、意愿等方面调查，可见中宁县城中学普通话使用情况有以下特征：

第一，中宁县城高中生都有基本的普通话能力，没有"一点不会说普通话"的，学生的普通话普及程度较高，但是普通话水平不高，有很大的提升空间。

第二，普通话使用与场合对象有关，学生在非正式场合一般不用普通话，大多使用方言交谈。学生与家人交谈普通话使用比例最低，只有9.8%，90.2%都用方言；在公共非正式场合使用普通话的比例是20.5%，略高于家庭内部家庭成员使用普通话的比例；在学校课下与老师同学交谈使用普通话的是36%，依然主要使用方言。即使公共正式场合主要使用普通话的也不足一半，只有48.5%。这说明中宁县城中学高中生普通话的使用范围较小，普通话使用不占优势，而方言使用范围广，使用场合多。

第三，中宁县城中学生语言使用方言为主普通话为辅的原因有主客观两方面。主观的是语言态度，中学生对方言的情感评价高于普通话。客观的是社会外部因素，县城人们日常讲普通话的不多，普通话氛围缺乏。

第四，中宁县城中学生学习普通话的意愿很高，学习主要途径也还是电视、广播和学校教育。因此要学校和各类媒体通过开展各种学说普通话的活动，进一步调动学生学习使用普通话的热情和积极性，提升推广普通话的质量，发挥语言文字的社会功能。

第三章

宁夏移民社区语言调查研究

第一节 宁夏移民概况及移民语言的相关研究

一 宁夏移民的历史沿革

"宁夏地处黄河上游,南北相距约456千米,东西相距约250千米,总面积为6.6万多平方千米。全区常住人口为6301350人,其中回族人口为2190979人,占总人口的34.77%。"[1] 全区包括银川、石嘴山、吴忠、固原、中卫5个地级市,下设青铜峡市、灵武市两个县级市和11个县,另设有兴庆区、金凤区、西夏区、大武口区、惠农区、原州区和红寺堡开发区。

(一)宁夏历史移民

宁夏的历史就是一部移民开发史。移民开发作为一股持久强劲的动力,推动着宁夏的历史不断发展前进。由于特殊的气候、地理和历史特征,宁夏历来是兵家必争之地,为了解决经济之需,采取多种屯垦形式,如军屯、民屯等进行了多次移民开发。历代王朝的移民开发,不仅使宁夏平原广袤的土地资源得到了充分利用,也将得天独厚的黄河水资源的优势发挥到极致。移民开发增强了国防实力,客观上也促进了民族融合,极大地加快了宁夏地区的发展。[2] 关于宁夏历史移民,论著论述很多,这里不

---

[1] 银川市统计局:《银川市2010年第六次全国人口普查主要数据公报》,http://wenku.baidu.com/view/28dce306a6c30c2259019ec3.html。

[2] 范建荣、姜羽:《宁夏自发移民理论与实践》,宁夏人民出版社2012年版,第10页。

再赘述。

(二) 宁夏当代省际移民

宁夏当代省际移民的特点,不同的阶段,不同的类型以不同的省份为主,宏观上也呈现多元化的特点。新中国成立初,从陕北调来大批干部;20世纪50年代陆续从北京迁移到宁夏的大批移民;宁夏回族自治区成立之际从浙江迁移到宁夏大批青年;20世纪60年代末从天津迁移到宁夏的大批医生;因支援三门峡水库建设而迁移到宁夏的大批陕西、河南省移民;响应党和政府号召,20世纪60年代主要从浙江省、北京市、天津市来到宁夏的大批"上山下乡"知识青年。

整体上看,"20世纪50年代为迁入人口增长幅度最大的时期。尤其是1958年和1959年,两年迁入人口高达44万人。10年间,由区外迁入人口为106.51万人,年均迁入率为67.18%。20世纪60年代宁夏移民浪潮具有四大特点:一是知识青年上山下乡浪潮的兴起,使大批浙江、北京等地的知识青年来到宁夏,从事农业劳动,也使宁夏城镇的知识青年开始迁移到宁夏的农村,从事农业劳动;二是'三线'建设的需要,大规模地从外省整体迁移工厂及人员到宁夏,使宁夏的工业获得迅猛发展;三是由于三年困难时期及宁夏的生活条件、生活水平等条件较差,使大量浙江等地移民回流;四是'文化大革命'时,大量中央机关干部'下放'到宁夏从事农业劳动,进行所谓的'改造',高级干部云集宁夏。"①

20世纪70年代为迁移人口增幅较小的时期。这期间,宁夏体力劳动力趋向饱和,迁入人口绝对数量明显减少。主要为一部分外省农村人口通过投亲靠友等渠道迁移至宁夏引黄灌区的农场、农村,也有部分迁移至城镇工作。到外省下乡的知识青年陆续返迁宁夏。

(三) 20世纪80年代以来宁夏区内移民

20世纪80年代以来主要是宁夏区内移民,至今已实施了三次大规模移民,"第一阶段从20世纪80年代初至90年代末。宁夏在'三西'建设②的同时,创造性地走出了一条'有水路走水路,有旱路走旱路,水旱

---

① 刘天明、王晓华等:《移民大开发与宁夏历史文化》,宁夏人民出版社2008年版,第175—176页。

② "三西"农业建设移民:1982年国家为了从根本上解决甘肃河西走廊、以定西为代表的中部干旱地区、宁夏西海固地区集中连片特困地区的人民温饱问题而提出的建设项目,简称"三西"建设。

不通另找出路'的移民扶贫开发思路。这一阶段的移民主要以解决宁夏南部山区的贫困问题为主，即以社会效益为主，兼顾经济效益和生态效益。在移民时注重对贫困户的搬迁；第二阶段始于 20 世纪末。宁夏在实施'1236'工程[1]时，建成了全国最大的生态移民开发区——红寺堡。这一阶段的移民主要以经济效益和社会效益为主，兼顾生态效益。在搬迁时注重对贫困户迁移的同时，适当搬迁了一定数量的富裕户；第三阶段起于 2007 年至今，为确保退耕还林还草已取得的成效，继续加大实施力度，宁夏又开展了以县域经济为主的生态移民工作。这一阶段的移民主要以生态效益为主，兼顾社会效益和经济效益。在迁移时采取了整体搬迁等措施。"[2]

通常人们把 1983—2000 年的移民称作吊庄移民，把 2001 年至今的移民称作生态移民。

吊庄移民是宁夏移民独特的方式，宁夏"吊庄"移民是指在土地由政府划拨的情况下，将移民集中搬迁到宁夏中北部黄河灌区的边缘地带，由"迁出县"负责土地开发、分配等各项具体管理工作，等移民区建设初具规模、移民生活较为稳定之后，再将移民社区整个移交所在地管理。[3]

1983 年自治区政府实施吊庄移民战略以来，已建立移民吊庄 25 处，搬迁 42 万余人，开发耕地 83 万亩，其中 60.7% 的移民是回族。这项为期 20 年的移民工程，是中华人民共和国成立以来，我国西部地区集中迁徙人数最多的一次农村人口大迁移。

经过多年的发展，涉及固原县、彭阳县、泾源县、隆德县、海原县、盐池县、西吉县、同心县的宁夏"吊庄"移民形成了三种"吊庄"移民模式："一是县外移民吊庄模式。就是将南部山区被迁移民，跨县跨地区迁到生活生产条件较好的河套平原区。已安置移民 13 万人。二是县外插户吊庄模式。南部山区的部分群众经协商在管区县内吊庄插户并由迁入县的属地乡管理。共完成插户 7300 人。三是县内移民吊庄模式。是指在本县内易

---

[1] "1236"工程：1994 年，宁夏回族自治区党委、政府起草了《关于将扶贫扬黄新灌区列为国家"九五"重点项目的请示》，以宁党发〔1994〕20 号文正式上报党中央、国务院，在这份报告中把扶贫扬黄工程主要内容已明确为 100 万人的脱贫，开发 200 万亩土地，估算需 30 亿元投资，攻坚计划的时间从 1994 年算起到 2000 年 7 月，工期为 6 年，工程概括为"1236"工程。

[2] 范建荣、姜羽：《宁夏自发移民理论与实践》，宁夏人民出版社 2012 年版，第 30—31 页。

[3] 马伟华：《移民的文化适应：宁夏吊庄移民生活习俗调适调查研究——以芦草洼吊庄（兴泾镇）为例》，《西北第二民族学院学报》2007 年第 6 期。

灌溉、地宽人少利于生产生活的地方建设移民吊庄点。此模式安置移民19.8万多人。"①

生态移民是2001年国家扶贫工作会议确定的，在西部地区开展易地扶贫搬迁试点工程，对居住在生存条件极端恶劣、自然条件贫乏地区的特困人口，采取易地扶贫开发搬迁安置的扶贫政策。宁夏被确定为国家易地扶贫搬迁工程四个试点省区之一。宁夏主要是针对六盘山水源涵养林区、封育区、水库建设区、地质灾害发生区，采取整村搬迁的方式，先开发后搬迁，实行属地管理。

宁夏的生态移民工程从2001年至2005年，从南部山区的八县，即固原县、泾源县、隆德县、盐池县、西吉县、海原县、彭阳县、同心县，规划迁出人口28.5万多人。

"十二五"期间，宁夏回族自治区政府决定投资105.8亿元对中南部地区7.88万户34.6万人实施移民搬迁，涉及原州、西吉、隆德、泾源、彭阳、同心、盐池、海原、沙坡头9个县（区）91个乡镇684个行政村的1655个自然村。②

二　移民语言调查的相关研究

以移民语言为调查对象的研究较少，较早开展这方面研究的有杨晋毅、汤志祥等，以城市化和工业化为背景的移民语言研究。杨晋毅③对中原工业区郑州、洛阳、南阳等城市进行了多年的语言调查，研究了工业移民和当地居民在语言接触的情况下语言选择受到的影响和产生的变化，对当地工业方言岛的形成等问题进行了系列阐述。杨晋毅的系列调查主要针对河南、陕西等地的工业移民与当地人群的语言接触。由于厂矿、建设单位等具有高度的内部一致性，可以说这些研究也是对特定类型言语社区的研究。

汤志祥等对深圳城市语言面貌进行了一系列宏观的语言社会学调查，

---

① 王安忠：《宁夏南部山区移民吊庄模式和效益分析》，《宁夏社会科学》1998年第2期。
② 束锡红、聂君：《宁夏生态移民迁移意愿的实证研究》，载《2013年中国生态移民与区域发展学术研讨会论文集》，出版者不详，2013年。
③ 杨晋毅、邓庆永、潘桂英：《洛阳市现代语言形态的产生原因和理论意义》，《语文研究》1997年第1期；《洛阳市普通话和方言的分布与使用情况》，《语言文字运用》1997年第4期；《中国新兴工业区语言状态研究（中原区）》（上），《语文研究》2002年第1期。

展示了移民对深圳语言的多方面影响。由于受到移民的影响,在原本以粤方言为交际通用语的深圳市,普通话成为人们交际时的首选语言。汤志祥的研究主要是以语言调查的形式进行的,对不同语言场景下的语言选择进行了统计和其他宏观研究。①

王玲以合肥、南京和北京三地的语言调查数据为基础,对城市居民的语言适应行为及其特点进行全面考察。调查结果显示,不管是本地居民还是外来移民都存在语言适应行为。②

刘玉屏调查了浙江省义乌市农民工的语言使用与语言态度,以此了解农民工语言再社会化的有关情况。文章认为农民工进入城市以后,往往会经历一个语言再社会化的过程。这一过程比较突出的表现是语库的扩容、语码选择模式的变更、言语交际策略的调整和对打工地方言成分的援用。③

研究三峡移民语言的文章有一些,比如刘青松的《入湘三峡移民的语言态度及其对语言交际的影响》以入湘三峡移民为研究对象,文章认为入湘三峡移民身处多种语言(方言)并存的地区,对不同的话持有不同看法:年龄越小、文化程度越高,越认同普通话或当地话;反之,年龄越大、文化程度越低,就越喜欢家乡话。移民的语言态度直接或间接地影响着他们的语言交际。④

三 宁夏移民语言的相关研究

对于宁夏移民研究的论文论著很多,有从宏观方面对宁夏移民的整体现状进行阐述的,有从某一个方面对宁夏移民进行分析的,这些研究多集中在分析宁夏移民的类型、特点、效益,而且对于移民的效益人们只关注经济、社会、生态等方面的变化,很少关注移民的语言情况。

本章选择的宁夏移民社区,是典型的农民移民社区,是一个言语社区,移民对于本土居民来说是相对弱势群体。这些迁入地的方言、普通话

---

① 汤志祥、梁燕霞:《深圳商业员工语言使用和语言取向:典型移民城市语言变迁调查报告之一》,《中国社会语言学》2005年第2期。
② 王玲:《城市化进程中本地居民和外来移民的语言适应行为研究——以合肥、南京和北京三地为例》,《语言文字应用》2012年第1期。
③ 刘玉屏:《农民工语言再社会化实证研究——以浙江省义乌市为个案》,《语言文字应用》2010年第2期。
④ 刘青松:《入湘三峡移民的语言态度及其对语言交际的影响》,《中南大学学报》(社会科学版)2007年第1期。

与移民原籍方言互相影响,与民族心理、社会文化以及其他语言因素一起共同塑造了移民社区语言格局,同时塑造了新的城市语言格局。尽管不同地方的具体语言情况有所差别,但研究宁夏社区的移民语言模式对其他地方也有参考作用。

对宁夏移民语言方面的研究寥寥无几。宁夏方言研究从1958年开始,经过50多年,取得了丰硕的成果,尤其是20世纪80年代以来。宁夏方言研究的成果主要有五类,一是方言志,二是专著,三是各地地方志中的方言篇,四是研究性论文,五是教材和普通话培训材料。这些研究成果,对汉语方言的研究以及其他学科的发展,都具有较重要的意义,但是很少涉及移民语言。移民语言从本质上说也属于一种方言,但是又不同于所属地区的方言,是一种特殊的语言现象。尽管有些学者已经意识到移民语言与周围方言之间存在差异,至于究竟有哪些差异以及对造成差异的原因没有涉及。比如在马伟华的《移民与文化变迁:宁夏吊庄移民语言变迁的调查研究》这篇文章中提出兴泾镇的年轻人语言发生了变异,由原来的泾源方言或者变为银川话,或者普通话,由此来解释文化的变异。① 具体的移民的语言具体的变异情况,变异在不同社会人员之间的具体表现怎样?文中没有提及。

移民语言生活是一个动态的演变与变异过程,演变与变异过程中会发生许多非常复杂的现象,在上文宁夏移民概况的介绍里看到,20世纪80年代以来的宁夏吊庄移民和生态移民的60.7%是回族。这些回族移民的语言生活是否发生了变化,发生了哪些变化?这些问题是本章关注的。我们采用文献梳理以及动态调查的方法,希望能够深入地研究此问题。

本章主要研究移民社区语言使用状况及原因,分析时主要运用语言接触理论,具体分析移民在域内、域外等不同场合、面对不同交际对象时所出现的语言现象及其产生原因。

语言接触是指"不同的民族之间相互交往,使不同的语言相互影响"②。民族之间的贸易往来、移民杂居、文化交流、战争征服等各种形式的民族接触都会带来语言上的接触和影响。语言接触包括各种不同的类

---

① 马伟华:《移民与文化变迁:宁夏吊庄移民语言变迁的调查研究》,《内蒙古大学艺术学院学报》2009年第4期。
② 邢福义、吴振国:《语言学概论》,华中师范大学出版社2002年版,第306页。

型,可以出现在语言各个要素,最常见的是词汇方面。

语言接触会引发语言的演变,吴福祥指出了语言演变的两种类别:"内部因素促动的演变"和"接触引发的演变"。"在某种意义上,历史语言学家所研究的'语言演变'绝大部分都是由语言接触导致的。"[①] 语言接触对语言功能的影响大致有两种结果:一种是由于语言接触形成的语言影响,使受语得到了丰富和发展,增强了语言的生命力,促进了语言的和谐;另一种是由于语言接触形成的语言影响,使受语遭到冲击,出现了语言功能的衰退,甚至濒危。

本章主要分析历代移民与宁夏话的形成与发展,主要分析历史移民对宁夏川区话的影响。对于20世纪80年代以来的移民语言的研究,主要以吊庄移民问题为研究对象,因为吊庄移民搬迁到迁入地已经有二三十年的时间,移民语言的变化是一个过程,通常是很长时间。县内移民人们的生活习惯、行为方式、语言环境相同,语言没有变异或者很细微。而县外移民,尤其是宁夏南部山区的移民迁入银川地区,地理环境、社会环境、语言环境都发生了变化,随着人们的交流和接触,在时间的推移中,移民的语言也会发生一定变化。

宁夏这种吊庄移民特点,一是县外搬迁,就是将宁夏南部山区贫困带、片的农民,跨县跨地区迁往灌溉条件较好的河套平原,使移民在新的生存空间里有较为广阔的谋生道路和有效的途径。二是家庭化迁移模式,整个家庭全部迁入移居地,定居于迁入地。不同于农民工进城务工式的迁移,农民工打工结束,通常会回到家乡生活。三是集中安置移民数量多,移民人际关系密切。四是移民中回族占较大比例,占移民总量的60.7%。有些移民社区回族的比例更高,达到80%,甚至高达90%以上,是典型的回族移民区。由于移民有共同的社会风俗习惯、共同的民族心理和语言,因此,本章选取典型的县外移民村镇进行个案研究。

由于移民迁入,相关地方人口结构发生巨大变化,移民迁入新的地方,为了生存发展,逐步适应迁入地的生活,语言适应是社会适应的一个重要方面。移民的语言使用问题不仅仅是他们的个人选择,也对接触中的迁入地人群有潜移默化的作用,从另一个侧面反映着整个相关县市的语言面貌。本章旨在通过对典型的移民社区的语言使用调查,分析在语言规

---

① 吴福祥:《关于语言接触引发的演变》,《民族语文》2007年第2期。

划、语言多元化、城市化共同作用下移民在多语环境下的语言选择，希望通过对宁夏典型的移民社区的语言调查，分析移民语言的接触现象，从移民角度描写正在发生的语言变化。

费什曼有句名言，说社会语言学研究的就是"何人在何时何地为何对谁说何种语言"。在语言多元化背景下，回族移民的语言就变得比较复杂。

宁夏红寺堡是典型的移民区，本章以第二代移民中学生为研究对象，调查他们的语言情况。

宁夏闽宁镇吊庄和芦草洼吊庄是两个典型的移民村镇。宁夏闽宁镇吊庄是在东西合作对口帮扶的有力推动下，宁夏政府1996年在福建省的帮扶下建立的以回族为主体的移民点。该移民点距离宁夏首府银川市很近，交通便利，移民与外界人员交流接触较多，信息交流便捷，使得该吊庄移民在语言使用方面发生了很大变化。

芦草洼吊庄于1983年3月开始从泾源县移民，1999年8月划归原银川市郊区管辖。2003年银川市3区重新划界之后，在该吊庄的主体上建成了兴泾镇，划归西夏区管辖。兴泾镇回族人口占全镇总人口的97%以上，基本上可以说是一个回族村镇。[①] 20多年过去了，兴泾镇移民由于生活环境的变化，语言生活也会随之发生变化。

本章选择典型的县外移民社区——红寺堡、兴泾镇、闽宁镇，这些移民来自被统称为"山区人"的群体，移民在新的社会语言环境中会出现怎样的语言选择模式？移民习得普通话、迁入地方言以及原有家乡话的模式是怎样的？来自不同地区的回族移民在语言态度上有何差别？他们的语言态度对移居背景下的语言习得有何影响？移民在语言维持和语言转用上体现出哪些规律？这些都是本章关注的问题。本章通过调查分析移民本身的方言背景、性别、年龄、教育水平、职业等特点与其语言使用之间的关系，考察当前的语言接触中普通话、迁入地方言和家乡方言对不同移民所造成的影响。从这个角度观察语言接触对未来移民社区语言变化造成的影响以及变化的方向。因此，作为一个移民社区语言实证研究的样本，能够为当代语言接触理论研究提供补充，也是对中国语言调查实证研究的发展。

---

① 马伟华：《移民与文化变迁：宁夏吊庄移民语言变迁的调查研究》，《内蒙古大学艺术学院学报》2009年第4期。

第二节　移民对宁夏话的影响[①]

一　移民与汉语方言的形成、流播的关系

语言是人们最重要的交际工具，移民从一个方言区迁移到另一个方言区，为了适应社会生活，移民语言接触是必然的。

移民语言接触是指移民因地理位置的迁移，离开原来的语言社区到一个新的、不同于以往语言特征的语言环境中，因移民日常生活交流和贸易往来的需求导致其方言与迁入地方言间频繁地接触，久而久之，产生了新的语言现象。语言学界认为形成方言差异、促使语言分化的主要原因是社会原因。人口迁移是社会因素之一。移民与汉语方言的关系学界已有较多的研究，比如：周振鹤、游汝杰的《方言与中国文化》[②]，李如龙的《汉语方言学》等。

李如龙认为："就汉语方言的情况而论，形成方言的主要原因是社会的分离、人民的迁徙、地理的阻隔、民族的融合和语言的接触。人口迁徙是形成新方言的常见原因，几乎所有汉语方言的形成和人口的流动都有关系。但移民要形成新方言往往要有三个条件。第一，要有一定批量的移民而不是零星的少数；第二，要集中聚居而不是散居；第三，移民的语言与原住地的语言或方言成抗衡之势。零星的散居使移民方言融入原有方言的事是屡见不鲜的。"[③]

方言流播的方式取决于移民在新地的定居状态。一般来说有三种情形。[④]

一是延伸型。向方言区边界就近移民扩展造成方言区域的延伸，这种类型往往见于民间自发的长时间小批量积累的移民。

二是穿插型。这是小批量向区外移民的常见方式，这类移民如果能把原籍的方言保存下来，就变成了大大小小的方言岛或方言群岛。然而并不

[①]　刘晨红：《从移民文化看宁夏话的形成与发展》，《北方民族大学学报》2009年第6期。
[②]　周振鹤、游汝杰：《方言与中国文化》，上海人民出版社1986年版。
[③]　李如龙：《汉语方言学》，高等教育出版社2001年版，第16—27页。
[④]　李如龙：《汉语方言学》，高等教育出版社2001年版，第16—27页。

是所有的区外移民都能够形成方言岛。要形成方言岛还需要几方面的条件。第一，移民人口要有一定数量，尤其是与当地人混居的，更要占有较大的比例。人数太少，在总人口中占劣势就容易被当地方言同化。第二，移民的方言与原地方言应有较大差异，差异不大就容易一方被同化或形成混合型方言。第三，移民必须有较强的方言意识。第四，移民经济实力较强，文化较高，其方言是强势方言，就容易形成方言岛。第五，移民与当地原住居民之间是否有密切交往，也是能否形成方言岛的原因之一。所谓交往最重要的是通婚和商业往来。

三是填空型。移民到人烟稀少的地方拓荒、垦殖，又是自己聚居，不论移民人数多少，不论分布地域多大，也不论是官方组织或民间自发的移民，把方言带到异地都属于这个类型。

已有研究表明，宁夏在历代都近乎是一个移民区。从历时和共时角度看，移民对宁夏话的影响大概有两种情况，一是移民的语言受到宁夏本土语言的同化，向本土语言靠拢。二是宁夏本土语言受到移民语言的异化，语言发生一些变化。

二 移民语言受到宁夏本土语言的同化

"在早期，人几乎是文化唯一的载体。人口的迁移，实际上就是他们所负载的文化的流动；所以移民运动本质上是一种文化的迁移运动。"[1] 正是从这个意义上，人口的迁徙与流动往往导致文化从一个地区扩散、传播到另一个地区。语言是文化的载体，人口的迁移必然引起语言的扩散和迁移。在语言的扩散和迁移中，人们为了满足交际的需要，移民的语言会逐渐向本土方言靠拢，受到本土方言的同化。

（一）宁夏话的形成过程就是历史移民的语言不断同化的过程

宁夏话就是宁夏方言，目前学界认为，宁夏方言南部属于中原官话，主要分布于同心县以南的南部山区，北部属于兰银官话，分布于同心县以北的北部川区。兰银官话内部还有区分，本节所说的宁夏话指兰银官话银吴片，主要分布于银川、同心（北部）、中卫、中宁、吴忠、青铜峡、灵武、永宁、贺兰、平罗、惠农、陶乐十二县市。

历史移民与宁夏话的形成发展密切相关。宁夏的历史近乎是一部移民

---

[1] 葛剑雄等：《移民与中国》，香港中华书局1992年版，第236页。

史,"宁夏早期移民,始于战国时期"①。自秦汉以来,宁夏历代都有兴兵屯田,移民实边。历代移民势必影响着宁夏话的演变。明之前,由于战乱,宁夏人口处于大流动、不稳定的状态,由此宁夏话的形成发展也是不稳定的。李树俨认为宁夏话经历了两次中断,② 都是由于战乱导致宁夏两次"空城"而造成。一次是宋宝庆三年(1227),蒙古军继攻下灵州后又攻下中兴府,焚王陵,屠百姓,城遂空,西夏灭亡。这次空城,不仅使党项族和西夏语灭亡,也使宁夏汉语方言基本中断。一次是明初,明洪武五年(1372),明王朝为抵御前朝残余兵力,废宁夏府,将宁夏(府城)、灵州、鸣沙之民尽徙关中,造成一个防御的真空地带。这一次空城使宁夏汉语方言再次中断。也就是说历史上宁夏话的发展过程中的两次中断,都是人口迁徙而造成的,是人口迁出宁夏,中断了宁夏话的发展。宁夏话的再次形成发展,在明代空城之后,从明洪武九年(1376)开始。从此时开始宁夏话不断发展,直到今天。此间,宁夏话的发展演变过程,仍然与宁夏明以来的移民密切相关。陈明猷说"明洪武九年(1376)'徙五方之人实之',实现了一次历史上罕见的大规模的人口大更新。从此之后,宁夏人口基本上转向了稳定发展"③。当时大批的军民官吏从中原和吴越移居宁夏,宁夏人口形成了"杂五方"的特点。可以说明初以来人口的稳定发展和来源的"杂五方"为宁夏方言的形成发展提供了客观条件。随着"杂五方"的移民的到来,他们也带来了南腔北调的汉语方言,但宁夏处于北方官话的势力范围,加之元明以来官府推行官话,南腔北调的汉语方言势必受到北方官话的同化,经历漫长的同化过程,形成了北方官话宁夏兰银官话银吴片。

宁夏北部,也就是本节所说的宁夏话的范围,是明清以来重要的屯垦区,人群迁入频繁,规模庞大。由于移民频繁、数量庞大、历时长久,移民语言不可能是完全同化,移民语言的一些现象会沉淀保留下来,成为移民文化的印记。我们从方言调查资料可以找到佐证。汉语方言的差异主要是语音的差异,可是宁夏话的语音系统中有些现象与其他方言相同。比如宁夏话语音,至今仍保留着[v]声母,见组细音白读至今仍有部分字读

---

① 薛正昌:《历代移民与宁夏开发》(上),《宁夏社会科学》2005年第4期。
② 李树俨、李倩:《宁夏方言研究论集》,当代中国出版社2001年版,第12—13页。
③ 陈明猷:《宁夏古代历史特点初探》,《宁夏社会科学》1991年第1期。

[k、kʰ、x]，这些现象在吴语、湘语里都有；中古知庄章三组字的今声母，把银川话与北京话、南京话比较，"银川话比北京话更像南京型"①。词汇系统中也保留了各地的方言词，如"垄实、跑肚（拉肚子）、什翻、儿马"等，通行于中原一带。"冷子、烧包、秫秫（高粱）、轱辘子、吹嘴"等通行于江淮吴越。"帮肩儿（差不多）、老哇（乌鸦）、叶挑子"等来源于甘肃方言。用"圪""日"作词头能构成一批词，如"圪纠、圪节、圪晃、日能、日眼、日赖、日怪、日鬼"等，来源于秦晋方言。"打捶（打架）、干饭、蒸馍（馒头）、背时"等词语来源于四川方言，除此之外，还有东北话、湖南话、甚至广东话方言词汇。宁夏话的这种多方言干扰的痕迹，是移民语言不完全同化的表现，是较长时间的历史移民文化在语言中的积淀。

（二）宁夏当代移民的语言变迁是语言同化的共时存在

宁夏不仅历史上多移民，当代社会也有来自全国各地的移民，尤其以迁入石嘴山市、银川市的移民较多。"银川市和石嘴山市，形成典型的移民城市。以银川市为例，80%以上的人口为外地人及其后裔。"这主要是中华人民共和国成立后大量移民涌入银川所逐步形成的格局。"据统计，从1952年到1958年，6年中银川市全市人口共增长107660人，平均每年增长17942人。""1949—1990年，石嘴山市迁移人口增长18万人，占纯增人口的37.5%；1971—1990年市区迁移增长占纯增人口的52.3%。20世纪80年代调查资料显示，外省人口及其后裔在总人口中的比例达60%—80%。"②银川市和石嘴山市同是典型的移民城市，但两市移民的集中程度不同，移民语言的同化情况也呈现出不同的面貌。

1956年以后，随着各省市建设者一批又一批的到来，宁夏石嘴山市各种方言也随之而来。当时移民相对集中地安置在一些大型厂矿，来自同一地方的说同一方言的人又多被安置在同一厂矿，移民在新地的居住状态是"穿插型"。这样一定区域内移民的原籍方言能够通行，移民原籍的方言保留较好，受宁夏本土语言影响相对较少，所以石嘴山市移民语言的同化速度较慢，多种方言并存。李树俨说："石嘴山市市区是一座大型汉语博物馆"，"目前石嘴山市区具有代表性的方言有东北话、河南话、河北保定

---

① 李树俨、李倩：《宁夏方言研究论集》，当代中国出版社2001年版，第17页。
② 刘天明、王晓华等：《移民大开发与宁夏历史文化》，宁夏人民出版社2008年版。

话、宁夏平罗话和固原话、河北张家口话以及安徽省淮南话。"①

尽管如此，70多年来，随着城市、人口的发展，移民原有的"穿插型"居住状态逐渐被打破，不同方言间人们接触的频繁，移民语言的变化现象已经表现出了一些，如"日人热软"等字，石嘴山东北籍的中青年也读［ẓ］声母了，不再读东北土音"捐银夜远"了，［ts］和［tʂ］组的自由变读更为普遍，甚至合口呼零声母前也加上了［v］声母。河北张家口话以及安徽省淮南话这两种方言都有入声，现在石嘴山的河北张家口以及安徽省淮南籍年轻人的方言中入声已经消失。我们认为以上方言的变化或多或少在向宁夏话靠拢，受到宁夏话的同化，尤其是东北话。石嘴山市区的语言现象，表明语言的同化受外界社会的影响，同化的过程不是短期内完成的，需要较长的时间。我们认为这是语言同化的共时存在。需要注意的是，石嘴山市的各种方言还在变化中，由于普通话的推广普及，各种方言都在向普通话靠拢，这是一个总趋势。石嘴山市移民家庭语言格局也呈现出向普通话靠拢的趋势。

我们调查了石嘴山市乌兰煤矿一个移民家庭语言的变异情况。该移民家庭20世纪70年代迁入宁夏石嘴山市石炭井区乌兰煤矿居住。乌兰矿1970年由辽宁抚顺矿区调来施工队伍建设矿区并指导生产，是一个以辽宁移民为主的煤矿，其中绝大多数居民是抚顺、锦州、阜新移民，另外有少量宁夏本地、内蒙古、河南等地居民。

该移民家庭中有四口人。父亲，1945年出生，小学文化。浙江省岱山县东沙镇人，在家乡岱山县东沙镇生活了21年，对岱山方言有很好地掌握和使用。1966年作为支边青年到宁夏吴忠黄羊滩，后调入宁夏石嘴山市石炭井区乌兰煤矿工作。来宁之前一直使用岱山方言交流，在吴忠工作时开始接触宁夏话，和老乡在一起时仍使用岱山方言，后调入煤矿工作，浙江老乡几乎全部返乡，日常交流中逐渐放弃使用岱山方言。母语岱山方言开始弱化。同时，父亲移民的地方是一个辽宁方言为交际方言的区域，由于生活角色的定位，他担当了更多对外交际的事务，因此在向普通话靠拢的同时也不得不学习另一种方言的表达习惯，逐渐形成了一种既不同于原来家乡的方言，也不同于迁入地区的语言的新方言。现在会说母语岱山方言，会说东北方言，会说普通话，而且对外的交际语言主要是普通话。

---

① 李树俨、李倩：《宁夏方言研究论集》，当代中国出版社2001年版，第107页。

母亲，1951年出生，辽宁锦州市义县人，小学文化。1982年经人介绍结婚，结婚后来到乌兰煤矿，一直是家庭妇女。来宁夏之前在家乡一直使用锦州方言，到煤矿生活后，家庭交流和对外交流依然使用锦州方言，但家乡方言已经发生了一些变异，部分声母使用上变异比较明显，最为突出的方面是改变了辽宁方言中部分双唇浊鼻音与合口呼相拼的习惯。比如，"我们"中的"我"，原来的发音为[mu^{214}]，现在则为标准的普通话[uo^{214}]，改说原来方言的"晌头"为"中午"。

女儿，1983年出生，从小生活在乌兰煤矿，家庭交流和对外交流一直以使用普通话为主，同时使用部分东北方言词汇。

儿子，1987年出生，从小生活在乌兰煤矿，家庭交流和对外交流主要使用普通话，同时使用部分东北方言词汇。

石嘴山的这个移民家庭的语言变化总体特征就是家庭成员父亲和母亲的家乡方言都在向普通话靠拢，普通话完全成了第二代人的第一语言，只是普通话口音中有许多的东北方言语音和词汇。

中华人民共和国成立后，国家从京、津、沪等地调拨移民，支援宁夏建设，银川市接受了许多移民。银川的移民居住相对分散，与银川本地居民杂居，加之银川地理环境相对开放，所以银川的各地移民的方言不像石嘴山市的移民对母方言保留较多，银川移民的方言受到同化的程度大。笔者调查了几个移民家庭，发现第一代移民仍然使用来源地的方言，但语音有不同程度的变化。第二代移民（第一代移民的后代）的语言状况有两种，一是他们既能够流利地讲银川话，还能够讲父母的方言；二是只能讲银川话，已经不能讲父母的方言，但能听懂。对于第一种情况的家庭，家庭成员间交流，第二代移民有时会使用父母的方言；第二种情况的家庭，家庭成员间交流，第二代移民已经完全不讲父母的方言了。调查结果说明，在银川，移民语言的同化在第二代人中就基本完成。同化速度之快的主要原因之一就是与上面提到的移民的分散居住有关，另外还与第二代移民的生理、心理发展过程有关。移民经历了从早期对本土文化的被动接受到后期对本土文化的主动输入的过渡，第二代移民的生理、心理发展过程则天然地伴随着这种文化接受和输入，并最终实现了文化上的多元选择。文化上的多元选择必然包括对本土语言——银川话的选择。

三 宁夏本土语言受到移民语言的异化

移民引起的语言文化扩散迁移的结果除了表现为移民的语言受到本土语言的同化外,还表现为本土语言受到移民语言的异化,因为语言间的接触影响是相互的。所谓异化是指由于移民的影响,本土人的语言使用、语言态度等变得和以前有所不同。本土语言受到移民语言异化的表现,我们以当代银川市人语言使用的变化为例进行考察。

1949年以后,银川市的突出特征之一就是拥有大量外来的有文化人口。据中国74城镇人口迁移调查,银川市迁入人口比例为42.61%,迁移人口中大学毕业者占9.74%,高中文化程度者占25.48%。因此,当代银川市人口迁移不仅是一种人口流动,而且引起了广泛的社会变化特别是文化上的变化。文化上的变化首先表现在语言的使用上。

(一)从银川话到宁大话到普通话过程中移民文化的作用

银川话属于宁夏兰银官话银吴片,是宁夏话的代表话。1949年以后,由于移民的影响,银川人使用的银川话发生了变化,首先"宁大话"(宁大指宁夏大学)出现,继而普遍使用普通话。"宁大话"是银川地方方言在向普通话靠拢的过程中曾经出现的一个过渡性的语言流派,是银川话的变异,也就是有人所谓的地方普通话。"宁大话"产生于20世纪50年代开始的大规模推广普通话的高潮中,形成于60年代中期。"宁大话"是在新派银川方言的基础上说普通话,是发音不太标准、有浓重方言色彩的普通话。"宁大话"是学说普通话不太标准的语言现象的一种概括,作为一种语言变异现象,与社会文化背景密切相关。

银川普通话——"宁大话"的形成与中华人民共和国成立后宁夏的三次人口迁徙有着密切的联系。第一次人口迁徙是1952年到1954年,北京市政府组织了一批移民来银,是"北京移民"。第二次人口迁徙是在1956年到1958年,国家为支持宁夏的经济建设,从外地调来了很多支宁干部,仅上海的"文教大队"就来了三批,大约有1万人。同时,沿海许多大厂也迁到银川,如银川橡胶厂、长城机床厂、长城铸造厂、银河仪表厂、西北轴承厂等。此次迁徙有10万人之多,为银川最大的一次人口迁入。在1956年知识青年上山下乡的高潮中,浙江的一大批知识青年来到银川和永宁插队落户，此为第三批外来人口。① 三次移民不仅仅是来了新的居民，而且是新的文化群体，带有不同的生活习俗、不同的语言、不同思维方式等，由于其与原有民族的零距离的接触，直接影响原居民的习俗、语言、思维等，从而不知不觉地改变了原居民社会、文化、语言等各方面的结构。这三批移民带着他们的乡音与银川方言发生碰撞，必然对银川方言产生一些影响，影响当地人的语言使用。由于这三批移民大多来自经济文化相对先进的大城市，他们在银川人的眼中是先进文化的代表，交际的需要，使说银川话的银川人与文化上占优势的移民发生直接或间接的接触，银川人有意无意地吸收先进文化，在银川方言基础上学说普通话，"宁大话"就是在这种背景下产生的。我们可以说当时它在移民和原居民的交流中发挥着重要的作用。"宁大话"虽然是发音不太标准、有浓重方言色彩的普通话，但在向通用语——汉语普通话靠拢。经过几十年的融合、交流，银川普通话逐步走向规范标准，普通话在银川得到广泛推广。银川人在公共场合，甚至家庭内部都会首选普通话交流，而不是银川方言，这大概也和银川多外来移民有关，移民间、移民与本土人的交流中，普通话是最好的交际工具，它可以打破方言的隔阂，使人们顺利的交际沟通。

（二）银川亲属称谓"同一关系，多个称谓"现象中移民文化的作用

根据《银川方言志》的记载，老派银川人使用亲属称谓是一种关系与一个称谓词对应，现在银川亲属称谓使用发生了变化，有"同一关系，多个称谓"的现象，比如称呼"外祖母"，有"奶奶、外奶奶、姥姥、外婆"，"岳父、岳母"的背称有"外父、老丈人、外母、丈母娘"，"父亲"的称呼有"爹、达、达达、爸爸"等。"叔叔"的称呼有"爹、爸、叔"。亲属称谓词"同一关系，多个称谓"的成因，学者们认为，有语用的原因，比如表示亲热或冷漠；有普通话影响的原因，比如"爸爸"是受普通话影响形成的，现在银川的年轻人多用这个称谓。除此之外，银川亲属称谓词"同一关系，多个称谓"的成因有自己的个性特点，我们认为是受移民语言的影响，银川话的词汇系统发生了一些变异。据方言资料来看，银川本地人对"外祖母、外祖父"习惯叫"外爷爷、外奶奶"。胡士云认为，对"外祖父、外祖母"的称谓，苏州、舟山都使用单一的"外公、外婆"。

---

① 于小龙、唐志军：《百年银川》，宁夏人民出版社 2008 年版，第 10 页。

长沙、娄底也用单一的"外公、外婆"。"外公"分布于南方方言和西南官话中。胡士云认为"外婆"集中分布于北方方言区的西南部以及南方各方言中，其他地区偶有分布。① 由此看"外婆、外公"的称谓词受南方方言影响。孙玉卿认为"姥姥、姥爷"在山西使用较普遍。② 高葆泰、林涛认为银川称谓词中的"爹、外母"来源于其他方言。③ 胡士云也认为"爹"的说法分布于吴方言和湘方言等南方方言区以及邻近江淮官话区。"外父"是粤方言广州话的说法，"外母"分布于南方部分方言。④ 通过分析我们认为，目前银川亲属称谓词"同一关系，多个称谓"的多元现象，是银川话亲属称谓词的异化，是移民造成的语言相互接触的结果，具有鲜明的时代特色和移民色彩。

移民对宁夏话的历时状态和共时状态都有着深远的影响。20世纪80年代以来，宁夏还有巨大的移民工程，这些移民的语言情况在下面章节里具体调查。

第三节　红寺堡移民区中学生语言使用状况

一　红寺堡概况

红寺堡前身为红寺堡开发区，是宁夏回族自治区吴忠市第二个市辖区。它是宁夏设立的一个生态移民扶贫开发区，1998年开始建设，用于安置自然环境恶劣的宁夏南部山区海原、西吉、原州、隆德、彭阳、泾源、同心、中宁八县区的贫困群众。2009年10月，中国国务院批准设立正式的吴忠市红寺堡区，下辖2个镇2个乡，分别为红寺堡镇、太阳山镇、大河乡、南川乡。红寺堡是全国最大的生态移民扶贫集中区。据2010年统计，⑤ 红寺堡的人口中，汉族人口为64547人，占39.12%；各少数民族人口为100469人，占60.88%，其中回族人口为100269人，占60.76%。同2000年第五次全国人口普查相比，汉族人口增加33241人，增长

---

① 胡士云：《汉语亲属称谓研究》，博士学位论文，暨南大学，2001年，第87页。
② 孙玉卿：《山西方言亲属称谓研究》，博士学位论文，暨南大学，2003年。
③ 高葆泰、林涛：《银川方言志》，语文出版社1993年版，第72页。
④ 胡士云：《汉语亲属称谓研究》，博士学位论文，暨南大学，2001年，第87—92页。
⑤ 《红寺堡区2010年第六次全国人口普查主要数据公报》，http://www.hongsibu.gov.cn/。

106.18%；各少数民族人口增加 51483 人，增长 104.71%，其中回族人口增加 51128 人，增长 104.04%。在 20 多年的建设发展中，红寺堡成为典型的回族移民区。

二 调查目的及调查方法

（一）调查目的

对于红寺堡生态移民扶贫开发区，相关研究文章很多，涉及农业、水利、经济、医疗、法制、党建等方面，尤其涉及经济发展、探讨人民脱贫致富的较多。我们认为宁夏南部贫困山区移民外迁过程中，不仅要解决移民经济生活的问题，还要关注其社会适应性与社会融合的问题。在社会适应性与社会融合的问题中，语言的适应与融合是一个关键环节。因为移民到了新的环境首先面对的就是语言接触所带来的言语交际问题。语言的社会本质在于它是社会交际工具和认知工具。语言的交际功能和认知功能主要体现在它的使用群体（言语社区）具有的实际语言能力和语言运用状况中，以及体现在它所处的更大的言语社区的地位和关系中。尽管扶贫生态移民迁出地和迁入地同属宁夏地区，但在方言上也有较大差异，迁入地红寺堡原属兰银官话银吴片，迁出地中的海原、西吉、原州、隆德、彭阳、泾源的方言都属于中原官话区，迁出地同心和中宁的方言属于兰银官话，但同心方言属于兰银官话的同心小片，中宁方言兼属兰银官话的银川小片和中卫小片。[①] 汉语方言复杂、差异明显，方言区之间的社会交往存在不同程度的语言障碍。移民由于生活环境的变化，语言会发生变化。社会语言学普遍认为使用群体的年龄、性别、阶层、民族、家庭、社会网络和语体等是影响语言变异与变化的社会因素。我们以生态扶贫移民社区的回族中学生为研究对象，也就是第二代移民，调查他们的语言态度和语言使用，了解家庭因素和社会因素对他们语言的影响，以此考察这个回族移民社区语言的变化。

（二）问卷结构及调查方法

本次调查于 2012 年 12 月进行，以问卷调查为主，以访谈法为辅。问卷由 4 部分 28 个单选题组成：（1）被试的性别及家庭基本情况 A1 – A4；

[①] 张安生：《宁夏境内的兰银官话和中原官话》，《方言》2008 年第 3 期。

(2）语言使用情况B1－B12；(3）普通话程度、学习途径、学习目的C1－C5；(4）语言态度D1－7D。根据调查需要，每题设计4—5个选项。调查采用封闭问卷。调查员由2011级语言学及应用语言学专业的硕士研究生及笔者本人担任，调查采用集中被试，调查员对被试逐一读题解释，被试填写调查问卷的方式进行。选择被试中的一些人进行个别访谈，个别访谈主要围绕问卷设置的问题进行，目的在于分析检测被试自报的可信度。

三 抽样及样本构成

红寺堡共有四所中学，其中红寺堡一中是高级中学，没有进行调查。本次调查的是红寺堡二中、红寺堡回民中学、红寺堡三中的初级中学学生，都是山区移民子女。本次调查抽取的学生样本覆盖了其中三所中学的初中一、二、三年级的学生，一共获得288份样本，其中红寺堡二中132份，其中汉族37份，红寺堡回民中学106份，其中汉族2份，红寺堡三中50份，其中汉族2份。除去41份汉族学生的样本，本次调查共有247份有效样本，即回族学生样本。在247份回族学生样本中，男性121人，女性126人。调查中还兼顾了调查对象的来源地、在红寺堡的居住时间、父母文化程度等方面的情况。基本信息见表3－1。

表3－1　　　　　　　　**基本信息情况**（N＝247）

分类	性别		来源地						在红寺堡居住时间			父母文化程度		
	男	女	固原	海原	西吉	吴忠	同心	其他	3—5年	6—10年	10年以上	小学以下	小学	初中
人数（人）	121	126	50	45	47	5	56	44	61	113	73	72	89	86
比率（%）	49	51	20	18	19	2	23	18	24	46	30	29	36	35

由表3－1可见，调查对象男女性别比例基本一致，不同来源地调查对象所占比例除了吴忠的只有2%以外，其他的所占比例相差不大，调查对象父母文化程度都是初中及以下文化程度。这种情况与实际相符，因为红寺堡区主要安置的是海原、西吉、原州、隆德、彭阳、泾源、同心、中宁

八县区的移民,来自吴忠的移民较少,所以调查对象中来源地是吴忠的很少,又因为这些人的父辈是来自贫困地区的贫困群众,人们受教育的程度普遍不高。

四 红寺堡回族中学生语言使用现状

社会语言学把"一个人在不同场合使用不同的语言形式表达同样一个意思",叫"语言使用的变体"[①]。也有人叫语码转换。"影响语码转换的因素多种多样,例如社会领域、社会角色关系、语言忠诚、语言优越感和卑下感等"[②]。对于红寺堡移民区中学生语言使用现状的调查,我们主要调查了该区中学生在不同场合面对不同交际对象普通话、迁入地吴忠方言和原籍方言的使用情况。交际场合可以分为域内场合和域外场合,域内场合主要指家庭内部及非正式的私人场合,域外场合主要指公共场合。通过调查以了解该社区回族中学生使用普通话、迁入地吴忠话和原籍方言的情况。

(一)域内场合语言使用

域内场合,我们考虑了交际对象的因素,首先把交际对象分为亲属和非亲属。对于亲属对象,主要调查了在与父母、兄弟姐妹交谈时的语言使用情况。对于非亲属对象,主要调查了在与街坊邻里、与朋友交谈时的语言使用情况,同时兼顾了民族回汉的差异。中学生与亲属交谈时的语言选择,见表3-2和表3-3。

表3-2　　　　　　与父母交谈的语言使用情况(N=247)

性别 \ 选项	普通话 人数(人)	普通话 比率(%)	吴忠话 人数(人)	吴忠话 比率(%)	来源地方言 人数(人)	来源地方言 比率(%)	其他方言 人数(人)	其他方言 比率(%)	合计(人)
男	8	3	3	1	108	44	2	1	121
女	2	1	3	1	119	48	2	1	126
合计	10	4	6	2	227	92	4	2	247

[①] 徐大明、陶红印、谢天蔚:《当代社会语言学》,中国社会科学出版社1997年版,第92页。

[②] 郭熙:《中国社会语言学》,浙江大学出版社2004年版,第199页。

表 3-3　　　　　　与兄弟姐妹交谈的语言使用情况（N=247）

性别 \ 选项	普通话 人数（人）	普通话 比率（%）	吴忠话 人数（人）	吴忠话 比率（%）	来源地方言 人数（人）	来源地方言 比率（%）	其他方言 人数（人）	其他方言 比率（%）	合计（人）
男	16	6	4	1.5	100	40.5	1	0.5	121
女	12	5	4	1.5	107	43.5	3	1.5	126
合计	28	11	8	3	207	84	4	2	247

由表 3-2 和表 3-3 可见，域内场合面对亲属对象，中学生选用来源地方言占绝对优势，其次是普通话，很少有人使用迁入地方言。中学生因亲属对象不同使用语言也略有不同，一是与父母交谈使用来源地方言的比例高于与兄弟姐妹交谈，二是与兄弟姐妹交谈使用普通话的比例略高于与父母交谈。也就是说，域内场合与亲属交谈，来源地的方言是主要使用的语言，其次是普通话，再次是迁入地的吴忠话，其他方言的使用最少。在域内场合，回族中学生与非亲属交谈时的语言选择见表 3-4、表 3-5。

表 3-4　　　　　　与邻里交谈的语言使用情况（N=247）

性别 \ 选项	普通话 人数（人）	普通话 比率（%）	吴忠话 人数（人）	吴忠话 比率（%）	来源地方言 人数（人）	来源地方言 比率（%）	其他方言 人数（人）	其他方言 比率（%）	合计（人）
男	24	10	8	3	81	33	8	3	121
女	14	6	3	1	101	41	8	3	126
合计	38	16	11	4	182	74	16	6	247

表 3-5　　　　　　与同学闲谈的语言使用情况

性别 \ 选项	普通话 人数（人）	普通话 比率（%）	吴忠话 人数（人）	吴忠话 比率（%）	来源地方言 人数（人）	来源地方言 比率（%）	其他方言 人数（人）	其他方言 比率（%）	合计（人）
男	66	27	11	4	39	16	5	2	121
女	63	25.5	1	0.5	53	21	9	4	126
合计	129	52.5	12	4.5	92	37	14	6	247

域内场合与非亲属闲谈时，交谈对象是邻里，中学生也优先选用来源地方言，其次使用普通话，使用迁入地吴忠话的很少。但与亲属对象比较，中学生在与邻里交谈时，选用来源地方言的比例都明显降低，而选用普通话的比例提高了。

这里调查的是校外非正式场合中学生闲谈时的语言使用，交谈对象是同学，普通话成为回族学生优先使用的语言，其次是来源地的方言。

由表3-4、表3-5可见，中学生在域内场合与邻里交谈使用来源地方言的比例明显高于与同学交谈，与同学交谈时使用普通话的比例高于与邻里交谈。

综合来看，可以看到红寺堡移民区中学生域内场合语言使用主要是来源地的方言，来源地方言使用比例与交谈对象有关。其次选择普通话，闲谈时更倾向于使用普通话。中学生几乎不使用迁入地的方言——吴忠话。

(二) 域外场合语言使用

域外场合，我们调查了街头问路、集贸市场、医院、机关等场合中学生语言的使用情况，这些场合的正式程度依次递增。调查情况见表3-6。

表3-6　　　　　　　域外场合语言使用情况（N=247）

场合	选项 性别	普通话 人数（人）	普通话 比率（%）	吴忠话 人数（人）	吴忠话 比率（%）	来源地方言 人数（人）	来源地方言 比率（%）	其他方言 人数（人）	其他方言 比率（%）	合计（人）
街头问路	男	94	38	7	3	18	7	2	1	121
	女	100	40	6	2	16	7	4	2	126
	合计	194	78	13	5	34	14	6	3	247
集贸市场	男	93	38	8	3	18	7	2	1	121
	女	100	40	4	2	20	8	2	1	126
	合计	193	78	12	5	38	15	4	2	247
小餐馆	男	94	38	7	3	18	7	2	1	121
	女	107	43	2	1	16	6.5	1	0.5	126
	合计	201	81	9	4	34	13.5	3	1.5	247

续表

场合	选项 性别	普通话 人数（人）	比率（%）	吴忠话 人数（人）	比率（%）	来源地方言 人数（人）	比率（%）	其他方言 人数（人）	比率（%）	合计（人）
医院	男	95	39	10	4	16	6	0	0	121
医院	女	108	44	3	1	13	5	2	1	126
医院	合计	203	83	13	5	29	11	2	1	247
机关	男	94	38	6	3	18	7	3	1	121
机关	女	114	46	4	2	8	3	0	0	126
机关	合计	208	84	10	5	26	10	3	1	247

从表3-6可见，在域外场合，回族中学生在街头问路、集贸市场使用普通话的比例都是78%，使用来源地方言的比例分别是14%和15%，使用吴忠方言的比例都是5%。医院、机关等场合使用普通话的比例分别是83%和84%，使用来源地方言的比例分别是11%和10%，使用吴忠方言的比例都是5%。由此可见，红寺堡移民区回族中学生域外场合语言使用主要是普通话，而且普通话使用频率随着场合的正式程度依次递增。其次选择来源地方言，选择迁入地吴忠方言的比例很少。

学校是学生主要的生活环境之一，我们调查了学生在学校课上和课下语言选用情况。具体情况见表3-7和表3-8。

表3-7　　学校课上与老师同学交谈的语言使用情况（N=247）

性别	普通话 人数（人）	比率（%）	吴忠话 人数（人）	比率（%）	来源地方言 人数（人）	比率（%）	其他方言 人数（人）	比率（%）	合计（人）
男	104	42	3	1	14	6	0	0	121
女	120	49	2	1	4	1	0	0	126
合计	224	91	5	2	18	7	0	0	247

由表3-7和表3-8可以看到，红寺堡移民区中学生学校场合的语言使用情况是课上和课下差异比较大，普通话使用比例是课上比课下高35%；使用来源地方言比例是课下比课上高30%；课上课下使用迁入地吴

忠话的比例都很低。由此，我们可以说影响红寺堡移民区中学生学校场合语言选用的因素主要是课上与课下。

表3-8　　学校课下与老师同学交谈的语言使用情况（N=247）

性别\选项	普通话 人数（人）	普通话 比率（%）	吴忠话 人数（人）	吴忠话 比率（%）	来源地方言 人数（人）	来源地方言 比率（%）	其他方言 人数（人）	其他方言 比率（%）	合计（人）
男	65	26	8	3	45	18	3	1	121
女	73	30	3	1	46	19	4	2	126
合计	138	56	11	4	91	37	7	3	247

究其原因，课堂是相对正式的教学环境，教师的教学语言采用普通话，因此回族中学生学校场合课上大多使用普通话，很少使用方言。课下是相对非正式的场合，学生与学生、学生与教师的交谈相对个人化，语言的选用上表现为普通话和方言的使用差异不是很大。

五　红寺堡中学生普通话情况的调查

我们观察到，红寺堡移民社区中学生普遍掌握父辈迁出地的方言和普通话，由于在家庭内部他们普遍选用方言，他们都能够流利地使用来源地的方言，不使用迁入地吴忠话，主要是不会说吴忠话，绝大多数学生能够使用普通话。对于移民社区的中学生的普通话程度、学习途径、学习目的、学习中遇到的问题以及自己期望的普通话水平，我们进行了一些调查。红寺堡移民社区中学生普通话的程度见表3-9。

表3-9　　自身的普通话程度（N=247）

性别\选项	能流利准确使用 人数（人）	能流利准确使用 比率（%）	熟练但口音不准 人数（人）	熟练但口音不准 比率（%）	熟练但口音重 人数（人）	熟练但口音重 比率（%）	不太熟练 人数（人）	不太熟练 比率（%）	合计（人）
男	26	11	61	25	12	5	22	9	121
女	36	14	60	24	12	5	18	7	126
合计	62	25	121	49	24	10	40	16	247

表3-9主要是调查学生对自己普通话能力现状的自我评价。学生自报普通话的程度，只有25%是流利标准的。熟练但个别音不准和熟练口音重合计有59%，只有16%的不太熟练。这个调查结果与我们访谈观察的情况基本一致，这里的中学生大多都能使用普通话，只是由于受到来源地方言的影响，他们的普通话大多都带有一些方言色彩，即"蓝青官话"，就是"带有方言语音特点的不标准的普通话"[①]。学生自己的普通话能力现状如此，那么，他们希望自己的普通话达到何种程度呢？也就是他们对自己普通话程度的期望如何？见表3-10。

表3-10　　希望自己的普通话达到何种程度？（N=247）

性别 \ 选项	能流利听说 人数（人）	能流利听说 比率（%）	能大概听说沟通 人数（人）	能大概听说沟通 比率（%）	能听就行 人数（人）	能听就行 比率（%）	无所谓 人数（人）	无所谓 比率（%）	合计（人）
男	102	41	13	5	3	1	3	1	121
女	117	48	9	4	0	0	0	0	126
合计	219	89	22	9	3	1	3	1	247

红寺堡移民社区中学生对自己普通话程度的期望普遍较高，有89%的希望能够正确流利地听说。只有9%的希望能大概听说，1%的希望能听就行，1%表示无所谓。说明学生学习掌握好普通话的意愿强烈。既然学生对学习掌握好普通话普遍有强烈的意愿，那么他们的普通话程度应该普遍比较好，但从表3-9看，实际情况并非如此。那么影响红寺堡移民社区中学生普通话的因素是什么呢？我们从学习普通话的主要途径、学习普通话遇到的主要问题、学习普通话的主要目的三个方面进行了调查。具体见表3-11、表3-12、表3-13。

由表3-11可见，学生学习普通话的途径主要是在学校学习，占53%，其次是社会交往，占38%，再次是通过电视、广播学习，占7%。家人影响的只用2%。学校是学生学习普通话的主要场所，这是由于相关规定要求教师必须使用普通话教学，在教师的示范引导下，学生学习普通

[①] 游汝杰、邹嘉彦：《社会语言学教程》，复旦大学出版社2004年版，第66页。

话的机会较多。我们了解了所调查学校的教师，大部分有普通话水平测试证书，大多为二级甲等或乙等，也就是说大部分教师的普通话有少许的方言色彩，只有少数年纪大的教师普通话方言色彩浓。学生通过学校教师教学学习普通话，他们的普通话相对标准。但社会交往在红寺堡移民区中学生学习普通话的途径中位居第二，比例较高。红寺堡移民区中学生的社会交往对象大多是学校所在的红寺堡镇、家庭现居的乡镇以及来源地的人们，当然还有学校的同学老师。这些交往对象中，家庭现居地乡镇以及来源地的人们都说方言，只有学校所在的红寺堡镇的人们和学校的同学老师可能说普通话，上面讲到老师的普通话是相对标准的，但学校之外的社会交往的人们大多普通话是不太标准的，这样的语言环境，影响了红寺堡移民区中学生的普通话程度。对此我们还从"学习普通话遇到的主要问题"的调查中得到了印证。见表3–12。

表3–11　　　　　学习普通话的主要途径（N=247）

选项 性别	学校学习		电视、广播		家人影响		社会交往		合计 （人）
	人数 （人）	比率 （%）	人数 （人）	比率 （%）	人数 （人）	比率 （%）	人数 （人）	比率 （%）	
男	62	25	9	3.5	3	1	47	19	121
女	68	28	9	3.5	2	1	47	19	126
合计	130	53	18	7	5	2	94	38	247

表3–12　　　对于学习普通话遇到的主要问题（N=247）

选项 性别	周围人不说		受当地方言影响		怕人笑话		其他		合计 （人）
	人数 （人）	比率 （%）	人数 （人）	比率 （%）	人数 （人）	比率 （%）	人数 （人）	比率 （%）	
男	31	13	50	20	23	9	17	7	121
女	45	18	42	17	30	12	9	4	126
合计	76	31	92	37	53	21	26	11	247

由表3–12可见，红寺堡移民区中学生学习普通话遇到的主要问题依次是，受当地方言影响＞周围人不说＞怕人笑话＞受本民族语言影响（其他）。

红寺堡移民社区中学生学习普通话的主要目的,来自外部"学校要求"的比例最高,占36%,来自个人选择的实用目的"找工作需求"略高于情感的"个人兴趣"。我们通过访谈了解到,许多学生表示初中毕业后如果考不上高中可能去打工,不管是在银川市还是在外地打工,就要会说普通话,说方言别人听不懂。

表3-13　　　　　　　学习普通话的主要目的（N=247）

性别\选项	找工作需求 人数（人）	找工作需求 比率（%）	学校要求 人数（人）	学校要求 比率（%）	个人兴趣 人数（人）	个人兴趣 比率（%）	其他 人数（人）	其他 比率（%）	合计（人）
男	47	19	45	18	24	10	5	2	121
女	31	12.5	44	18	50	20	1	0.5	126
合计	78	31.5	89	36	74	30	6	2.5	247

六　红寺堡中学生语言态度

"语言态度是指人们对某种语言或方言的价值和行为倾向。"[1] 一般分为两个方面,即情感态度和理性态度。情感态度是指"说话人或听话人在说到、听到某种语言时,在情绪、感情上的感受和反映,它常常是十分自然甚至不自觉地、下意识地出现的。这类态度,往往密切联系于说话人或听话人从小成长的语言环境、文化传统乃至个人生活上的特殊经历"。包括亲切程度、好听程度等;理性态度是指"说话人或听话人对特定语言的使用价值和社会定位的理性评价"。"理性的语言态度,当然主要取决于特定语言在使用中的功能,以及它可能附加给说话人以什么样的社会地位。"[2] 包括有用程度、社会影响等。由此,我们调查语言态度涉及"好听""亲切""有用"和"权威"四个维度,其中前两个维度是对语言的情感评价,后两个维度是对语言的理性评价,这四个维度可从语言态度方面反映出一个人对语言的认同情况。语言态度影响着语言使用,制约着语言的演变。在回族移民区,我们调查语言态度如何影响中学生普通话、迁入地方言、原籍方言的习得和使用。

---

[1] 游汝杰、邹嘉彦:《社会语言学教程》,复旦大学出版社2004年版,第83页。
[2] 陈松岑:《新加坡华人的语言态度及其对语言能力和语言使用的影响》,《语言教学与研究》1999年第1期。

调查时，关于理性方面的态度，我们设计了两个问题，分别是你认为哪种语言最有用？你认为哪种语言最权威？关于感情方面态度的调查，我们也设计了三个问题，分别是你认为哪种语言好听优美？你认为哪种语言友善亲近？平常你愿意听哪种语言？每个问题设置了四个选项以供选择，分别是普通话、吴忠话（迁入地方言）、来源地方言、无所谓。具体情况见表3-14和表3-15。

表3-14　　　　　　语言态度的调查（N=247）

评价 \ 选项	普通话 人数（人）	普通话 比率（%）	吴忠话 人数（人）	吴忠话 比率（%）	来源地方言 人数（人）	来源地方言 比率（%）	合计（人）
最有用	171	69	5	2	71	29	247
最权威	154	62	6	2.5	87	35.5	247
友善亲近	76	31	2	1	169	68	247
好听优美	141	57	4	1.5	102	41.5	247

表3-15　　　　　　平常愿意听哪种语言（N=247）

性别 \ 选项	普通话 人数（人）	普通话 比率（%）	吴忠话 人数（人）	吴忠话 比率（%）	来源地方言 人数（人）	来源地方言 比率（%）	无所谓 人数（人）	无所谓 比率（%）	合计（人）
男	46	19	7	3	52	21	16	6	121
女	50	20	1	0.5	48	19.5	27	11	126
合计	96	39	8	3.5	100	40.5	43	17	247

由表3-14和表3-15可见，红寺堡移民社区中学生在语言的实用价值和社会地位评价方面看法是一致的，普通话的比率最高，分别占69%和62%，在语言的情感评价方面，在"友善亲近"方面对来源地方言评价最高，占比为68%。对移入地方言的理性评价和情感评价都比较低。

语言态度理性方面的评价不管是对于有用性还是权威性的评价，都是对普通话评价最高，其次是来源地方言，最后是迁入地方言。我们认为对普通话的理性评价最高的原因在于推普的深入、学生的语言能力。

红寺堡移民区中学生语言态度感情方面的评价是复杂，对于四个选项，认为"友善亲近"的语言依次是来源地方言＞普通话＞迁入地方言，认为"好听优美"的语言依次是普通话＞来源地方言＞迁入地方言。对"平常愿意听哪种语言？"这个问题的调查可以看到，选择"来源地方言"的有40.5%，略高于选择"普通话"的39%。由这三个问题可以看到，尽管普通话被认为是最"好听优美"的语言，但在实际的平常生活中更愿意听到"友善亲近"的来源地方言。这种现象的原因可以用"权势量"和"共聚量"解释。"权势量指说话者与听话者之间的地位差别的大小，地位高的人权势量较大。共聚量也是指说话者与听话者之间的社会差距的大小，但是侧重于双方的共同点，即双方在各种社会条件方面有多少共同点。例如，是否有共同的社会背景，有无共同的宗教信仰，年龄是否相近，职业是否相近，社会经历是否相仿等。共聚量大说明两人之间的社会差距小，反之则社会差距大。"[1] "权势量"和"共聚量"的大小决定了人们在交际时选择什么变体。在红寺堡移民社区内中学生与其交际对象的"共聚量"大，他们在实际的平常生活中更愿意听到"友善亲近"的来源地方言。

如果只能保留一种语言能力，调查对象有53%选择了普通话，其次选择来源地方言，再次选择吴忠话，见表3-16。

表3-16　　如果只能保留一种语言能力，你希望是什么？（N=247）

性别\选项	普通话 人数（人）	普通话 比率（%）	吴忠话 人数（人）	吴忠话 比率（%）	来源地方言 人数（人）	来源地方言 比率（%）	合计（人）
男	61	25	0	0	60	24	121
女	70	28	2	1	54	22	126
合计	131	53	2	1	114	46	247

黄行指出："处于多民族语言环境下的语言，由于多民族大杂居、小聚居的基本分布格局，大多数民族语言都处于多语环境中。这类语言虽然使用的范围和层次十分有限，但是仍保持相对强烈的母语认同感。他们的

---

[1] 徐大明、陶红印、谢天蔚：《当代社会语言学》，中国社会科学出版社1997年版，第97—98页。

母语许多不是所属民族的主体语言,所以他们对于所接触和使用的多种语言——母语、民族主体语言、区域性通用语言、国家通用语言,往往持不同的态度,即倾向于对母语或民族主体语言有文化或民族的认同感,对国家或区域性通用语言持实用性或适应性的工具认同感。"① 红寺堡移民区中学生语言态度的调查结果印证了上述观点。该区中学生对于国家通用语言汉语普通话是工具认同。我们也看到该区回族中学生对来源地方言是情感认同,对迁入地吴忠话是不认同的。

七 结语

第一,红寺堡移民区中学生语言使用与场合和交谈对象有关,域内场合语言使用主要是来源地的方言,来源地方言使用比例与交谈对象有关。其次选择普通话,尤其是回族中学生之间闲谈时更倾向于使用普通话。域外场合语言使用主要是普通话,而且普通话使用频率随着场合的正式程度依次递增。其次选择来源地方言,选择迁入地吴忠方言的比例很低。

第二,红寺堡移民区中学生有一定的普通话能力,出于实用考虑,学习普通话的意愿很强烈,对自己普通话程度的期望普遍较高,但受来源地方言的影响,普通话大多带有方言色彩。在同学之间和学校人们使用普通话比例比使用方言的比例高许多。

第三,红寺堡移民区中学生语言态度理智方面的评价是一致的,对普通话评价最高,其次来源地方言,最后是(迁入地方言吴忠话)。感情方面的评价稍复杂,认为"友善亲近"的语言依次是来源地方言>普通话>迁入地方言,认为"好听优美"的语言依次是普通话>来源地方言>迁入地方言。平常愿意听到的语言首选"来源地方言",而人们对于只保留一种语言能力首选"普通话"。回族中学生对于普通话是工具认同。我们也看到回族中学生对来源地方言是情感认同,对迁入地吴忠话是不认同的。

有学者认为,语言使用者会有策略地运用语言的变体和变异使自己加入到渴望加入的群体中,同时远离不想与之发生联系的群体;并认为"有加入该群体的强烈动机,并从该群体的反馈中使其动机增强或减弱"② 是判别讲话人具有认同行为的条件之一。

---

① 黄行:《论国家语言认同与民族语言认同》,《云南师范大学学报》2012 年第 3 期。
② 孙德平:《语言认同与语言变化:江汉油田语言调查》,《语言文字应用》2011 年第 1 期。

综上所述，我们看到，作为第二代的红寺堡移民——中学生的语言使用已经发生变化，由他们的语言态度和语言使用可以判断他们对迁入地语言的认同感不强，可以预测该移民区的语言发展受迁入地方言的影响不会明显，在以后较长时期内社区内部人们语言使用将还以各自来源地的方言为主。

第四节 兴泾镇移民语言使用状况

一 兴泾镇概况

兴泾镇是吊庄移民中的一个典型个案。1983年宁夏回族自治区人民政府组织泾源县各乡村1万多贫困人口搬迁到银川市芦草洼。搬迁初期，这些移民乡镇村庄在行政管理上仍隶属泾源县，由泾源县政府派出的"芦草洼吊庄指挥部"管理。2001年"芦草洼吊庄"移交银川市原郊区管理。2002年11月银川市三区重新划界后，在"芦草洼吊庄"基础上建成兴泾镇，划归银川市西夏区管辖。兴泾镇总面积28.8平方千米，辖6个行政村（38个自然村），1个社区居委会，1个流动移民服务管理站。2013年统计，兴泾镇总人口21034人，其中回族占总人口的98.8%。

兴泾镇是典型的回族移民村镇，移民成分单一，都是来自泾源县，移民安置是集中安置。这样一个典型的集中安置来源单一的回族移民社区，经过30多年的发展变化，移民生活的方方面面都发生了巨大的变化。人们对这个典型的回族移民村镇关注研究比较多，尤其关注经济建设，教育问题、妇女问题、法制建设等问题，而对于移民语言使用情况怎样？移民语言有无变异等问题，几乎无人关注，但语言问题是人们社会生活的首要问题，移民迁入到新地方首先面对的是人际交往、语言交流的问题。我们以兴泾镇为宁夏回族移民社区的典型个案，调查该社区移民语言状况，以此考察回族移民社区语言的现状及进行中的变化。

二 移民来源地及迁入地的语言概况

虽然移民从宁夏泾源县迁入宁夏银川市，是区内迁移，但迁移前后两地方言有较大差异，尤其语音差异比较明显。

(一) 移民来源地泾源方言的语音特点

据《泾源县志》记载，泾源方言属于北方方言区中原官话。泾源话内部分为南乡和北乡两大部分。南乡话主要流行于香水镇、白面镇、东峡乡、园子乡、兴盛乡、新民乡、惠台乡，以及黄花乡的沙塘、羊槽村。按1987年的统计资料显示，全县人口的85.1%都使用这种方言，是泾源县的代表方言。北乡话主要流行于黄花乡以及白面镇的河北、白面、南庄、西沟等村，使用该方言的人口约占全县总人口的14.97%。①

泾源县方言以南乡话为代表，属于中原官话关中片。其特点是：声调四声俱全，阴平为低降调，阳平为中升调，上声为高降调，去声为半高平调，古入声字全浊归阳平，次浊和清声母字归阴平。普遍把普通话零声母开口呼字读作[ŋ]声母，老派读音分尖团，[tʂ]组声母和[u]韵相拼合时读舌叶音。韵母里鼻化元音比较多，复元音韵母有单元音化情况。②鼻音韵尾[n、ng]不相混，和普通话一致。这在整个西北地区都是特殊的。泾源话基本不用[v]声母，而在宁夏境内的方言基本都有唇齿声母[v]。

(二) 移民迁入地银川方言的语音特点

移民迁入地兴泾镇属于银川市西夏区管辖。银川话是兰银官话银川片。银川话是兰银官话中的重要方言点。银川话以老城区（兴庆区）话为代表的，以银川汉族口语为基础，林涛教授归纳其语音特点是零声母中没有合口呼，普通话里的合口呼字在银川片读[v]声母，普通话里的部分[tʂ、tʂʰ、ʂ]声母字在银川片读[ts、tsʰ、s]声母；韵母中无[o]韵，复元音韵母有单元音化现象，前鼻韵母归入后鼻韵母；声调单字读音有三类，即阴平、阳平上、去声，入声字大部分归入去声。林涛尤其指出"银川话里的[ər]韵只在回族口语和满族口语中使用，汉族口语将[ər]韵归入[a]韵或读为[ar]"③。

三 调查对象基本情况及调查目的

2013年11月4日和11月25日，课题组成员两次对兴泾镇移民语言情

---

① 泾源县志编纂委员会编：《泾源县志》，宁夏人民出版社1995年版，第363页。
② 林涛：《宁夏方言概要》，宁夏人民出版社2012年版，第7页。
③ 林涛：《宁夏方言概要》，宁夏人民出版社2012年版，第6页。

况进行了调查。调查范围是兴泾镇所辖的6个行政村里的人口比较多的兴盛村、泾华村和十里铺村，还有民生社区居委会。兴盛村是兴泾镇南面的一个行政村，总人口2599人，全部都是回族；泾华村是兴泾镇镇子附近的一个行政村，总人口3786人，回族占99.15%。十里铺村是兴泾镇最北面的一个行政村，靠近银川市西夏区同心路，总人口5394人，回族占97.11%。调查对象主体是村民，有少量的是镇上居民。

调查采用封闭问卷，调查员由北方民族大学文史学院18名宁夏籍大学生及课题组两名教师担任，调查的方式是调查员对被试逐一读题解释，根据被试的口头回答，调查员填写调查问卷。并且选择被试中的一些人进行个别访谈，个别访谈主要围绕问卷设置的问题进行，目的在于分析检测被试自报的可信度，同时结合访谈录音的材料进行分析。

本次调查的样本都是回族，总计277份，其中男性154人，占55.6%，女性123人，占44.4%。年龄构成，15—29岁85人，占30.5%；30—44岁102人，占37%；45—59岁72人，占26%；60—69岁18人，占6.5%。在兴泾镇居住时间，3年以下18人，占6%；3—5年27人，占10%；6—10年34人，占12%；10年以上198人，占72%。文化程度，文盲74人，占27%，小学程度81人，占29%，初中71人，占26%；高中或中专35人，占13%；大专及以上16人，占5%。

总体来看，调查对象男性略多于女性，中青年占大多数，迁移到兴泾镇的时间10年以上占大多数，普遍文化程度偏低。

为了更好地了解兴泾镇移民的话语选择，我们设计了五种交际空间，即家庭内部、邻里之间、镇内集贸市场餐厅、银川街头问路或购物、银川机关单位办事，交际对象分为父母、孩子、邻居、镇内集贸市场餐厅人员、银川街头陌生人或商店服务员、银川机关单位人员6种。通过调查不同交际空间和面对不同交际对象的话语使用，分析研究兴泾镇移民语言选择与使用情况，以揭示兴泾镇移民社区语言运用特征和规律。

四　兴泾镇移民语言使用情况

（一）不同交际空间里的话语使用情况

表3-17显示了兴泾镇的移民在不同交际空间话语选用情况，总体特征一是家庭内部普通话使用比率最低，使用来源地泾源话比率最高。二是家庭外部普通话使用比率最高，而且普通话的使用比率随着场合的正式程

度而提高。普通话、银川话、泾源话、其他方言在不同交际空间选用情况，下面具体分析。

1. 普通话使用情况

表 3-17 显示兴泾镇移民普通话的使用状况特征是血缘、地缘关系越近，普通话使用比率越低，血缘、地缘关系越远，普通话使用比率越高。

表 3-17 显示的具体特征有三点：（1）在兴泾镇内移民普通话交流低于兴泾镇以外，与镇内的集贸市场或餐馆人员交流，一般少用普通话，与邻居、家人交流极少说普通话。家庭内部、邻里之间、镇内集贸市场餐厅、银川街头问路或购物、银川机关单位办事五种交际空间，普通话的使用比率分别是 2%、5%、33%、60%、65%。（2）同为家庭内部，普通话选择也有所不同，与孩子交谈使用普通话的比率高于与父母交谈。与父母和与孩子交谈普通话使用比率分别是 2%、8%。（3）同为镇内、镇外交际空间，普通话使用出现较大差异。在镇内正式场合（银行机关等）使用普通话比率明显高于非正式场合。在镇内银行机关等交谈、镇内集贸市场或餐馆交谈、与邻居交谈普通话使用比率是 55%、33%、5%。同为镇外交际空间，普通话使用比率随着交际场合正式性提高而提高。银川机关单位办事、银川街上问路/买东西时普通话使用比率分别是 65%、60%。两种交际情景，前者环境中使用比率普遍高于后者情景。

表 3-17　　　　不同交际空间里的话语使用（N=277）

空间 语言	家庭内部 与孩子 人数(人)	家庭内部 与孩子 比率(%)	家庭内部 与父母 人数(人)	家庭内部 与父母 比率(%)	兴泾镇内 与邻居 人数(人)	兴泾镇内 与邻居 比率(%)	兴泾镇内 集贸市场或餐馆 人数(人)	兴泾镇内 集贸市场或餐馆 比率(%)	兴泾镇内 银行机关等 人数(人)	兴泾镇内 银行机关等 比率(%)	兴泾镇外 街上问路/买东西时 人数(人)	兴泾镇外 街上问路/买东西时 比率(%)	兴泾镇外 机关单位办事时 人数(人)	兴泾镇外 机关单位办事时 比率(%)
普通话	23	8	6	2	14	5	91	33	152	55	166	60	180	65
银川话	8	3	4	1	9	3	12	4	8	3	10	4	4	1
泾源话	225	81	244	88	233	84	164	59	109	39	92	33	87	32
其他方言	21	8	23	9	21	8	10	4	8	3	9	3	6	2

2. 来源地方言使用情况

来源地方言使用情况，我们分为泾源话、其他方言两方面进行调查，目的是考察不同来源地人们迁入兴泾镇后语言使用的情况。

表3-17显示兴泾镇移民泾源话的使用状况特征是血缘、地缘关系越近，来源地方言使用比率越高，血缘、地缘关系越远，来源地方言使用比率越低。对于其他方言使用，在各种交际空间使用比率都比较低，总体特征与泾源话使用特征基本一致，这里不作详细分析。

表3-17显示的泾源话使用具体特征有三点：（1）泾源话是人们普遍使用的话语，尤其是在家庭内部、兴泾镇社区内部。家庭内部、邻里之间、镇内集贸市场餐厅、银川街头问路或购物、银川机关单位办事五种交际空间，泾源话的使用比率分别是88%、84%、59%、33%、32%。（2）在家庭内部，泾源话使用情况因交谈对象不同有些差异，与父母交谈泾源话使用比率高于与孩子交谈的普通话使用比率。与父母和与孩子交谈泾源话使用比率分别是88%、81%。（3）镇内不同交际空间，泾源话使用有较大差异。在镇内邻居交谈、镇内集贸市场或餐馆、镇内银行机关等的交际空间，泾源话使用比率分别是84%、59%、39%。在镇外交际空间，泾源话使用比率相差不大。银川机关单位办事、银川街上问路或买东西时泾源话使用比率分别是32%、33%。

3. 银川话（迁入地方言）使用情况

表3-17显示兴泾镇移民对迁入地方言——银川话的使用情况。在家庭内部、兴泾镇内、兴泾镇外三种交际空间里，人们都极少使用银川话交流。在兴泾镇外的银川市稍有人使用银川话，人们在银川街上问路或买东西、银川机关单位办事两种情境银川话使用比率分别是4%和1%，这显示了在正式交际情境中，人们几乎不使用银川话交流。

（二）话语选用的相关因素分析

影响域内和域外两大场合话语选用的因素，我们从性别、年龄、文化程度、话题、迁入地居住时间这几个方面进行了调查。因为"人们在通过话语进行交流的过程中确立了自身与社会关系，言语交际参加者各方的社会身份，如年龄、性别、社会地位、社会关系等都会对言语的使用产生影响"[1]。

---

[1] 方宁、陆小鹿：《论跨文化交际中的语言选择和身份认同——基于文化差异的分析》，《湖南科技大学学报》2012年第5期。

1. 性别、年龄与话语的使用

(1) 性别与话语的选用

社会语言学中比较关注性别对于语言使用的影响。"研究表明,女性比男性更多使用有声望的标准变体。这种性别模式是英语世界的一个社会语言学普遍原理。""两性在标准言语形式上的表现,女性比男性更有动力将自己的日常语言向标准语言靠拢。地位—权势研究表明女性和男性相比往往地位和权势更低,因此女性只好通过有威望的语言形式强调自己的权威和地位从而获得尊重。女性比男性更经常使用有声望的变体,所有阶层和年龄的女性都比相同条件的男性使用更多的标准变体。"[①]

对于回族移民社区性别与语言的选择是否也遵循这一模式？笔者进行了调查。本次调查样本总数为277,其中男性154人,女性123人。调查结果见表3–18。

表3–18　　不同性别移民在家庭内部话语使用情况（N=277）

交谈对象	与孩子交谈				与父母交谈			
性别	男		女		男		女	
选项	人数（人）	比率（%）	人数（人）	比率（%）	人数（人）	比率（%）	人数（人）	比率（%）
普通话	13	9	10	8	4	3	2	2
银川话	5	3	3	3	2	1	2	2
泾源话	126	82	100	81	137	89	108	88
其他方言	10	6	10	8	11	7	11	8
合计	154	100	123	100	154	100	123	100

表3–18显示,在家庭内部,男性、女性普遍倾向使用泾源话交谈,男性使用泾源话的比率高于女性1%。男性、女性与父母交谈使用泾源话比率较与孩子交谈使用泾源话比率高7%。与孩子交谈使用普通话的比率,男性是9%,女性是8%。在家庭内部,男性、女性使用银川话的比率不高,与孩子交谈较与父母交谈使用银川话的比率略高1%—2%。

表3–19显示,与邻居交谈,男性、女性普遍倾向使用泾源话交谈,

[①] 徐大明:《语言变异与变化》,上海教育出版社2006年版,第161—162页。

男性、女性使用泾源话的比率分别是84%、85%，使用普通话的比率分别是5%、6%，使用银川话的比率分别是4%、2%。使用其他方言的比率都是7%。

表3-19　　不同性别移民在镇内的话语使用情况（N=277）

交际空间	与邻居				镇内集贸市场或餐馆				镇内银行机关等			
性别	男		女		男		女		男		女	
选项	人数（人）	比率（%）	人数（人）	比率（%）	人数（人）	比率（%）	人数（人）	比率（%）	人数（人）	比率（%）	人数（人）	比率（%）
普通话	7	5	7	6	50	33	41	33	83	54	69	57
银川话	6	4	3	2	8	5	4	3	5	3	3	2
泾源话	130	84	104	85	90	58	75	61	62	40	48	39
其他方言	11	7	9	7	6	4	3	3	4	3	3	2
合计	154	100	123	100	154	100	123	100	154	100	123	100

在公共场合，镇内集贸市场或餐馆这样相对不太正式的公共场合，男性、女性普通话使用比率都是33%，泾源话使用比率分别是58%、61%，银川方言的使用比率是5%、3%，其他方言使用比率是4%、3%。在镇内相对较正式的公共场合，女性普通话使用比率略高于男性。镇内银行等公共场合男性、女性使用普通话比率分别是54%、57%，使用泾源话的比率是40%、39%，使用银川话的比率是3%、2%，使用其他方言比率是3%、2%。

男性、女性在镇内场合，随着交际空间的变化，改变话语使用。普通话使用比率比私人场合明显提高。

表3-20显示，在镇外相对较正式的场合，女性普通话使用比率也略高于男性，银川机关单位办事时男性、女性使用普通话比率分别是59%、62%，银川街上问路、买东西时这样相对不太正式的公共场合，男性、女性普通话使用比率分别是66%、64%。女性随着交际环境的变化，改变普通话的选用。在公共场合，男性、女性使用泾源话的比率明显降低，在镇外场合男性、女性的泾源话使用比率只有30%多。在镇内场合，随着交际场合的变化，男性、女性泾源话使用有明显的变化，在镇内集贸市场或餐馆，男性、女性泾源话使用比率明显高于镇内银行机关等交谈时男性、女

性泾源话使用比率,不同性别的人,对于银川话的使用比率都很低,在家庭内部、镇内场合及镇外的银川市,人们都极少使用银川话。

表3-20　　不同性别移民在镇外的话语使用情况(N=277)

交际空间	银川街上问路、买东西时				银川机关单位办事时			
性别	男		女		男		女	
选项	人数(人)	比率(%)	人数(人)	比率(%)	人数(人)	比率(%)	人数(人)	比率(%)
普通话	101	66	79	64	91	59	76	62
银川话	2	1	2	2	5	3	5	4
泾源话	48	31	40	32	53	35	38	31
其他方言	3	2	2	2	5	3	4	3
合计	154	100	123	100	154	100	123	100

综合表3-18、表3-19、表3-20,可以看到,兴泾镇移民性别差异在语言选用上总体差异不大,都会因交际空间的转换变换选用话语,主要是普通话与来源地方言的转换,但不同性别话语选用的细微差别表现为,在调查的三种交际空间里女性选用普通话的比率略微高于男性。如果我们把普通话看作"标准的变体",那么,我们可以说在兴泾镇这个移民社区,不同性别在话语的选用上与学界的观点一致,即"女性都比相同条件的男性使用更多的标准变体"[①]。

(2)年龄与话语的选用

年龄因素对话语选用影响的调查,我们分别考察了15—29岁、30—44岁、45—59岁、60—69岁四个年龄段移民在家庭内部、邻里交往、镇内、镇外不同交际空间的话语选用。

考察不同年龄回族移民在家庭内部话语使用情况时,我们区分了家庭成员孩子和父母两种情况。

表3-21、表3-22显示,在家庭内部,不同年龄段的人面对孩子以及父母表现出话语选择的总的特征为,年龄越高,来源地方言使用的比率越高。尤其是与父母交谈,使用来源地方言的比率较高,45岁以上的人使

---

① 徐大明:《语言变异与变化》,上海教育出版社2006年版,第164页。

用方言的比率高达90%以上。15—29岁年龄段的人与父母交谈使用来源地方言也有88%。不同年龄段的人在与孩子交谈时，使用方言的比率低于与父母交谈，而且使用方言的比率也是随着年龄的减小而减少，使用普通话的比率尽管普遍不高，但随着年龄的减小，比率逐渐提高。使用迁入地银川话占总调查者的3%。

表3-21　不同年龄移民与孩子交谈的话语选择情况（N=277）

选项\年龄	15—29	比率(%)	30—44	比率(%)	45—59	比率(%)	60—69	比率(%)	合计(人)
普通话	10	12	8	8	5	7	0	0	23
银川话	2	2	6	6	0	0	0	0	8
泾源话	67	79	78	76	63	87	17	94	225
其他	6	7	10	10	4	6	1	6	21
合计	85	100	102	100	72	100	18	100	277

表3-22　不同年龄移民与父母交谈的话语选择情况（N=277）

选项\年龄	15—29	比率(%)	30—44	比率(%)	45—59	比率(%)	60—69	比率(%)	合计(人)
普通话	4	5	0	0	2	3	0	0	6
银川话	0	0	4	4	0	0	0	0	4
泾源话	75	88	87	85	65	90	17	94	244
其他	6	7	11	11	5	7	1	6	23
合计	85	100	102	100	72	100	18	100	277

表3-23显示，与邻居交谈，总体倾向于使用来源地方言，而且年龄越大，使用来源地方言的比率越高。60岁以上的人使用来源地方言的比率达94%以上。15—29岁年龄段的人与邻居交谈使用来源地方言的也有83%。15—29岁的使用普通话的比率是9%，比各年龄段的比率都高。30—44岁的使用迁入地方言银川话的比率最高，是7%。

表3-23　　　不同年龄移民与邻居交谈的话语选择情况（N=277）

年龄＼选项	15—29	比率(%)	30—44	比率(%)	45—59	比率(%)	60—69	比率(%)	合计(人)
普通话	8	9	3	3	3	4	0	0	14
银川话	1	1	7	7	1	1	0	0	9
泾源话	70	83	83	81	63	88	17	94	233
其他	6	7	9	9	5	7	1	6	21
合计	85	100	102	100	72	100	18	100	277

不同年龄人在镇内交际空间话语的选择，我们调查了人们在兴泾镇集贸市场或餐馆里交谈话语的选择、在镇上银行里与服务员交谈的话语选择，这两个交际空间里，后者的交际正式程度大于前者。

表3-24显示，不同年龄人在兴泾镇集贸市场或餐馆里与服务员交谈话语的选择，总体特征是以来源地方言为主，而且随着年龄的增长，使用来源地方言的比率也大幅度提高；选用迁入地银川话的比率普遍很低；选用普通话的比率随着年龄的减小，比率逐渐提高，15—29岁的人使用普通话的比率最高。

表3-24　　　不同年龄移民在兴泾镇上集贸市场或餐馆里
交谈的话语选择情况（N=277）

年龄＼选项	15—29	比率(%)	30—44	比率(%)	45—59	比率(%)	60—69	比率(%)	合计(人)
普通话	39	46	34	33	16	22	2	11	91
银川话	5	6	5	5	2	3	0	0	12
泾源话	39	46	59	58	51	71	15	83	164
其他	2	2	4	4	3	4	1	6	10
合计	85	100	102	100	72	100	18	100	277

表3-25显示，在兴泾镇银行与人交谈话语的选择，除了60—69岁的人主要以来源地方言为主，其他年龄人话语选择总体特征都是以普通话为

第三章　宁夏移民社区语言调查研究

主，而且随着年龄的减小，使用普通话的比率也逐渐提高；选用迁入地银川话的比率普遍很低；选用方言的比率随着年龄的增大，比率逐渐提高。

表 3-25　不同年龄移民在兴泾镇上银行里交谈的话语选择情况（N=277）

年龄＼选项	15—29	比率(%)	30—44	比率(%)	45—59	比率(%)	60—69	比率(%)	合计(人)
普通话	62	73	58	57	29	40	3	17	152
银川话	2	2	4	4	2	3	0	0	8
泾源话	20	24	38	37	37	51	14	78	109
其他	1	1	2	2	4	6	1	5	8
合计	85	100	102	100	72	100	18	100	277

综合表 3-24、表 3-25 来看，在镇内空间，不同年龄人的话语选择总体特征是年龄越小，普通话选用的比率越高，来源地方言选用的比率越低；各年龄的人选用迁入地银川话的比率都很低。表 3-24 和表 3-25 比较显示，在镇内，由于具体的交际情景不同，不同年龄人们的话语选择略有不同，随着交际空间正式程度的增加，各年龄的人使用普通话的比率均有提高。

不同年龄人在镇外交际空间话语的选择，我们调查了人们在银川街上问路或买东西时话语的选择、到银川机关单位办事时话语的选择，这两个交际空间里，后者的交际正式程度大于前者。

表 3-26 和表 3-27 显示，不同年龄人在银川街头问路话语选择与在银川机关单位办事时话语选择总体规律一致，年龄越大，使用来源地方言的比率越高，年龄越低的使用普通话的比率越高，使用迁入地银川话的比率普遍很低。比较表 3-26 和表 3-27 看到，不同年龄的人们到银川机关单位办事使用普通话的比率比在银川街上问路或买东西使用普通话的比率略高一些。

通过上面的调查分析表明，兴泾镇移民的年龄因素与话语选用的总体特征是，不同年龄段的人们，在不同的交谈场合选用不同的话语进行交谈，随着交际场合正式程度的增加，人们普遍倾向于选用普通话，而且各个年龄段表现出差异性，15—29 岁这个年龄段的人在各种场合使用普通话交谈的比率都大于其他年龄段。在各种场合，使用普通话交谈的比率是随着年龄的降低而比率增大，相反随着年龄的增大，使用方言的比率逐渐减少。使用银川话的比率与年龄因素没有明显的关系。由此，我们可以预测，兴泾镇这个回族移民区的语言发展趋势，受到普通话的影响较大，受到迁入地银川话的影响会很小。

表 3-26　　　　不同年龄移民在银川街上问路或买东西时话语选择情况（N=277）

年龄 选项	15—29	比率（%）	30—44	比率（%）	45—59	比率（%）	60—69	比率（%）	合计（人）
普通话	72	85	63	62	29	40	2	11	166
银川话	2	2	6	6	2	3	0	0	10
泾源话	10	12	30	29	37	51	15	83	92
其他	1	1	3	3	4	6	1	6	9
合计	85	100	102	100	72	100	18	0	277

表 3-27　不同年龄移民到银川机关单位办事时话语选择情况（N=277）

年龄 选项	15—29	比率（%）	30—44	比率（%）	45—59	比率（%）	60—69	比率（%）	合计（人）
普通话	74	87	69	68	33	46	4	22	180
银川话	1	1	1	1	2	3	0	0	4
泾源话	9	11	31	30	34	47	13	72	87
其他	1	1	1	1	3	4	1	6	6
合计	85	100	102	100	72	100	18	100	277

2. 移入地居住时间与话语选择

移民迁入兴泾镇的时间长短对话语选择方面的影响，我们进行了相关的调查。我们把迁移到兴泾镇居住时间划分为 3 年以下、3—5 年、6—10 年、10 年以上四个阶段，调查了这四个阶段的人们在家庭内部、与邻居交谈、镇内公共空间、镇外交际空间里话语选择的情况。

表3-28 不同居住时间移民与孩子、父母交谈的话语选择情况（N=277）

时间		在兴泾镇居住时间															合计（人）	
		3年以下				3—5年				6—10年				10年以上				
		孩子		父母		孩子		与父母		孩子		父母		孩子		父母		
选项	交谈对象	人数（人）	比率（%）	人数（人）	比率（%）	人数（人）	比率（%）	人数（人）	比率（%）	人数（人）	比率（%）	人数（人）	比率（%）	人数（人）	比率（%）	人数（人）	比率（%）	孩子	父母
普通话		1	6	1	6	3	11	1	4	8	23	0	0	11	6	4	2	23	6
银川话		1	6	1	6	0	0	0	0	2	6	0	0	5	2	3	1	8	4
泾源话		15	82	15	82	17	63	19	70	21	62	31	91	172	87	179	91	225	244
其他		1	6	1	6	7	26	7	26	3	9	3	9	10	5	12	6	21	23
合计		18	100	18	100	27	100	27	100	34	100	34	100	198	100	198	100	277	277

调查迁移到兴泾镇居住时间长短不同的人们在家庭内部话语的选择，在家庭内部区分了交谈对象是父母、孩子的情况。调查情况如下。

表3-28显示，在兴泾镇不同居住时间的人们，与孩子交谈、与父母交谈时的话语选择情况的特征存有共性，只是居住时间最短的3年以下和时间最长的10年以上的这两个居住时间段，不管与孩子交谈还是与父母交谈，人们选择来源地方言泾源话的比率都最多，与孩子交谈的比率分别是82%和87%，与父母交谈的比率分别是82%和91%。而居住时间3—5年和6—10年的人们，与孩子交谈使用泾源话比率分别是63%和62%，与父母交谈的使用泾源话比率分别是70%和91%。不同居住时间的人们与孩子交谈使用普通话的比率高于与父母交谈的比率。居住时间短的人们习惯使用家乡的方言比较好解释，而居住时间在10年以上的人们选择家乡方言泾源话比率最高，造成这一现象的原因是什么呢？目前我们不能很好地解释。

在兴泾镇不同居住时间的人们与邻居交谈时话语选择的情况调查，见表3-29。

表3-29　不同居住时间移民与邻居交谈的话语选择情况（N=277）

时间 选项	在兴泾镇居住时间								合计 （人）
	3年以下		3—5年		6—10年		10年以上		
	人数（人）	比率（%）	人数（人）	比率（%）	人数（人）	比率（%）	人数（人）	比率（%）	
普通话	2	11	3	11	3	9	6	3	14
银川话	1	5	2	7	2	6	4	2	9
泾源话	14	79	15	56	26	76	178	90	233
其他	1	5	7	26	3	9	10	5	21
合计	18	100	27	100	34	100	198	100	277

表3-29显示，在兴泾镇不同居住时间的人们与邻居交谈总体趋势是主要使用来源地方言，包括泾源话和其他方言，其次使用普通话，使用迁入地银川话的比率最少。居住时间越短，使用普通话的比率越高，居住时间3年以下的和10年以上的使用来源地方言的比率都较高。

不同居住时间的人们在镇内交际空间话语的选择，我们调查了人们在兴泾镇集贸市场或餐馆里交谈话语的选择、在镇上银行里与服务员交谈的话语选择，这两个交际空间里，后者的交际正式程度大于前者。

在兴泾镇，在餐馆或集贸市场，居住10年以上的使用泾源话的比率最高，达到65%，其次是居住3年以下的，再次是居住3—5年的，最后是居住6—10年的；使用普通话的比率最高的是居住时间6—10年的，比率是50%，其次是居住3年以下，比率是39%，再次是居住3—5年，比率是37%，最后是10年以上，比率是29%。在餐馆里，人们使用普通话的比率比使用泾源话高。在银行与服务员交谈，总体看来，各时间段的人们倾向于使用普通话，除了居住10年以上的人，使用普通话和使用泾源话的比率相差2%以外，各时间段的人们使用普通话的比率明显高于使用泾源话的比率。居住3年以下的人们使用普通话的比率高达83%。其次是居住6—10年，再次是居住3—5年，最后是居住10年以上。在银行，各时间段使用泾源话的情况是，居住10年以上的比率最高，达到48%，除此之外，其他各时间段使用泾源话的比率相差不大，分别是17%、19%、18%，见表3-30。

总体比较来看，泾源话和其他方言都属于人们来源地的方言，不同时间段的人们在餐馆或集贸市场，人们使用来源地方言交谈比率最高，其次是普通话。在银行，各个时间段的人们明显倾向使用普通话。各时间段的人们在餐馆或集贸市场、在银行，人们都很少使用迁入地方言——银川话。

兴泾镇回族移民在镇外交际空间话语的选择，我们调查了人们在银川街上问路或买东西时话语的选择、到银川机关单位办事时话语的选择，这两个交际空间里，后者的交际正式程度大于前者。具体情况见表3-31。

表3-31显示，在兴泾镇之外的银川市区，到机关办事、问路或购物，兴泾镇移民普遍使用普通话，较少使用泾源话和其他方言，也很少使用银川话。居住时间越短的人们使用普通话比率越高，居住时间3年以下的在银川的街头问路、购物，到机关单位办事使用普通话的比率分别高达83%和89%，居住时间10年以上的使用普通话的比率也高于使用泾源话。

总体看来，兴泾镇移民居住时间与人们话语选择的相关度调查表明，在家庭内部与亲属交谈，居住时间对于人们话语选择的影响不大，人们普遍选用来源地方言，只是不同居住时间的人们选用普通话比率略有差异。居住时间10年以上的人们，不管在家庭内部与亲属交谈，还是在提供的其

表3-30 不同居住时间移民在镇内餐馆或集贸市场交谈话语选择情况（N=277）

时间	在兴泾镇居住时间										合计（人）	
	3年以下				3—5年				6—10年				10年以上					
选项	餐馆/市场		在银行		餐馆/市场		在银行		餐馆/市场		在银行		餐馆/市场		在银行		餐馆/市场	在银行
交际空间	人数（人）	比率（%）	人数（人）	比率（%）	人数（人）	比率（%）	人数（人）	比率（%）	人数（人）	比率（%）	人数（人）	比率（%）	人数（人）	比率（%）	人数（人）	比率（%）		
普通话	7	39	15	83	10	37	17	63	17	50	27	79	57	29	92	46	91	151
银川话	1	5	0	0	1	4	3	11	1	3	0	0	9	4	5	3	12	8
泾源话	10	56	3	17	12	44	5	19	14	41	6	18	128	65	96	48	164	110
其他	0	0	0	0	4	15	2	7	2	6	1	3	4	2	5	3	10	8
合计	18	100	18	100	27	100	27	100	34	100	34	100	198	100	198	100	277	277

表 3-31　不同居住时间移民与在镇外交际空间话语选择情况（N=277）

<table>
<tr><th rowspan="3">选项
交际空间</th><th colspan="8">在兴泾镇居住时间</th><th colspan="2" rowspan="2">合计（人）</th></tr>
<tr><th colspan="2">3年以下</th><th colspan="2">3—5年</th><th colspan="2">6—10年</th><th colspan="2">10年以上</th></tr>
<tr><th>机关单位
人数(人) 比率(%)</th><th>问路/购物
人数(人) 比率(%)</th><th>机关单位
人数(人) 比率(%)</th><th>问路/购物
人数(人) 比率(%)</th><th>机关单位
人数(人) 比率(%)</th><th>问路/购物
人数(人) 比率(%)</th><th>机关单位
人数(人) 比率(%)</th><th>问路/购物
人数(人) 比率(%)</th><th>机关单位</th><th>问路/购物</th></tr>
<tr><td>普通话</td><td>16　89</td><td>15　83</td><td>19　71</td><td>19　70</td><td>26　76</td><td>27　79</td><td>118　60</td><td>104　53</td><td>179</td><td>165</td></tr>
<tr><td>银川话</td><td>0　0</td><td>0　0</td><td>2　7</td><td>1　4</td><td>0　0</td><td>1　3</td><td>2　1</td><td>8　4</td><td>4</td><td>10</td></tr>
<tr><td>泾源话</td><td>2　11</td><td>3　17</td><td>4　15</td><td>4　15</td><td>7　21</td><td>5　15</td><td>75　38</td><td>80　40</td><td>88</td><td>92</td></tr>
<tr><td>其他</td><td>0　0</td><td>0　0</td><td>2　7</td><td>3　11</td><td>1　3</td><td>1　3</td><td>3　1</td><td>6　3</td><td>6</td><td>10</td></tr>
<tr><td>合计</td><td>18　100</td><td>18　100</td><td>27　100</td><td>27　100</td><td>34　100</td><td>34　100</td><td>198　100</td><td>198　100</td><td>277</td><td>277</td></tr>
</table>

他交际场合面对不同的交际对象时,使用泾源话的比率都是最高的。居住3年以下的人们在正式的场合,比如银行、兴泾镇以外的银川市的机关单位、购物,使用普通话的比率最高,使用泾源话的比率最低。为什么是这样的,按照一般规律,人们在某地生活时间长了,语言就容易受到周围的语言影响,可是迁入兴泾镇10年以上的人们较迁入时间短的人们更多保留使用泾源话,反而迁入时间最短的3年以下的人们较多地使用普通话。为了解释这种现象,我们调查了人们的普通话程度,调查发现,居住时间10年以上的人们"能够流利准确地说"普通话的只有25%,低于其他各时间段的比率,居住时间"3年以下"的"能够流利准确地说"普通话的比率达到50%。

影响移民话语选择的因素主要是居住时间影响了人们的普通话能力,从而影响了人们的话语选择,对于迁入时间最短的人们普通话程度最高,我们认为与兴泾镇这个社区的发展有关。我们了解到,兴泾镇经过20多年的建设发展,近年来,交通便利了,移民与外界的联系交流广泛了,人们在与外界的交流中,新迁入的人们话语选择优先选择了普通话。

3. 文化程度与话语选择

我们调查了不同交际空间,兴泾镇回族移民的文化程度与话语选择的情况的相关性。交际空间分为家庭内部、与邻居交谈、镇内、镇外四种情况。

不同文化程度移民与家庭内部成员交谈话语使用情况调查,对家庭成员区分为孩子与父母两种情况。具体情况见表3-32和表3-33。

表3-32 不同文化程度移民与孩子交谈话语选择情况 (N=277)

选项\文化程度	文盲 人数(人)	文盲 比率(%)	小学 人数(人)	小学 比率(%)	初中 人数(人)	初中 比率(%)	高中或中专 人数(人)	高中或中专 比率(%)	大专以上 人数(人)	大专以上 比率(%)	合计(人)
普通话	1	1	6	7	7	10	6	17	4	25	24
银川话	1	1	4	5	1	1	2	6	0	0	8
泾源话	67	91	61	76	57	80	27	77	12	75	224
其他	5	7	10	12	6	9	0	0	0	0	21
合计	74	100	81	100	71	100	35	100	16	100	277

从表3-32可以看到两种现象，一是在与孩子交谈时，文化程度对普通话选择的影响很明显，文化程度越高的人使用普通话的比率越高。二是不同文化程度人们与孩子交谈使用泾源话的比率都明显占优势，而且文化程度越低，使用泾源话的比率越高。

表3-33　　不同文化程度移民与父母交谈话语选择情况（N=277）

文化程度＼选项	文盲 人数（人）	文盲 比率（%）	小学 人数（人）	小学 比率（%）	初中 人数（人）	初中 比率（%）	高中或中专 人数（人）	高中或中专 比率（%）	大专以上 人数（人）	大专以上 比率（%）	合计（人）
普通话	0	0	2	2	3	4	1	3	0	0	6
银川话	1	1	2	2	1	1	0	0	0	0	4
泾源话	67	91	66	82	61	86	34	97	16	100	244
其他	6	8	11	14	6	9	0	0	0	0	23
合计	74	100	81	100	71	100	35	100	16	100	277

表3-33显示，不同文化程度移民与父母交谈对话语选择的影响几乎没有，不管文化程度高低，选用来源地方言占绝对优势。

表3-34显示，不同文化程度移民与邻居交谈对话语选择的影响也不明显，不管文化程度高低，选用来源地方言占绝对优势。只有大专以上的人们使用普通话的比率是13%，其他人使用普通话比率都低于10%。使用银川话的比率普遍偏低，高中、大专以上的人们没有人使用银川话。

不同文化程度移民在镇内话语使用情况调查，我们同样把镇内交际空间区分为集贸市场或餐馆里、镇上银行里。具体情况见表3-35和表3-36。

表3-35显示，不同文化程度的移民，在镇上的集贸市场或餐馆里主要使用来源地方言（包括泾源话和其他），其次使用普通话，极少使用银川话。文化程度从文盲到高中（中专）的范围内，随着文化程度的提高，移民使用普通话的比率逐步提高，使用泾源话的比率逐步降低。文化程度是文盲、小学、初中、高中（中专）的移民使用普通话的比率依次是18%、33%、43%、43%，使用泾源话的比率依次是77%、56%、49%、49%，大专文化程度的人使用普通话的比率是31%，使用泾源话的比率69%。

表 3 – 34　不同文化程度移民与邻居交谈话语选择情况（N = 277）

选项＼文化程度	文盲 人数（人）	文盲 比率（%）	小学 人数（人）	小学 比率（%）	初中 人数（人）	初中 比率（%）	高中或中专 人数（人）	高中或中专 比率（%）	大专以上 人数（人）	大专以上 比率（%）	合计（人）
普通话	1	1	5	6	5	7	1	3	2	13	14
银川话	1	1	4	5	1	1	3	8	0	0	9
泾源话	66	90	63	78	59	83	31	89	14	87	233
其他	6	8	9	11	6	9	0	0	0	0	21
合计	74	100	81	100	71	100	35	100	16	100	277

表 3 – 35　不同文化程度移民在镇上集贸市场或餐馆里话语选择情况（N = 277）

选项＼文化程度	文盲 人数（人）	文盲 比率（%）	小学 人数（人）	小学 比率（%）	初中 人数（人）	初中 比率（%）	高中或中专 人数（人）	高中或中专 比率（%）	大专以上 人数（人）	大专以上 比率（%）	合计（人）
普通话	13	18	27	33	30	43	15	43	5	31	90
银川话	1	1	4	5	5	7	2	6	0	0	12
泾源话	57	77	45	56	35	49	17	49	11	69	165
其他	3	4	5	6	1	1	1	2	0	0	10
合计	74	100	81	100	71	100	35	100	16	100	277

表 3 – 36　不同文化程度移民在镇上银行里话语选择情况（N = 277）

选项＼文化程度	文盲 人数（人）	文盲 比率（%）	小学 人数（人）	小学 比率（%）	初中 人数（人）	初中 比率（%）	高中或中专 人数（人）	高中或中专 比率（%）	大专以上 人数（人）	大专以上 比率（%）	合计（人）
普通话	19	26	45	56	50	70	26	74	11	69	151
银川话	1	1	4	5	2	3	1	3	0	0	8
泾源话	50	68	28	35	19	27	8	23	5	31	110
其他	4	5	4	4	0	0	0	0	0	0	8
合计	74	100	81	100	71	100	35	100	16	100	277

表3-36显示，不同文化程度的移民在镇上银行与服务员交流时，与在镇上的集贸市场或餐馆里话语选择的总体情况大体相似，也是文化程度是文盲到高中（中专）的范围内，随着文化程度的提高，人们使用普通话的比率逐步提高，使用泾源话的比率逐步降低。具体的比率有所不同，文化程度是文盲、小学、初中、高中（中专）使用普通话的比率依次是26%、56%、70%、74%，使用泾源话的比率依次是68%、35%、27%、23%。大专文化程度的人使用普通话的比率是69%，使用泾源话的比率31%。在我们调查的对象中，大专文化程度的人是文化程度最高的，但他们普通话的使用和泾源话的使用与总体趋势不太一致。

综合表3-35和表3-36显示，不同文化程度的移民，在镇内交际空间，大体特征是除去大专以上文化程度的，文化程度越低的移民，其普通话使用比率越低，反之则越高。在镇上银行里比在镇上集贸市场、餐馆里交流使用普通话的比率高，使用泾源话比率低，使用银川话的比率也很低。

不同文化程度移民在镇外话语使用情况调查，我们把镇外交际空间区分为在银川街上问路或买东西、到银川机关单位办事时。具体情况见表3-37和表3-38。

表3-37 不同文化程度移民在银川街上问路或买东西时
话语选择情况（N=277）

选项 \ 文化程度	文盲 人数（人）	文盲 比率（%）	小学 人数（人）	小学 比率（%）	初中 人数（人）	初中 比率（%）	高中或中专 人数（人）	高中或中专 比率（%）	大专以上 人数（人）	大专以上 比率（%）	合计（人）
普通话	21	29	45	56	55	77	28	80	16	100	165
银川话	1	1	4	5	2	3	3	9	0	0	10
泾源话	49	66	26	32	14	20	4	11	0	0	93
其他	3	4	6	7	0	0	0	0	0	0	9
合计	74	100	81	100	71	100	35	100	16	100	277

表3-37显示，不同文化程度移民在银川街上问路、买东西时话语选择的特征是，随着文化程度的提高，人们使用普通话的比率逐渐提高，使

用泾源话的比率逐渐降低。文化程度是文盲、小学、初中、高中（中专）、大专以上，使用普通话的比率依次是29%、56%、77%、80%、100%，使用泾源话的比率依次是66%、32%、20%、11%、0。银川话的使用比率是1%、5%、3%、9%，大专程度的移民调查对象没有使用银川话的。其他方言的使用比率在不同文化程度里也很低，只有文盲、小学文化程度的使用其他方言比率分别是4%、7%，其他文化程度人无人使用其他方言。

表3-38显示，不同文化程度移民在银川机关单位办事时话语选择的特征是：随着文化程度的提高，人们使用普通话的比率逐渐提高，使用泾源话的比率逐渐减低。文化程度是文盲、小学、初中、高中（中专）、大专以上使用普通话的比率依次是31%、64%、82%、86%、100%，使用泾源话的比率依次是63%、30%、18%、11%、0。银川话的使用比率是，文盲3%，小学程度的1%，高中3%，初中和大专程度的调查对象没有使用银川话的。其他方言的使用比率在不同文化程度里也很低，只有文盲、小学文化程度的使用其他方言比率分别是3%、5%，其他文化程度的人无人使用其他方言。

表3-38　　　　不同文化程度移民到银川机关单位办事时话语选择情况（N=277）

文化程度\选项	文盲 人数(人)	文盲 比率(%)	小学 人数(人)	小学 比率(%)	初中 人数(人)	初中 比率(%)	高中或中专 人数(人)	高中或中专 比率(%)	大专以上 人数(人)	大专以上 比率(%)	合计(人)
普通话	23	31	52	64	58	82	30	86	16	100	179
银川话	2	3	1	1	0	0	1	3	0	0	4
泾源话	47	63	24	30	13	18	4	11	0	0	88
其他	2	3	4	5	0	0	0	0	0	0	6
合计	74	100	81	100	71	100	35	100	16	100	277

综合上面的表3-37和表3-38看到，不同文化程度的人在镇外交际空间主要使用普通话，其次泾源话，再次银川话和其他方言。随着文化程度的提高，普通话使用比率提高，泾源话使用比率降低，不同文化程度的

人在银川机关单位办事使用普通话的比率略高于在银川街头问路（购物）的普通话使用比率。

五　兴泾镇移民的普通话情况

（一）移民的普通话程度与相关因素分析

在上面的调查分析里，我们看到兴泾镇的人们随着交际场合、交际对象、话题等因素的变化话语发生变化，主要变化表现在泾源话与普通话选择的变化。为了了解移民迁入到兴泾镇后普通话的程度、学习途径、学习目的等因素，以及这些因素与话语选择是否存在关系，我们进行了相关调查。对于普通话程度的调查从听说方面设置了四个选项，即"能流利准确地说""能听懂，能说一点""能听懂，不能说""听不懂，也不能说"，从调查对象的年龄、性别、文化程度、在兴泾镇居住时间四个角度进行调查。调查结果如下。

图3-1显示，不同性别移民普通话程度总特征是男性的普通话程度比女性略好一些。"能流利准确地说""能听懂，能说一点"两个选项的比率男性略高于女性，"能流利准确地说"男性占30%，女性占27%，"能听懂，能说一点"男性占53%，女性占48%；"能听懂，不能说""听不懂，也不能说"两个选项的比率女性高于男性，"能听懂，不能说"男性占16%，女性占20%，"听不懂，也不能说"男性占1%，女性占5%。

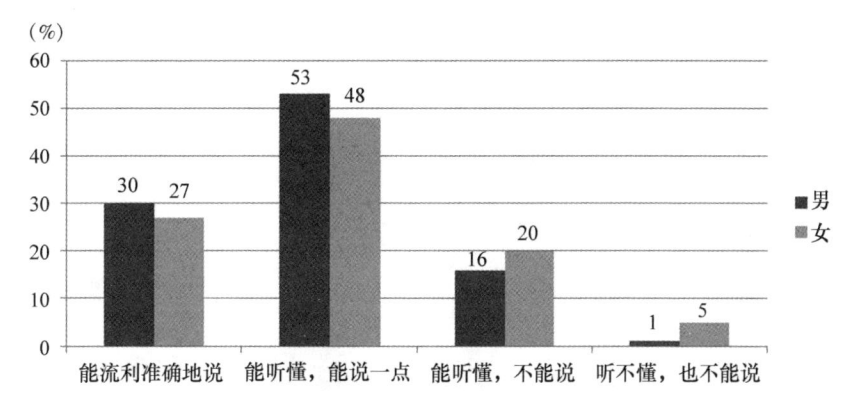

图3-1　不同性别移民普通话程度的情况

图3-2显示，不同年龄移民普通话程度总特征是年龄越小普通话程度

越好。15—29 岁、30—44 岁、45—59 岁、60—69 岁四个年龄段，普通话"能流利准确地说"的比率依次是 58%、23%、10%、0，"能听懂，能说一点"的比率依次是 39%、61%、56%、28%，"能听懂，不能说"的比率依次是 3%、15%、30%、56%，"听不懂，也不能说"的比率依次是 0、1%、4%、16%。

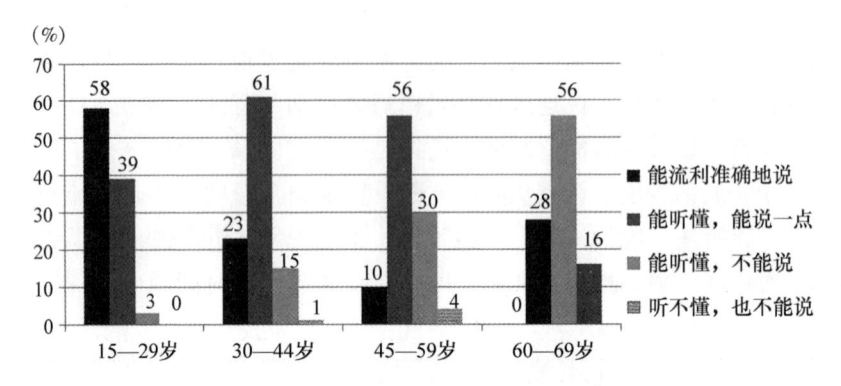

图 3-2　不同年龄移民普通话程度的情况

图 3-3 显示，在兴泾镇不同居住时间移民普通话程度的特征是居住时间越短，普通话"能流利准确地说"的比率越高。居住时间 3 年以下、3—5 年、6—10 年、10 年以上四个时间段"能流利准确地说"的比率依次是 50%、37%、35%、25%，"能听懂，能说一点"的比率依次是 40%、48%、50%、52%，"能听懂，能说一点"的比率依次是 5%、15%、15%、20%，"听不懂，也不能说"的比率越低，分别是 5%、0、0、3%。

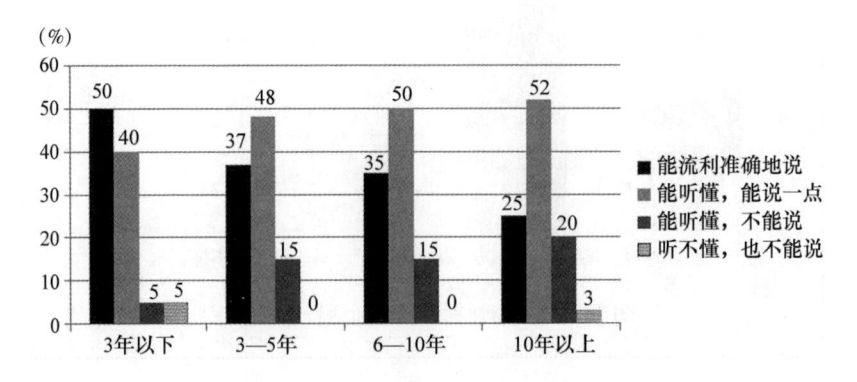

图 3-3　不同居住时间移民普通话程度的情况

为什么是移民在兴泾镇居住时间越短，普通话程度越好，而不是居住时间越长，普通话程度越好呢？我们发现在兴泾镇居住时间越长的人，年龄越大，年龄越大普通话程度越低，在上面的调查已经证实了。

图 3-4 显示，不同文化程度移民的普通话程度情况总特征是文化程度越高，普通话程度越好，这表现在随着文化程度的提高，"能流利准确地说"普通话的比率显著提高，没上过学、小学、初中、高中（中专）、大专文化程度"能流利准确地说"普通话的比率依次是 4%、20%、35%、60%、94%。"能听懂，能说一点"的比率依次是 47%、62%、58%、37%、6%。"能听懂，不能说"的比率随着文化程度的提高逐渐下降，比率依次是 43%、17%、6%、0、0。"听不懂，也不能说"的比率依次是 6%、1%、1%、3%、0。

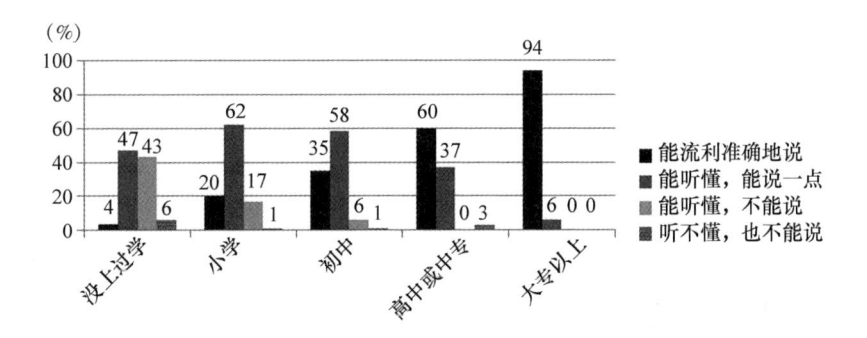

图 3-4 不同文化程度移民普通话程度的情况

（二）移民普通话学习主要途径及相关因素

通过上面移民普通话程度的调查，我们把"能流利准确地说""能听懂、能说一点"的调查对象认为具有一定的普通话能力。在 277 个总调查对象中有 220 个具有一定普通话能力，我们通过这 220 个调查对象调查了解人们学习普通话的主要途径及相关因素。

图 3-5 显示，男性和女性移民学习普通话，家庭影响几乎为零，这与前面的调查一致，兴泾镇人们在家庭内部交流使用的语言绝大多数是方言，所以家庭影响对于移民普通话学习的影响几乎不起作用。男性、女性移民学习普通话的途径主要是社会交往，而且在社会交往中学习普通话的男性比率高于女性 10%，这与当地人们的生活状况有关，人们生活大多保留男主外，女主内的生活方式，当地女性大多生活范围在家庭内部及村子

内部，男性社会交往的范围比较广。在学校学习，从电视、广播学习普通话，女性比率略高于男性。通过图 3-5 可见，男性、女性移民在普通话学习途径方面略有不同。

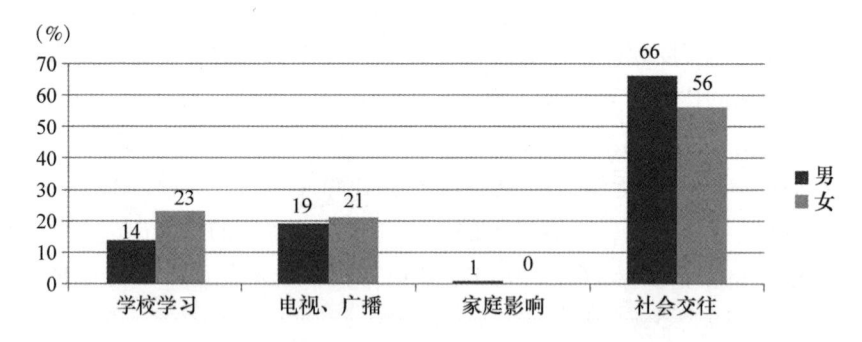

图 3-5 不同性别移民学习普通话最主要途径的情况

图 3-6 显示，不同年龄段的移民在学习普通话的途径中家庭影响也是几乎为零，与调查结果基本一致，原因也同上。各年龄段移民学习普通话的主要途径是社会交往。在 15—29 岁这个年龄段的移民，学习普通话的第二途径是学校，在 30—44 岁、45—59 岁、60—69 岁，这三个年龄段的人们学习普通话的第二个途径是电视、广播，另外的两种途径在这三个年龄段中人们几乎不使用。这与当地居民的受学校教育情况有关，由于各种原因，这些移民中年龄越大，受学校教育的人越少，因此通过学校学习普通话的比率随着年龄增大逐渐减小。

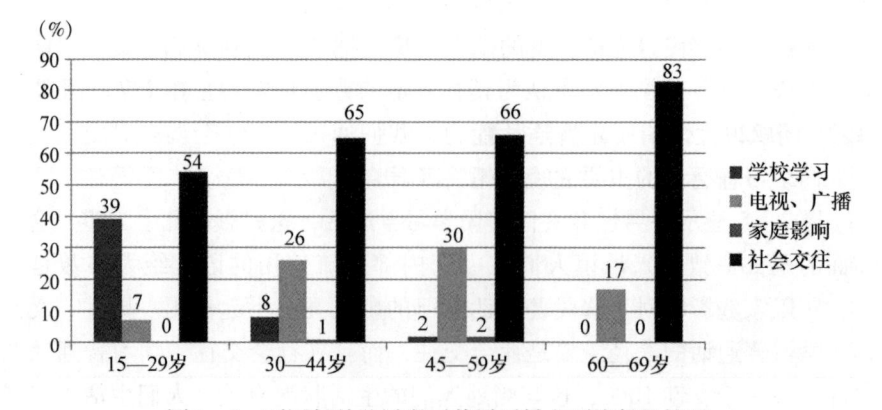

图 3-6 不同年龄移民学习普通话最主要途径的情况

第三章 宁夏移民社区语言调查研究

图 3-7 显示,文盲和小学程度的移民学习普通话主要的途径是社会交往和广播、电视。但在文化程度是初中、高中或中专的移民里,学习普通话的主要途径还是社会交往,学校学习也只是第二途径,而且比率都不高,分别是 24% 和 38%。大专以上文化程度的人学习普通话主要途径是学校学习,比率是 53%,其次是社会交往,比率是 47%。

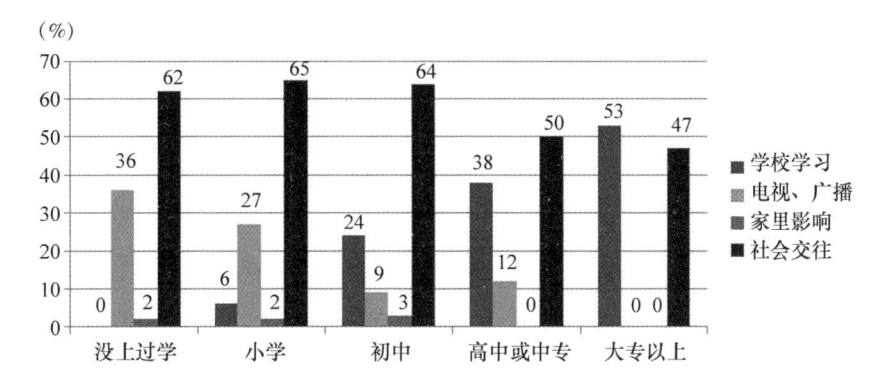

图 3-7 不同文化程度移民学习普通话最主要途径的情况

综合上面的分析可以看到兴泾镇的人们学习普通话的途径主要是社会交往。

(三) 学习普通话遇到的主要问题及相关因素

兴泾镇移民学习普通话遇到的主要问题的调查,我们具体调查了移民在兴泾镇居住时间、年龄、文化程度、性别四种情况下具体表现。

图 3-8 显示,从性别角度看,兴泾镇移民男性与女性在学习普通话时遇到的主要问题基本相同,依次是"受来源地方言影响">"周围人都不说">"受本族语言影响">"怕人笑话",男性与女性学习普通话遇到的主要问题,大体一致,差异很小。

图 3-9 显示,从年龄的角度看,不同年龄段移民学习普通话遇到的主要问题总特征是都首选"受来源地方言影响"。15—59 岁年龄的移民其次选择"周围人都不说",第三选择"受本族语言影响",最后选择"怕人笑话"。也就是说中青年移民学习普通话的主要问题包括:一是自身的方言影响,二是客观环境。60—69 岁年龄的移民其次选择"怕人笑话",第三选择"周围人都不说","受本族语言影响"的比率为零。老年人学习普通话的主要问题一是自身的方言影响,二是自身的心理因素,说普通话怕

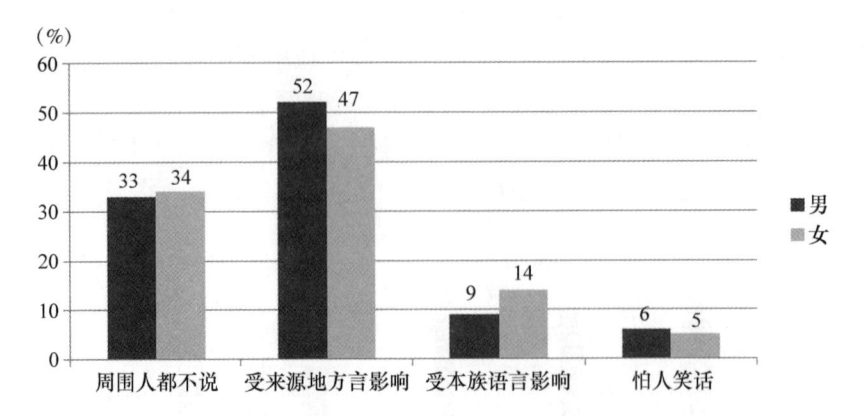

图 3-8 移民学习普通话遇到的最主要问题与性别的情况

人笑话。

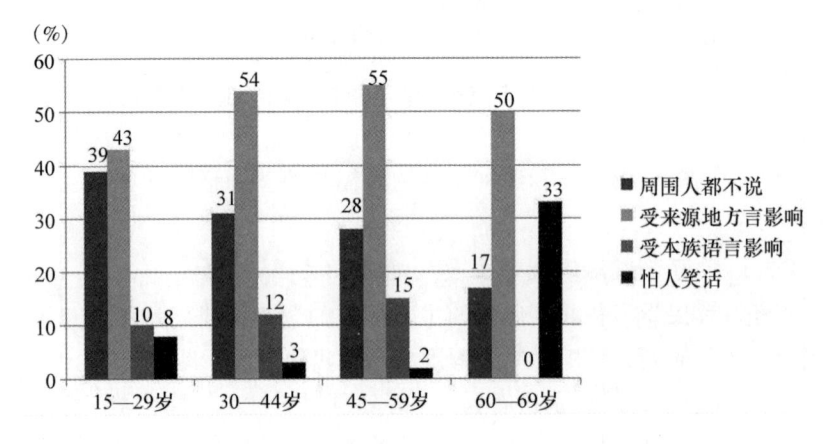

图 3-9 移民学习普通话遇到的最主要问题与年龄的情况

图 3-10 显示，移民的文化程度是"没上过学""小学""初中"的调查对象，学习普通话遇到的主要问题有共同特征，依次是"受来源地方言影响" > "周围人都不说" > "受本族语言影响" > "怕人笑话"。"高中或中专"文化程度的调查对象，学习普通话遇到的主要问题是"受来源地方言影响"和"周围人都不说"，这两面的比率都是47%，"受本族语言影响"和"怕人笑话"的比率都是3%。文化程度是"大专以上"的调查对象，学习普通话遇到的主要问题依次是"周围人都不说" > "受

来源地方言影响">"受本族语言影响">"怕人笑话"。移民学习普通话遇到的最主要问题与文化程度的总体特征是随着移民文化程度的提高,"受方言影响"的比率逐渐降低,"周围人都不说"的比率逐渐提高,这表明随着文化程度的提高,外界的客观因素是学习普通话遇到的主要问题,而自身的母语方言的干扰逐渐降低。

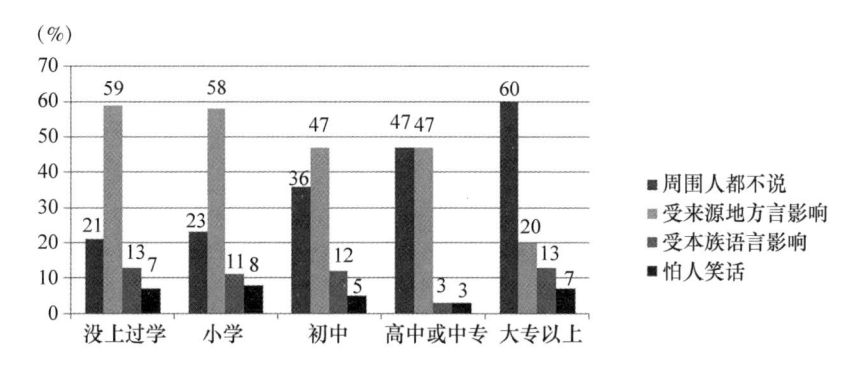

图 3-10 移民学习普通话遇到的最主要问题与文化程度的情况

图 3-11 显示,在移民迁入地兴泾镇居住时间与学习普通话遇到的主要问题的相关性,除了居住时间是 6—10 年的移民,主要问题首选"周围人都不说",占 41%,其次选择"受来源地方言影响",占 38%。其他居住时间移民学习普通话遇到的主要问题依次是"受来源地方言影响""周围人都不说"。"怕人笑话"的心理影响比率极低。

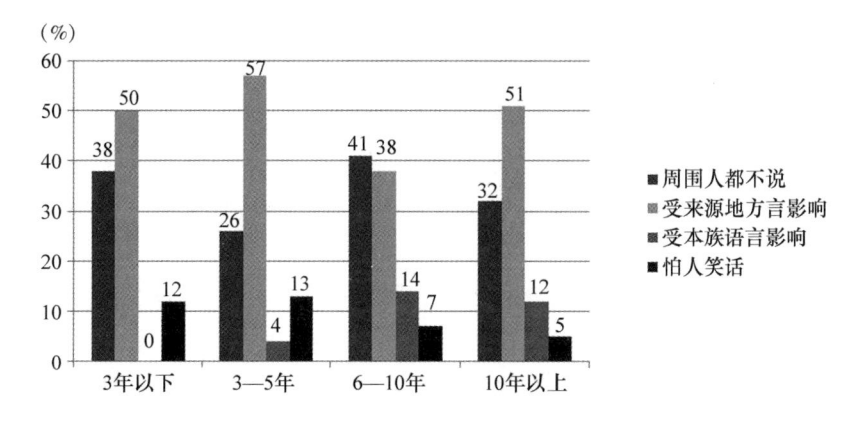

图 3-11 移民学习普通话遇到的最主要问题与在兴泾镇居住的情况

综合移民在兴泾镇居住时间、年龄、文化程度、性别四个方面的调查分析，我们看到兴泾镇移民学习普通话遇到的主要问题有两个，首先是"受来源地方言影响"，其次是外界的客观因素"周围人都不说"。

（四）移民普通话学习的主要目的及相关因素

我们调查兴泾镇移民因性别、年龄、文化程度、居住时间的不同，学习普通话的目的各有不同。

图3-12显示，移民性别因素对学习普通话的目的的影响不是很大，男性和女性学习普通话的目的基本一致，首选是"工作要求"，其次是"个人兴趣"，选择"交流方便"和"学校要求"的比率都不足10%。

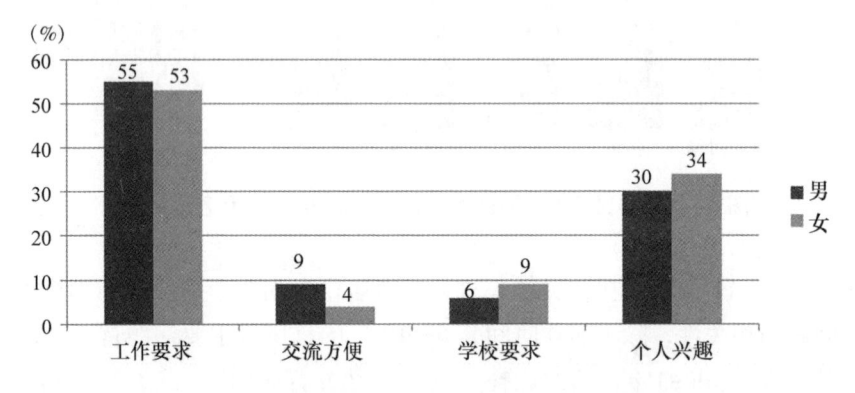

图3-12　移民学习普通话的目的与性别的情况

图3-13显示，"15—29岁""30—44岁""45—59岁"，这三个年龄段的移民学习普通话的目的首选"工作要求"，比率分别是54%、60%、51%，其次选择"个人兴趣"的比率分别是19%、33%、38%，选择"交流方便""学校要求"两个选项的比率都很低。对于中青年来说，学习普通话的目的主要是为了工作和交流的实际需求。"60—69岁"这个年龄段的移民学习普通话的目的首选"个人兴趣"，比率达到83%，"工作要求"的比率只有17%。

图3-14显示，不同文化程度的移民学习普通话的目的略有不同，文化程度最低的"没上过学"的调查对象，学习普通话目的首选"个人兴趣"，占67%，其次是"工作要求"，占31%，"交流方便"的比率只有2%。文化程度是"小学""初中""高中或中专"的调查对象，学习普通话的目的有共同特点，他们都首选"工作要求"，比率分别是61%、58%、

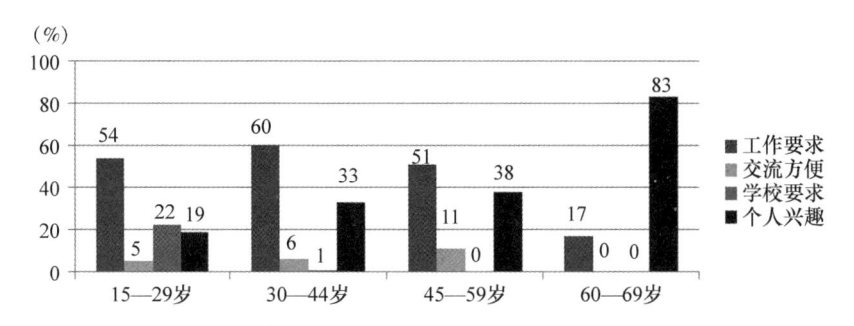

第三章 宁夏移民社区语言调查研究

图 3-13　移民学习普通话的目的与年龄的情况

62%，其次选"个人兴趣"，比率分别是 27%、25%、14%，选择"交流方便"的比率分别是 9%、8%、12%，选择学校要求的比率分别是 3%、9%、12%。文化程度是"大专以上"的学习普通话的目的分别是"工作要求"占 47%，"学校要求"占 40%，"个人兴趣"占 13%，"交流方便"的比率为 0。"没上过学"的调查对象学习普通话的目的没有"学校要求"，这个调查结果与实际相符，但是文化程度是"小学""初中""高中或中专"的"学校要求"比率都极低，这里的原因是兴泾镇移民曾经就读的中小学对于学生的普通话不严格要求，学生在学校不是全部使用普通话交流，方言还是主要的首选语言。

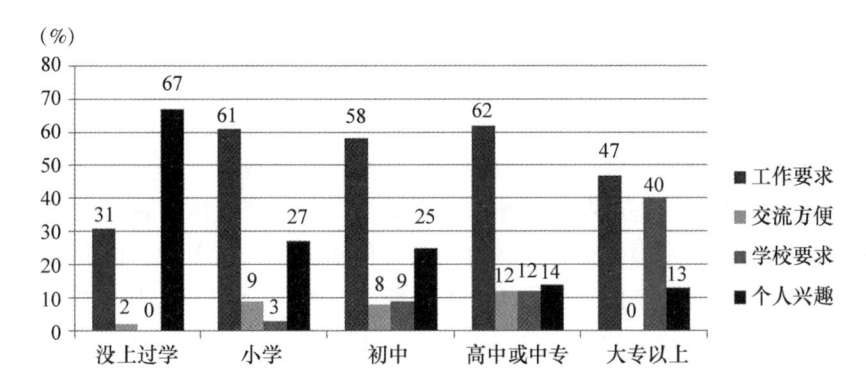

图 3-14　移民学习普通话的目的与文化程度的情况

图 3-15 显示，迁入兴泾镇居住时间与学习普通话目的的关系总体趋势是调查对象学习普通话的目的首选"工作要求"，居住"3—5 年"和

"6—10年"目的为"工作要求"的比率分别是75%和76%,居住时间"3年以下"和"10年以上"目的为"工作要求"的比率分别是44%和47%。

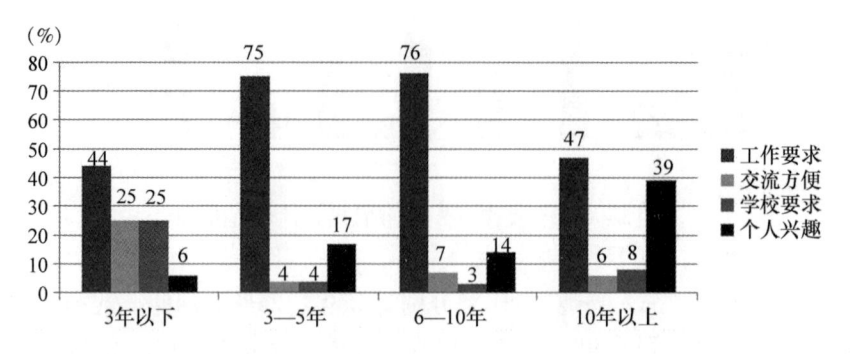

图3-15　移民学习普通话的目的与在兴泾镇居住时间的情况

综合图3-13、图3-14、图3-15,不同性别、年龄、居住时间移民学习普通话目的有总体一致的特征,主要是出于实际的"工作要求"。这与移民生活实际状况相符,移民迁入到兴泾镇除了务农以外,有很多人外出打工,尤其是中青年居多,为了找到工作,人们必须学习普通话,具备普通话能力。移民不同文化程度学习普通话的目的显示出一定差异。

六　兴泾镇移民的语言态度

王远新认为"语言态度是一种社会心理现象,它实质上反映的是人们对一种语言变体的社会文化价值的认识和评价。从客观上讲,语言的生命在于使用,对语言态度起决定作用的因素是一种语言变体是否为人们所使用,以及与此相联系的语言变体的社会文化功能。人们在对一种语言变体做出评价时,并不是以它的结构特点为依据,而是立足于它的社会文化功能及其所反映或代表的历史和文化特点。也就是说,人们主要从社会文化意义上认识一种语言变体的价值并对其做出相应的评价。因此,一种语言变体在社会中的交际功能、使用人口以及使用该语言变体的集团在一定社区中的社会、经济、文化地位等因素,都可能成为人们对其价值做出评价的标准和依据,从主观上讲,语言人的实际需要、感情、兴趣等也是影响语言态度的重要因素"①。兴泾镇回族移民的语言态度是怎样的呢?

上一节我们已经介绍了语言态度一般分为情感态度和理性态度两个方面。本节调查兴泾镇移民的语言态度和调查红寺堡中学生的语言态度问题设计一样,调查语言态度设计"好听""亲切""有用"和"权威"四个维度,其中前两个维度是对语言的情感评价,后两个维度是对语言的理性评价,这四个维度可从语言态度方面反映出一个人对语言的认同情况。大多数关于语言态度的调查也是这几个维度。语言态度影响着语言使用,制约着语言的演变。在兴泾镇移民区,我们调查语言态度如何影响移民普通话、迁入地方言、来源地方言的习得和使用。

调查时,关于理性方面的态度,我们设计了两个问题,分别是"你认为哪种语言最有用?你认为哪种语言最权威?"关于感情方面态度的调查,我们也设计了三个问题,分别是"您认为哪种话语最好听优美?您认为哪种话语最友善亲近?平常你最愿意听哪种话语?"每个问题设置了三个选项以供选择,分别是普通话、泾源话(来源地方言)、银川话(迁入地方言)。

表3-39和表3-40显示的是兴泾镇移民对语言的理性评价。总体来说兴泾镇移民在语言的"有用性"的实用价值和"权威身份"的社会地位评价方面看法是一致的,普通话的比率最高,分别占54%和65%;其次是泾源话,比率占44%和32%;移入地方言银川话的比率都只有2%和3%。从性别的角度看,女性对"普通话"的有用性和权威性评价的比率都高于男性,而男性对来源地"泾源话"的有用性和权威性评价的比率都高于女性。

表3-39　　　　　移民对最有用话语的评价(N=277)

选项	性别 男 人数(人)	性别 男 比率(%)	性别 女 人数(人)	性别 女 比率(%)	合计 人数(人)	合计 比率(%)
普通话	79	51	72	59	151	54
银川话	2	1	3	2	5	2
泾源话	74	48	47	39	121	44
合计	155	100	122	100	277	100

---

① 王远新:《中国民族语言学:理论与实践》,民族出版社2002年版,第93页。

表 3-40　　　移民对最有权威有身份话语的评价（N=277）

选项	性别 男 人数（人）	男 比率（%）	女 人数（人）	女 比率（%）	合计（人）人数（人）	比率（%）
普通话	96	62	85	70	181	65
银川话	5	3	4	3	9	3
泾源话	54	35	33	27	87	32
合计	155	100	122	100	277	100

与红寺堡移民区中学生的语言态度调查比较，我们发现两个移民区的移民，语言态度理性方面的评价不管是对于有用性还是权威性的评价，都是对"普通话"评价最高，对"迁入地方言"的评价最低，这是相同的。

表 3-41、表 3-42 显示的是兴泾镇移民对语言的情感评价，移民对语言的情感评价较为复杂。由表 3-41 可见，兴泾镇移民总体认为"最亲切友善"的话语是"泾源话"，比率高达 84%；其次是"普通话"，比率是 16%；迁入地"银川话"的比率是 0。由表 3-42 显示，兴泾镇移民总体认为"最好听优美"的话语是"普通话"，比率达 65%；其次是"泾源话"，比率是 35%；迁入地"银川话"的比率是 0。从下面的表 3-43 可看出，总体上移民平时更愿意听到周围讲的话语首先是"泾源话"，比率是 55%；其次"普通话"，比率是 27%；持无所谓的态度选择"什么都

表 3-41　　　移民对最亲切友善话语的评价（N=277）

选项	性别 男 人数（人）	男 比率（%）	女 人数（人）	女 比率（%）	合计（人）人数（人）	比率（%）
普通话	26	17	18	15	44	16
银川话	0	0	0	0	0	0
泾源话	129	83	104	85	233	84
合计	155	100	122	100	277	100

行"的比率是16%；选择"银川话"的比率是2%。也就是移民平时更愿意听到"亲切友善"的"泾源话"的比率高于"优美好听"的"普通话"。

表3-42　　移民对最好听优美话语的评价（N=277）

选项	性别 男 人数（人）	比率（%）	女 人数（人）	比率（%）	合计（人）人数（人）	比率（%）
普通话	96	62	84	69	180	65
银川话	0	0	0	0	0	0
泾源话	59	38	38	31	97	35
合计	155	100	122	100	277	100

表3-43　　移民平常更愿意听到周围人讲的话语的评价（N=277）

选项	性别 男 人数（人）	比率（%）	女 人数（人）	比率（%）	合计（人）人数（人）	比率（%）
普通话	44	28	31	25	75	27
银川话	2	1	3	2	5	2
泾源话	86	56	66	55	152	55
什么都行	23	15	22	18	45	16
合计	155	100	122	100	277	100

兴泾镇回族移民的语言态度在语言习得方面的表现如何，我们进行了调查，我们主要调查了移民对于"普通话"和"银川话"的学习意愿。

表3-44显示，兴泾镇移民对学习"普通话"的愿望是认为"一定要学好"的比率是61%；认为"不用学，会泾源话就行"的比率只有8%；有31%的移民认为"学会一点就行"。也就是说移民中大多数人对学好普通话有强烈的愿望，这与移民对普通话"有用性"和"权威身份性"的评价一致。

表3-44　　　　　学习普通话意愿的情况（N=277）

选项	性别 男 人数（人）	比率（%）	性别 女 人数（人）	比率（%）	合计（人）人数（人）	比率（%）
一定要学好	94	61	74	61	168	61
学会一点就行	48	31	38	31	86	31
不用学，会泾源话就行	13	8	10	8	23	8
合计	155	100	122	100	277	100

表3-45显示，兴泾镇回族移民对学习迁入地方言"银川话"的愿望是认为"一定要学好"的比率仅有14%；认为"没有用，会普通话就行"的比率是35%；有51%的移民认为"学会一点就行"。由此可见，兴泾镇回族移民对迁入地"银川话"的学习愿望比较低，这个调查结果与上面移民对"银川话"的评价态度是一致的。

表3-45　　　　　学习银川话意愿的情况（N=277）

选项	性别 男 人数（人）	比率（%）	性别 女 人数（人）	比率（%）	合计（人）人数（人）	比率（%）
一定要学好	22	14	17	14	39	14
会一点就行	77	50	63	52	140	51
不用学，会普通话就行	56	36	42	34	98	35
合计	155	100	122	100	277	100

七　兴泾镇移民对词语变项选用的调查

由于回汉民族生活习俗等方面的差异，宁夏的回族人民和汉族人民在汉语方言的使用中也存有一些差异，比较明显的特征是回族人民在方言词语的选用方面发生某些变异，表现为某一事物或者现象有多个不同的词语形式存在，也就是一个词语变项有多个变素存在，这些词语变素的产生及选用与民族习俗密切相关，诸如民族选择用语、民族专有词汇等，这些词语李生信认为有"别同"作用,称为"别同词语"①。兴泾镇回族移民对词语变项的选用情况,本章从使用者的年龄和性别方面进行相关调查。调查时先列出变项词语,询问被调查者"通常讲话是选用哪一个词语?"根据被调查者的回答,调查者填写调查问卷。

(一) 年龄因素对词语变项使用情况

对于调查的年龄只划分为四个年龄段,调查结果如表3-46和表3-47所示。

表3-46　　　　　　　年龄因素与词语变项使用情况

词语变项		年龄（岁）								合计（人）	
		15—29		30—44		45—59		60—69			
		人数（人）	比率（%）	人数（人）	比率（%）	人数（人）	比率（%）	人数（人）	比率（%）	人数（人）	比率（%）
1	油香	67	79	88	86	64	89	12	67	231	83
	油饼子	18	21	14	14	8	11	6	33	46	17
2	举意	77	91	99	97	69	96	18	100	263	95
	立意	2	2	2	2	1	1	0	0	5	2
	许愿	6	7	1	1	2	3	0	0	9	3
3	点香	82	96	99	97	70	97	18	100	269	97
	烧香	3	4	3	3	2	3	0	0	8	3
4	壮	29	34	41	40	30	42	4	22	104	38
	肥	56	66	61	60	42	58	14	78	173	62
5	宰鸡/羊	85	100	101	99	72	100	17	94	275	99
	杀鸡/羊	0	0	1	1	0	0	1	6	2	1
6	口到	34	40	64	63	49	68	10	56	157	57
	吃	51	60	38	37	23	32	8	44	120	43
7	着水	56	66	74	73	60	83	14	78	204	74
	洗浴	29	34	28	27	12	17	4	22	73	26
8	黑[xuɯ44]子	36	42	45	44	30	42	10	56	121	44
	猪	49	58	57	56	42	58	8	44	156	56

---

① 李生信:《回族话中的别同现象》,《修辞学习》2002年第6期。

表3-47　　　　　各年龄段借词与汉语词使用现状的对比

借词、汉语词	15—29岁 人数（人）	15—29岁 比率（%）	30—44岁 人数（人）	30—44岁 比率（%）	45—59岁 人数（人）	45—59岁 比率（%）	60—69岁 人数（人）	60—69岁 比率（%）
乜贴	80	94	100	98	71	99	17	94
色俩目	68	80	94	92	70	97	18	100
鼠迷	37	44	57	56	46	64	13	72
无把怜	36	42	63	62	51	71	13	72
平均人数与比率	55	65	78	77	60	83	15	85
施舍	5	6	2	2	1	1	1	6
你好	17	20	8	8	2	3	0	0
丑/难看	48	56	45	44	26	36	5	28
可怜	49	58	39	38	21	29	5	28
平均人数与比率	30	35	24	23	12	17	3	15

如表3-46显示，回族移民在词语变项的使用上有明显的特征，显示出回族移民内部一致的规律，就是较多使用有别于汉族方言的词语，而且这种特征基本随着年龄的增大而越发明显，通过表3-46与柱状图3-16对比可以更清晰地观察这一特征。

如图3-16所示，对于调查的词语变素，各年龄段调查对象选用是总体特征基本一致，"油香""举意""点香""宰鸡或羊""着水"等词语的使用率（74%—99%）远远大于相对应的词语变项的使用率（1%—26%），但是"壮""黑子"的使用率却低于相对应同义的词语"肥""猪"的使用率，对此现象我们后续还要研究。

图3-17表明，对于词语变项的使用，男性与女性总体趋势相同，大多数词语的使用比率都大于其同义词的使用率，且差异不大（"壮""黑子"除外）。

综上，调查结果表明，不同年龄段的人，在使用"别同词语"方面并没有明显的差别，这一点与我们预想的一致，"别同词语"的使用随着年龄的增加，使用频率越高；男性高于女性的观点有很大差别。可见，在"别同词语"的使用方面，兴泾镇回族移民不论老少，不论男女，对"别同词语"使用有较大的一致性和趋同性，也许这正是民族趋同心理所产生

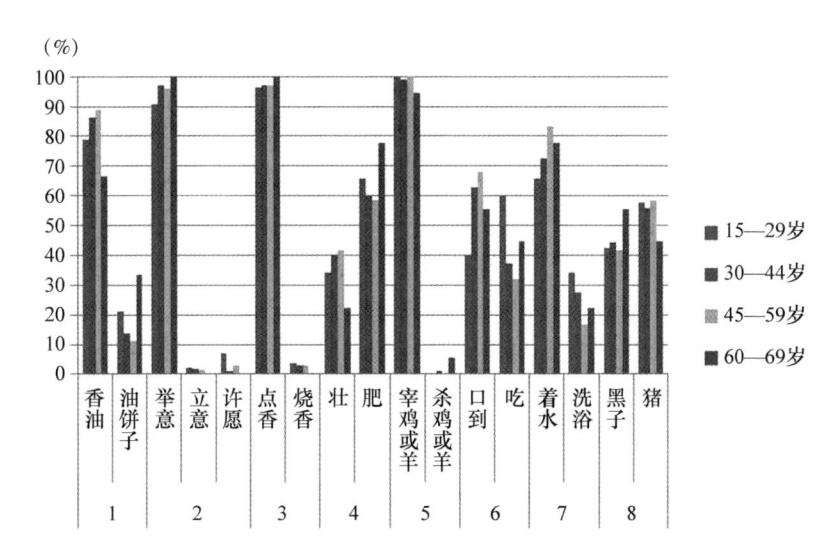

图 3-16　各年龄段词语变项使用的对比

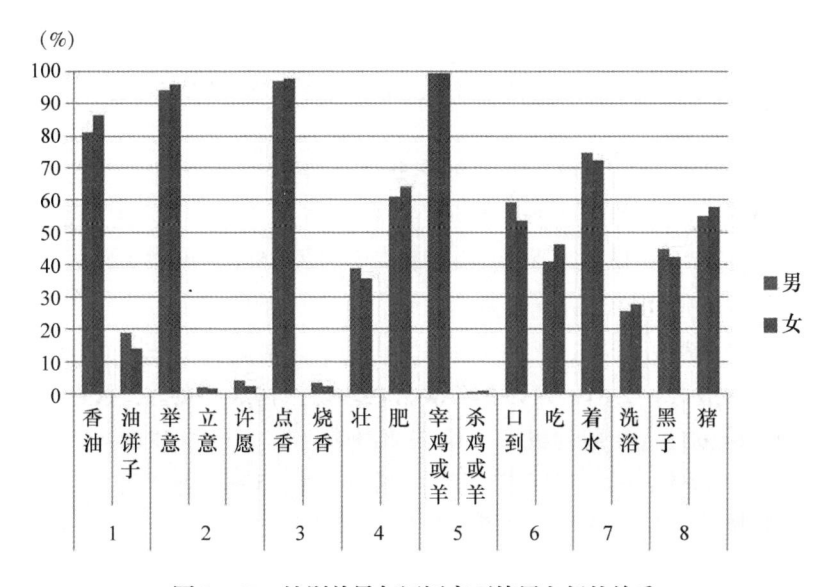

图 3-17　性别差异与词语变项使用之间的关系

的结果。

（二）借词使用的调查

本次调查中，选用了回族口语中常用几个外来借词进行调查，有"乜贴""色俩目""鼠迷""无把怜",与之相对应的汉语方言表达为"施舍""你好""丑、难看""可怜",对其使用情况的调查结果如图 3−18 所示。据图 3−18 显示:回族移民对外来借词的使用率远高于汉语词的使用率,其中"乜贴""色俩目"的使用均超过了 90%。

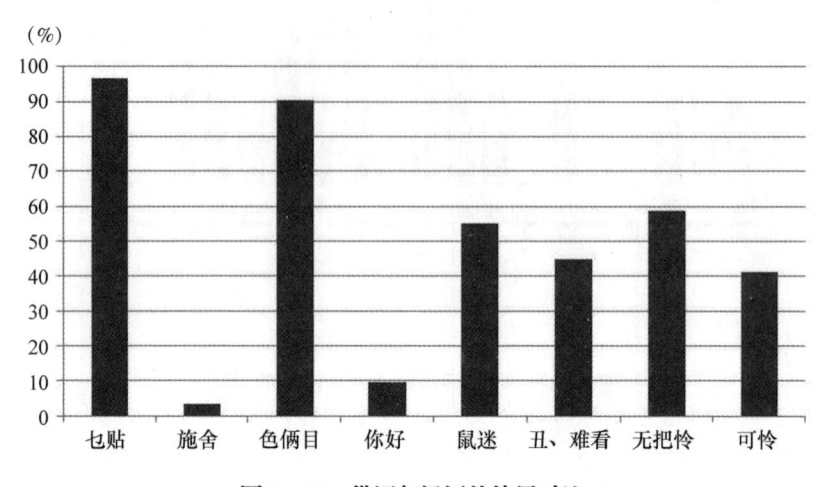

图 3−18　借词与汉语的使用对比

表 3−47 显示,①60—69 岁的老年人使用借词的概率平均在 85% 左右;45—59 岁的人使用的概率平均在 83% 左右,30—44 岁的居民使用的概率均值为 77%;15—29 岁使用的概率均值为 65%。可以看出,借词在不同年龄段的使用情况有着明显的区别,随着年龄的降低,借词的使用率呈现出下降的趋势,其中老年人使用借词的概率最高,15—29 岁的年轻人的使用概率最低。②15—29 岁的年轻人使用汉语词语的概率平均在 35% 左右;30—44 岁的人使用的概率平均在 23% 左右,45—59 岁的居民使用的概率均值为 17%;60—69 岁使用的概率均值为 15%。可以看出,汉语在不同年龄段的使用情况也有着明显的区别,随着年龄的增加,汉语词语的使用率呈现出下降的趋势,其中年轻人使用汉语词语的概率最高,老年人的使用概率最低。

表 3−48 显示,在使用借词与汉语词时,男性与女性总体趋势相同,且借词的使用率均高于汉语词的使用率。

表3-48　　　　性别差异与借词、汉语词使用的关系

借词	男 人数（人）	男 比率（%）	女 人数（人）	女 比率（%）	总计 人数（人）	总计 比率（%）
乜贴	150	97	118	96	268	97
色俩目	140	91	110	89	250	90
鼠迷	81	53	72	59	153	55
无把怜	93	60	70	57	163	59
平均人数与比率	116	75	93	75	208	75
施舍	4	3	5	4	9	3
你好	14	9	13	11	27	10
丑/难看	73	47	51	41	124	45
可怜	61	40	53	43	114	41
平均人数与比率	38	25	30	25	69	25

八　结语

通过调查及定量分析认为，兴泾镇移民的语言选用和语言态度显现出鲜明的态度和规律，归结如下。

第一，兴泾镇移民语言选用是多语特质下"内外有别"。本节通过不同交际空间及相关度的调查表明，由于人口迁移，使许多兴泾镇的移民已经成为双言（或多言）人，许多人移居到兴泾镇后可以运用普通话、泾源话（来源地方言），银川话（迁入地方言），并能在不同的交际空间、面对不同的交际对象进行语码转换。调查显示，能使用普通话、泾源话（来源地方言）、银川话（迁入地方言）三种话的人数总量很少，能使用普通话、泾源话（来源地方言）两种话的人数总量较多，而且移民在普通话、泾源话（来源地方言）这两种话语的选用上表现出"内外有别"的特征。主要表现为家庭内部、邻里交谈、镇上陌生人、镇外银川街头和机关四种情形交际空间的用语区别。从交际空间的构成上看，较为私密、封闭的交际空间，如交际对象是家人、邻居，在镇上的餐馆或集贸市场之类的交际空间，普通话使用比率降低，泾源方言使用比率提高。相反在陌生的、开放的交际空间，比如银川市街头问路、机关办事等交际空间，普通话使用比

率提高，泾源话使用比率降低。从属性上看，兴泾镇移民，越是血缘、地缘靠近，使用泾源话（来源地方言）的比率越高，血缘、地缘越远，使用普通话的比率越高。

  第二，兴泾镇移民普通话情况调查的总体特征表现为，移民学习普通话的首要目的是出于实际的"工作要求"。对于移民来说，语言能力已经成为获得工作的必备条件，这是移民后语言变化的主要外部条件。移民的普通话程度大体与年龄成反比，与文化程度成正比，男性略高于女性。移民学习普通话的途径主要是"社会交往"。调查显示，虽然移民的性别、年龄、文化程度、居住时间因素不同表现出学习普通话的途径有些差异，但除了文化程度是"大专或以上"的调查对象学习普通话的主要途径是"学校学习"以外，移民学习普通话的首选方式是"社会交往"。就兴泾镇移民来说，学校教育在普通话的普及和推广方面显得比较薄弱。由于兴泾镇移民普通话获得的主要途径是"社会交往"，加之移民的社会交往大多处于兴泾镇这个以泾源方言为主要话语的交际空间，所以也就比较容易解释兴泾镇移民的普通话程度调查中"能听懂，能说一些"的比率最高而不是"能准确流利地说"最高，也能解释兴泾镇移民学习普通话遇到的主要问题有两个，首先是"受来源地方言影响"，其次是外界的客观因素"周围人都不说"。

  第三，兴泾镇移民语言态度调查的总体特征表现为，对语言的理性评价一致，包括在语言的"有用性"的实用价值和"权威身份"的社会地位评价方面看法是一致的，即"普通话"最高，其次是"泾源话"，最后是移入地方言"银川话"。感情方面的评价稍复杂，移民认为"最亲切友善"的话语首先是"泾源话"，其次是"普通话"，最后是迁入地"银川话"。移民认为"最好听优美"的话语首先是"普通话"，其次是"泾源话"，最后是迁入地"银川话"。平常更愿意听到的语言首选"来源地方言"，其次才是"普通话"。也由此评价人们对普通话的学习意愿是最强烈的，对银川话的学习意愿很低。

  兴泾镇移民的语言态度正如王远新的表述"一般而言，一种语言变体的社会文化功能越强，人们对这种语言变体的评价就会越高；人们对一种语言变体的需要越迫切，对这种语言变体的兴趣就会越浓厚；需要越迫切、兴趣越浓厚，对这种语言变体付诸行动的倾向性就越明显，学习和掌握这种语言变体的速度就会越快,久而久之,感情就会随之加深。"①

第四,兴泾镇回族移民在日常口语交际中对借词的使用与年龄、性别因素有一定关系,总体使用比例较高,有典型的回族移民区的语言特征。

我们看到,兴泾镇移民语言使用已经发生变化,使用普通话的趋势非常明显,运用语言的目的性增强,范围固定,泾源话更多地运用于家人、邻居间的交流,普通话更多地运用于镇外交际空间。人们对普通话和泾源话的认同感强,使用普遍,对迁入地语言银川话的认同感很低,使用极少。在这样的语言使用和语言态度的状况下,该移民区的语言结构的变化受迁入地银川方言的影响将会很小,受普通话的影响会比较明显。而且在以后较长时期内移民社区内部人们语言使用将还以来源地的泾源方言为主。

第五节　宁夏移民社区语言状况的比较

语言学理论认为,语言与社会的互动是十分密切的。语言的演变不仅是地域变迁造成的,更是社会各个方面接触影响的结果。宁夏移民由于迁移,生活的环境由原来的宁夏南部山区转变为宁夏的川区,通过调查已经看到,移民的语言发生了一些变化,而且由于各自移民社区移民的来源成分不同,移民语言的变化表现也有所不同。有的移民社区是由说单一家乡方言成员组成的,有的移民社区是由说多种家乡方言成员组成。我们选择单一家乡方言成员组成的兴泾镇移民社区和多种家乡方言成员组成的移民社区闽宁镇为代表,比较两种移民社区语言变化的情况,并分析原因。

一　移民来源地的语言归属

兴泾镇是典型的移民村镇,移民成分单一,都是来自泾源县,是一个典型的集中安置来源单一的回族移民社区。移民来源地的语言是泾源话。泾源方言属于北方方言区的中原官话固原方言区,其内部分为南乡话和北乡话,南乡话是泾源县的代表方言,全县人口的85.1%都使用南乡话。关于泾源方言的语音特点以及兴泾镇的简况在上一节已经介绍了,这里不再

---

① 王远新:《中国民族语言学:理论与实践》,民族出版社2002年版,第93页。

赘述。

闽宁镇是一个回族占主要比率的移民社区。喜清娉2012年调查显示闽宁镇移民点辖5个行政村，70个村民小组，常住人口5514户25073人，其中回族人口占总人口的83%。闽宁镇移民按照民族成分划分，回族人数为20800人，占总人数的83%；汉族人数为4200人，占总人数的16.7%；其他少数民族人数为73人，约占总人口的0.3%。闽宁镇移民的来源相对复杂一些。闽宁镇移民来源情况见表3-49。①

表3-49　　　　　　闽宁镇移民来源统计

迁入前所在地名称	户数（户）	人数（人）	比率（%）
西吉县	1943	7773	31
海原县	1191	4764	19
彭阳县	627	2758	11
隆德县	393	2257	9
泾源县	214	1254	5
固原市	615	3259	13
同心县	527	2507	10
四川省	4	479	1.91
上海市		22	0.09

由于闽宁镇移民来源相对复杂，闽宁镇移民移入前的语音归属情况比兴泾镇相对复杂一些，方言学者张安生认为宁夏方言按照地域分布可以分为川区话和山区话，结合方言特征可以分为兰银官话和中原官话两大方言片区，其中银川、吴忠、贺兰、灵武、平罗、青铜峡、石嘴山、陶乐、同心、盐池、中宁、永宁、中卫属于兰银官话，固原、彭阳、泾源、海原、西吉、隆德属于中原官话。闽宁镇回族吊庄移民主要来自固原市、彭阳县、海原县、泾源县、西吉县等地，移民在迁入前主要使用的汉语方言是中原官话固原方言区，虽然各市县间的方言存在差别，但总体都属于固原方言区，只有占移民总数10%的移民来自同心县，同心县境内方言分三

---

① 喜清娉：《宁夏闽宁镇回族吊庄移民语言生活调查研究》，硕士学位论文，中央民族大学，2012年。

片，北片使用的汉语方言主要属于兰银官话，南片、下马关片属于中原官话。宁夏方言分布见表3-50。①

表3-50　　　　　　　　　　宁夏方言分布

所属官话	内部分区	内部分片	分布地区
兰银官话	银川方言区	吴石片	吴忠市、青铜峡市、灵武市、同心县 石嘴山市、惠农县、平罗县、陶乐县
		中卫片	中卫市、中宁县
		盐池片	盐池片
中原官话	固原方言区	固海片	固原市、彭阳县、海原县
		泾源片	泾源县
		西隆片	西吉县、隆德县

结合移民来源和宁夏的方言分区来看，兴泾镇移民社区和闽宁镇移民社区移民移入前的语言尽管内部归属都属于西北方言中原官话固原方言区，除去来自同心县的移民。兴泾镇移民来源单一，移民移入前的语言属于固原方言区的泾源片。闽宁镇移民来源比兴泾镇相对复杂，几乎涉及了宁夏南部山区的各县，移民移入前的语言归属相对复杂一些，但由于移民移入前的方言都属于中原官话固原方言区，所以人们之间的交流不存在问题。对于固原方言区固海片、泾源片、西隆片各个方言片的方言特点在各地的县志和一些相关的方言研究中已经有清晰的论述，这里不再赘述。

二　移民迁移后的语言情况

（一）移民社区内部的语言变化

通过考察我们发现兴泾镇和闽宁镇两个移民社区语言变化有相同之处，也有不同情况。

语言使用方面有共同之处，一是两个社区的移民都已经成为双言（或多言）人，二是移民能够根据不同的交际空间和交际对象转换语码。

兴泾镇许多人移居到兴泾镇后可以运用普通话、泾源话（来源地方

---

① 表格内方言分布地区的市县名称采用的是2012年时的建置名称。

言),银川话(迁入地方言),并能在不同的交际空间、面对不同的交际对象进行语码转换,主要能使用普通话、泾源话(来源地方言)两种话语的转换使用。交际对象是家人、邻居、镇上的餐馆或集贸市场的交际空间,普通话使用比率降低,泾源方言使用比率提高。银川市街头问路、机关办事的交际空间,普通话使用比率提高,泾源话使用比率降低。泾华村的 SZL 说:"镇上有些小学生开始说普通话了,土话不说了,慢慢演变,下一代就变了。"马伟华采访了兴泾镇十里铺村村民 YMX,他的回答是:"有些到城里打工的小青年开始说银川话了,说银川话的人多得很,有时候你到城里去,如果不看长相,光听口音,还真认不出来。不过,他们虽说银川话,但往往最后一句结尾几个词的发音,我还是能够听出来的。"①

喜清娉对闽宁镇的调查结果是,移民能在不同场合使用不同的话进行交际,在家里以及家乡人之间基本上使用迁入前方言——固原方言,在与迁入地居民交流的时候绝大部分使用"普通话+银川方言+固原方言"的混合模式,学生、大部分有过外出务工经历的青年使用银川方言,但他们与来自宁夏以外的人交流时绝大部分使用普通话,只有少数年龄大而文化程度低的移民不管在什么场合下、面对任何交际对象均使用他们的原居住地方言。②

语言使用方面的不同之处是兴泾镇移民主要是普通话、泾源话(来源地方言)两种语码的转换使用,对于迁入地方言银川话的使用比较少。闽宁镇绝大部分使用"普通话+银川方言+固原方言"的混合模式,学生、大部分有过外出务工经历的青年使用银川方言。

语言态度的调查表明,兴泾镇和闽宁镇社区移民的语言态度趋同,移民对普通话的评价高于家乡方言和迁入地银川话。从本章上一节调查看到,兴泾镇回族移民在语言的"有用性"的实用价值和"权威身份"的社会地位评价,普通话的比率高达 54% 和 65%,移入地方言银川话的比率只有 2% 和 3%。普通话"好听优美"的比率达到 65%。对银川话"好听优

---

① 马伟华:《移民与文化变迁:宁夏吊庄移民语言变迁的调查研究》,《内蒙古大学艺术学院学报》2009 年第 4 期。

② 喜清娉:《宁夏闽宁镇回族吊庄移民语言生活调查研究》,硕士学位论文,中央民族大学,2012 年。

美"的评价为0。喜清娉的调查①显示闽宁镇有33%的人认为普通话"好听,喜欢",50%的人认为普通话"对交际有用",也就是对普通话评价好的占到了83%。51%的人认为自身口音是"土气,想改变",29%的人认为自身的口音是"土气,但有感情",57%的人认为银川方言"难听,不喜欢"。

由于语言态度倾向于普通话,人们学习使用普通话的意愿比较强,兴泾镇和闽宁镇两个移民语言社区的语言变迁趋势较多地接受普通话的影响。现在已经明显地表现在某些词语的变化上。比如,"香皂"已经取代了"胰子","肥皂"取代了"洋碱","太阳"取代了"日头"。

语音方面的变化在两个移民社区略有不同。兴泾镇由于单一的移民来源以及单一方言的使用,使得社区内部成员之间的语言影响不是很大,较多地表现为受到普通话影响,少许受到移入地银川方言的影响。我们整理访谈录音资料,发现移民语言语音的变化主要体现在受普通话影响的变化,见表3-51。

表3-51　　　　　　　　兴泾镇移民语音变化例表

例字	变化前读音	变化程序	变化后读音	组词
安	[ŋã^{21}]	[ŋ][ã] — [an] 21—55　受普通话影响→	[an^{55}]	西安
下	[xa^{53}]	[x] — [ɕ][a] — [ia] 53—51　受普通话影响→	[ɕia^{51}]	下巴

像这样语音变化向普通话靠拢的现象,在移民的话语中比较多见。我们与镇政府的一名工作人员谈话,这名工作人员是1995年迁移到兴泾镇的,访谈时,他说的是泾源话,我们整理录音资料,发现他的泾源话中有些词的发音已经变了,明显的是泾源话里分尖团音的有些词已经不区分尖团音了,这是受普通话影响,因为普通话不分尖团音。

闽宁镇社区语言变化的情况表现在两方面,一方面受到移入地银川方言的影响以及普通话的影响;另一方面是内部成员之间不同方言片区的相

---

① 喜清娉:《宁夏闽宁镇回族吊庄移民语言生活调查研究》,硕士学位论文,中央民族大学,2012年。

闽宁镇回族移民语音的变化可能是受到单一方言的影响，也可能是受到多方言的影响。

（1）单方言影响下的变化，见表3-52。

表3-52　　　单方言影响下闽宁镇移民语音变化例表

例字	变化前读音	变化程序	变化后读音
我	[ŋə]	－[ŋ]　＋[v] 受银川方言影响	[və]

这是一种最简单的变化轨迹，是单一方言（银川方言）对其产生了影响。

（2）多方言影响下的变化，见表3-53。

表3-53　　　多方言影响下闽宁镇移民语音变化例表

例字	变化前读音	变化程序	变化后读音
袄	[ŋɔ]	－[ŋ]　＋[n]	同心话 [nɔ] 银川方言 [ɔ]

这是固原方言词语音[ŋɔ]在向银川方言[ɔ]变化的过程中受到了同心话[nɔ]干扰的结果。

语言是概念的指称，人类认识外部世界是永无止境的。心灵有了感悟，便需要新的语词来表达新的概念。无限的语义不断要冲破已有的语音、语法结构限制，这决定了语音、词汇和语法的变异。只要是存活在社会交际生活中的方言，就必然要经常发生各种变异。

在方言的演变之中，变异是部分人的创新，整合是社会的认同。变异是个体的变化，整合是结构的调整。总之，变异是量变的积累，整合是质变的飞跃。任何方言都是在这种变异和整合的不断交替中向前发展的。

方言演变的因素和它所处的社会生活的几个方面的状况有关，这是制约方言演变的外部因素。宁夏移民方言的变化也遵循上述规律。

（二）移民语言不变的成分

尽管兴泾镇和闽宁镇居民的语言发生了一些变异，但我们发现两个社区移民的语言有不变成分,这些不变的成分中最有特色的就是回族特有的词汇。马林诺夫斯基认为:"语言是文化体系的一部分,但它并不是一个工具的体系,而是一套发音的风俗及精神文化的一部分。"①

由于回族的宗教信仰和风俗习惯与汉族不同,在口语交际中忌讳使用某些汉语词。比如,回族屠宰牲畜或家禽要经过一定的宗教仪式,因而在屠宰牛、羊、鸡、鸭时,禁说"杀"字,只能说"宰牛""宰羊""宰鸡""宰鸭"。对"猪"字更是忌讳使用,如在谈话中提到"猪"则以"黑牲口"等词代之。对"猪肉"则改称"大肉"。

我国回族在丧葬习俗方面,使用着一整套与汉族截然不同的专门用语。这些专用术语,实际上也是为了代替忌用的某些汉语词的。比如,回族人逝世忌说"死",而称"冒提""无常""归真""完了""口唤了"等;回族人饮食禁忌的词语也有,比如回族只用"壮"表示带脂肪的牛羊肉及一切可食的肉,十分忌讳用"肥"表示。和回族禁食猪肉一样,回族语言中禁忌用"肥"表示牛羊肉,出于宗教的、伦理的、心理的、卫生的等各方面的因素。

宗教生活和民族内部的交际中经常使用一些借词。比如"安拉""古尔邦""胡达"等,这种特点的形成因素在回族聚居区表现得更为突出。这是因为在民族聚居地区这样一个特定的相对独立、相对封闭的经济、文化环境中,一种语言特征才可能被强化、被突出。

移民语言中有稳定不变成分的原因,我们认为在于其宗教信仰的影响。移民语言的这种不变中的变,正好体现了回族文化"融而不化,合而不变"的民族特点。

三 移民语言变迁的原因

(一)移民间的社会接触及移民社会生存的需求

移民之间,移民与移居地周边居民的社会接触,语言相互影响,在兴泾镇和闽宁镇主要表现为移民原先的方言是一种弱势方言,人们自认为不好,主动放弃,主动学习强势语言——普通话和银川方言。

移民进城打工已成为村民增加收入来源的最主要方式,打工在当地极为普遍。他们在城里打工,大多数人都在从事较为繁重的体力劳动,如当建筑工人、搬运工人,这些工作对于口音的要求不算太高,但如果要从事其他工

---

① [英]马林诺夫斯基:《文化论》,费孝通等译,中国民间文艺出版社1987年版,第7页。

作,尤其是一些服务性行业,如餐饮服务员、打字员等,一般都要求说普通话,当然说银川话也可以。移民也在工作中学习普通话或者银川本地方言。

(二) 个体语言变异的原因在于身份的认同

语言的个人变体表明了一种语言态度及身份认同。一种方言的具体使用者,就其语言归属和身份认同的心理而言也不尽相同。"不同身份的人,在不同交际目的的驱使下,表达各自的诉求与意向。就此而言,交际不仅是语言交流,更是身份碰撞。"[①] 有学者认为,"话语是系统组织起来的陈述方式,用来表达一个体制的意义和价值观等。在谈话时,人们往往将他们所说的话语和他们的社会、文化、关系等身份联系起来,身份制约着言语,言语又直接影响着身份的认同"[②]。宁夏各方言小片尽管不存在完全听不懂的情况,但是在语音方面的差异还是非常明显的。在兴泾镇、闽宁镇移民社区,不管迁入前生活状况、社会地位如何,经过政府扶持和自身的努力奋斗,移民在穿戴服饰上已经辨不出身份高低,只有通过语音才能辨出来自何处,同时有些人认为自己原来的方言太土太难听,与自己现在的身份不符,极力想"语言脱贫";或者因为某事件而给迁入地居民的整体印象不佳。口音是移民与迁入地居民在日常生活中发生关系的首要工具。口音成了移民身份的一种重要标志,在一定程度上也成了他们遭受偏见与歧视的重要因素。因此,有些人为了与所从属的方言区划清界限,而学习改用普通话或银川方言跟人交流;还有大多数人纯属个人喜欢普通话的音调而刻意去学习。

(三) 宁夏吊庄移民的批量集中移民方式使然

语言具有象征价值,每一种语言都有其对应的语言市场。每个移民在不同的语言市场中的参与程度不同,这在很大程度上决定了他们的语言选择。宁夏吊庄移民的移民方式是批量集中移民,移民的社会关系网络相对封闭,仅仅在这个移民社区的内部就能够把自己在迁入地生活安排得差不多了,因此也就失去了与当地社会进一步融合的动力。这种集中安置的吊庄移民,不同于零散少量的移民,为了在迁入地站稳脚跟,不得不与当地人打交道,并在与当地人的交往当中建立起自己的关系网络,努力融入迁

[①] 方宁、陆小鹿:《跨文化交际视域中的语言运用和身份认同——基于文化差异的分析》,《外国语文》2012 年第 2 期。

[②] 武小军、杨邵林:《返乡流动人口的语言选择与变化——基于交际空间的量化分析》,《语言文字应用》2014 年第 1 期。

入地的社会生活，在与当地人的交往融入的过程中，必然要学习迁入地的方言。[①] 吊庄移民与当地人的关系疏远，这种倾向也清晰地反映在他们的语言选择行为中，学习当地方言的动力减弱，保持原有家乡方言的动力增强，转用国家通用语言的人越来越多。

一般来说，空间隔离对移民母语保留很有影响，移民迁入到新地方会引起母语的转用。当前在移民社区，在母语（家乡方言）转用的同时也出现了母语保留的现象。

在公共场合移民转用普通话，家庭内部保留母语，对迁入地的方言是排斥的态度。他们不但不愿学习迁入地的方言，甚至在生活方式和价值观念方面，也更愿意固守自己传统的东西。

四　结语

移民迁移流动是语言融合、发展、变化的一个重要动力。通过比较两个典型的回族移民社区发现，因为人口的迁移流动，很多移民成为双言（多言）人，并能够根据交际对象进行语码转换，语言能力和语言意识提高；语言选用的目的性增强，范围固定。语言分工明确，又有交叉渗透。与家人和邻居等同乡交流普遍使用原来的家乡方言，对于陌生人或者在移民社区之外较多地使用普通话，偶尔也使用银川话。因人口迁移，使得普通话与方言的融合更加紧密。移民对普通话有强烈的认同感。移民社区普通话与方言呈现出"共存共勉"的状况，而且移民方言向国家通用语言——普通话靠拢。移民方言在与普通话、迁入地方言的接触中语音、词汇的某些成分已经发生变异。促使移民语言发生变异的原因有外部社会原因，也有移民个体的心理原因。

第六节　移民村镇语言景观调查研究

一是语言景观及相关研究。

近年来语言景观成为社会语言学研究热点，受到众多学者关注并取得

[①] 刘玉照：《"移民化"及其反动——在上海的农民工与台商"反移民化"倾向的比较分析》，《探索与争鸣》2005 年第 7 期。

丰硕成果。兰德瑞（Landry）和布尔希斯（Bourhis）最先使用"语言景观"的概念："公共路牌、广告牌、街名、地名、商铺招牌以及政府楼宇的公共标牌之上的语言，共同组成某个属地、地区或城市群的语言景观。"① 国外主要以语言在社会空间的象征性建构、意识形态、语言政策、身份认同、社会分层等为主要内容展开研究。形成众多成熟的语言景观研究理论，如斯科隆（Scollon）场所符号学理论，本·拉斐尔（Ben-Rafael）公共空间象征性建构，特兰佩-赫奈特（Trumper-Hecht）语言景观三维分析模型等。

国内相关研究最早可追溯到 20 世纪八九十年代和 21 世纪初的标牌语言研究和公示语研究，尚国文、赵守辉、李丽生对语言景观的缘起和发展、相关概念、研究主题和意义以及理论构建进行了系统的介绍。② 自此开始，我国语言景观研究受到学界关注，从 2015 年至 2021 年以"语言景观"为主题的文献发表量急剧增多。从研究对象看，主要有三个方面，一是针对大都市语言景观的研究。这类语言景观的实证性研究是近年来的热点。张媛媛等研究了澳门回归祖国 14 年后城市公共空间中语言文字的使用状况。③ 苏杰探讨了上海城市语言生态系统中的私人标牌所体现出的语言权势与该城市生态系统中的文化权势的关系。④ 徐茗对北京市地铁 2 号线沿线和 16 个区的代表性街区的语言景观从构建原则、语言政策、全球化、英语的国际化等方面进行了探讨。⑤ 二是开展了民族语言相关的语言景观研究。徐红罡、任燕对丽江东巴文语言景观进行了定性研究。⑥ 李丽生、夏娜展示了丽江两条街道语言景观概况，明确了中文在少数民族地区语言景观中的主导地位。⑦ 聂鹏、木乃热哈在对西昌市老城区和商业区彝文使

---

① 尚国文、赵守辉：《语言景观研究的视角、理论与方法》，《外语教学与研究》2014 年第 2 期。

② 李丽生：《国外语言景观研究评述及其启示》，《北京第二外国语学院学报》2015 年第 4 期。

③ 张媛媛、张斌华：《语言景观中的澳门多语状况》，《语言文字应用》2016 年第 1 期。

④ 苏杰：《上海私人标牌中的语言权势与文化权势》，《语言战略研究》2017 年第 2 期。

⑤ 徐茗：《北京市语言景观调查研究》，《对外汉语研究》2018 年第 2 期。

⑥ 徐红罡、任燕：《旅游对纳西东巴文语言景观的影响》，《旅游学刊》2015 年第 1 期。

⑦ 李丽生、夏娜：《少数民族地区城市语言景观中的语言使用状况——以丽江市古城区为例》，《语言战略研究》2017 年第 2 期。

用状况进行了调查。① 三是对语言景观的功能及语言政策的研究。随着研究的不断深入，语言景观不仅仅被认为是一种语言现象，而且是一个城市、地区文化的表征，推进语言景观建设也逐渐成为树立城市形象、助力生态文明的重要手段。李宇明提出语言景观在丰富城市文化生活、打造城市文化名片、塑造城市文化风韵、陶冶城市文化精神方面起着关键作用。② 尤其是近年来，语言景观研究服务国家战略，有服务"一带一路"倡议的语言景观研究，如桂君萍、熊宜春、索朗旺姆、强巴央金、毛红等，有服务"生态文明建设"的语言景观研究，如王君仪、李现乐、刘逸凡、张沥文等。

纵观以上研究成果，可以看出国内语言景观研究呈现出多样化发展趋势，并逐渐由外国理论的套用过渡到为本土语言政策和城市规划服务。但从研究深度来看，国内研究多从语码取向、语言翻译等角度入手，鲜有触及语言景观背后体现的语言地位与权势问题，深度略显不足。从研究范围来看，绝大多数研究成果是立足于大都市和著名旅游城市。我国当前强调"三农问题""乡村振兴战略"的时代背景下，立足于新农村语言景观的调查研究应该得到重视，成果亟待丰富。

二是问题的提出。

2017年10月，党的十九大报告提出"乡村振兴战略规划"，次年1月发布《中共中央、国务院关于实施乡村振兴战略的意见》，2021年2月发布《中共中央、国务院关于全面推进乡村振兴加快农业农村现代化的意见》。农业、农村、农民"三农问题"是国家关注的重点问题，打造产业兴旺、生态宜居、乡风文明、治理有效、生活富裕的新型乡村是乡村振兴战略的新时代内涵和总体要求。为我国乡村的发展振兴提供了巨大契机，乡村振兴问题也成为社会和学界关注的焦点。乡村文化振兴是乡村振兴的主要内容之一，乡村语言景观是乡村公共空间的话语形式，是乡村语言生态的重要组成部分，也是乡村文化的表现和反映形式。学界对新农村文化建设问题有诸多阐述，但较少探究新农村语言文化建设问题，从乡村公共空间语言景观探讨乡村文化建设问题更是少见。语言景观是公共领域中可见的书写形式语言的应用，乡村地区的语言景观是当地社会语言生态的真

---

① 聂鹏、木乃热哈：《西昌市彝文语言景观调查研究》，《语言文字应用》2017年第1期。
② 李宇明：《城市语言规划问题》，《同济大学学报》（社会科学版）2021年第1期。

实写照，通过对其语言景观的分析可以了解该地区的公共空间语言生态的现状，从中可观察乡风文明建设、乡村社会文化等现象。① 反之，构建和谐规范的乡村语言景观，使之成为乡村文化振兴的强大推动力，更好地服务于乡村振兴战略。

实施生态移民工程是宁夏乡村振兴的主要实践路径之一，现已建成了典型的移民村镇——闽宁镇、兴泾镇等，移民聚居村镇经济大力发展，人居环境极大改善。但是作为乡村文化的窗口——乡村语言景观的现状如何？其中存在主要问题及其影响因素是什么？提出怎样的对策建议构建语言景观以促进民族地区乡村语言文化振兴？这是本节研究的主要问题。

一 研究对象与方法

闽宁镇作为宁夏生态移民工程和福建对口帮扶政策的联合成果，在国家乡村振兴战略的正确指导下迅速发展，成为全国特色小镇、全国重点乡镇、全国乡村旅游重点村，更于2021年2月被评为全国脱贫攻坚楷模。文章选取了闽宁镇新镇区中心商业街和老镇区主干道福宁路为调查地点，以两条街道道路两旁的所有语言景观，包括路标、指示牌、宣传栏、广告牌、商铺招牌等为研究对象。闽宁镇新镇区是新时代农村建设的产物，其中心商业街集红酒街、电商街、美食街为一体，展现了现代化新型旅游乡村风貌；福宁路是闽宁镇镇政府所在地，全长2.25公里，是该镇政治、商业、教育场所的集中地区，选择该路段为老镇区调查对象，其研究结果更具代表性。

本次调查笔者采用田野调查法，于2021年4月对银川市闽宁镇新镇区中心商业街和老镇区福宁路两侧可视范围内的所有语言景观进行拍照记录，共得到767个样本（中心商业街314个、福宁路453个），除去不符合标准的标牌19个，最终获得有效样本748个，内容不重复样本622个。

此次语言景观研究方法从计数入手，以各类标牌的数量和比例为重点，分析各种语言在公共空间中的分布结构。② 研究具体包括以下三个步骤。

---

① 杨丽萍、张沥文、李现乐：《乡村振兴背景下语言生态建设的思考》，《中国语言战略》2018年第1期。

② 邱莹：《上饶市语言景观调查研究》，《语言文字应用》2016年第3期。

（一）样本收集

依据国际语言景观研究通用的"个体法"收集样本，将每个具有明显边框的语言标识作为一个样本单位，同时遵循以下三个原则。

第一，只选取道路中视野范围内的语言标识，建筑内部的不计入采集范围。

第二，由于破损或污染导致的内容不完整、文字不清晰的标识不计入样本。

第三，十字路口转角处的语言标识只选取最靠近调查街道的第一个。

（二）样本编码

以语言景观设立主体的不同将有效语言景观样本分为自上而下的语言景观和自下而上的语言景观两类。自上而下的语言景观也称官方语言景观，是政府或官方机构以宣传国家政策、引导社会行为所设立的标牌，根据此次收集的样本来看，闽宁镇官方语言景观主要包括交通指示牌、公共宣传标牌、政府和事业单位楼宇标识三种；私人语言景观也称自下而上的语言景观，是私人或企业以传播商业信息为目的所设立的标牌，[1] 样本中私人语言景观主要有商铺招牌和商业服务宣传牌两类。根据标牌的设立主体、语码种类、语码搭配等方面，对每一个语言标识进行编码。

（三）统计分析

在定量的基础上对该镇语言标牌的语码种类、语码搭配、不同类型标牌的语码呈现等情况进行数据统计，对其语言景观现状做出定性分析。

二 闽宁镇语言景观表征分析

语言景观表征分析要从具体语言标牌的客观特征出发，[2] 标牌的客观特征主要体现在标牌的语码和字刻两方面。

（一）语言标牌的语码种类和语码搭配

文章将所得语言标牌样本分为单语标牌、双语标牌和多语标牌三类。数据表明，闽宁镇语言标牌中共存在三种语码，分别是中文、汉语拼音、

---

[1] 尚国文、赵守辉：《语言景观的分析维度与理论构建》，《外国语（上海外国语大学学报）》2014年第6期。

[2] 郭玉梅、杜敏：《新时代背景下双语地区语言景观实态研究——以甘肃天祝藏族自治县为例》，《青海师范大学学报》（哲学社会科学版）2019年第5期。

英文;语码搭配形式主要有中文、拼音、中文+拼音、英文、中文+英文、中文+拼音+英文六种,其中单语语言景观占比 80.87%,双语语言景观占比 17.68%,多语语言景观仅占比 1.45%。可见,该镇语言景观以单语为主体,标牌中的双语和多语建设有待提高。

(二) 不同类型标牌的语码呈现

1. 自上而下的官方语言标牌

如表 3-54 所示,闽宁镇自上而下的官方语言标牌有交通指示牌、公共宣传牌和政府、事业单位楼宇标识三类,共 282 例。交通指示牌中有中文、拼音、英语三种语码,其中中文和汉英组合是主要呈现形式;公共宣传牌中有中文和英文两种语码,中文单语比例高达 90.74%,英文语码只在中英组合形式中出现;政府、事业单位楼宇标识中有中文、拼音和英文三种语码,中文单语是主要呈现形式;在以上三类自上而下的官方语言标牌中,中文单语标牌有 235 例,占比 83.34%;中英组合标牌有 37 例,占比 13.12%;中文+拼音、中文+拼音+英文的标牌各有 5 例,各占比 1.78%;拼音和英文不单独出现,只与中文组合,且在 47 例双语和多语语言景观中,根据标牌中各类语码字体的大小、凸显程度、排列顺序等,发现中文也是作为优势语码出现在双语或多语标牌之中。因此,在该镇自上而下的语言景观中,中文使用频率最高,英文次之,拼音使用频率最低。

表 3-54　　　　　　不同类型标牌的语码呈现形式

语言标牌类型	语码搭配形式	单语 中文	单语 拼音	单语 英文	双语 中文+拼音	双语 中文+英文	多语 中文+拼音+英文	总计(例)
自上而下 282	交通指示牌	15	—	—	4	12	5	36
	公共宣传牌	196	—	—		20	—	216
	政府、事业单位楼宇标识	24	—	—	1	5		30
自下而上 340	商铺招牌	238	1	3	28	37	4	311
	商业服务宣传牌	25		1	—	3	—	29
	总计	498	1	4	33	77	9	622

闽宁镇自上而下的三类语言标牌中交通指示牌、事业单位楼宇标识主

要是对地理位置的标识，文字标示和表达形式相对具有稳定性，而公共宣传牌根据宣传内容采用相应的语言表达形式，文字标示形式相对具有变化和变动的特点，分析发现公共宣传牌话语的表达形式从句式的角度分为以下三种表现形式。①

（1）标题式。标题式宣传标牌的话语句式是由短语或一句话组成。这类形式的宣传标牌字数较少，内容简明扼要。如"干沙滩变成金沙滩"。"民族团结是我国各族人民的生命线"。有的是几个单字的并列作为标题，如"爱 敬 诚 善"；有的用一个词语作为标题，如"和谐""文明"等。

（2）两句式。两句式宣传标牌的话语句式是由两个意义相关或意义相近的短语或句子组成，进而表达出一个具有完整意义的宣传话语。通常此类宣传标牌的话语前后句字数一致，形式齐整。如"践礼修德 从小做起""走出大山天地宽 移民搬迁谱新篇"等。也有前后句字数不同，但主题表达一致的宣传标牌话语，如"扫黑除恶，构建和谐社会""感悟山海情深，体验脱贫攻坚精神的闽宁实践"等。

（3）多句式。多句式宣传标牌的话语句式由三个或三个以上意义相关或意义相近的短语或句子组成，以表达一个具有完整意义的宣传话语。其表现形式上与两句式十分相近，但通常用多句并列。如"讲文明，树新风，扬正气，促和谐，做奉献，当先锋""搬得出，稳得住，能发展，可致富"等。

从收集的资料看，公共宣传牌话语的表达形式中两句式和多句式在数量上占到了80%左右。多见两句式和多句式公共宣传牌话语的表达形式的原因，一是由宣传内容决定，两句式和多句式适于表达相对完整的宣传内容。二是由宣传标牌的面积空间决定，宣传标牌的面积空间相对大于交通指示牌、公共事业单位楼宇标识牌，相对可以容纳较多的文字数量。

2. 自下而上的私人语言标牌

表3-54显示，闽宁镇自下而上的私人语言标牌分为商铺招牌和商业服务宣传牌两大类，共340例。在商铺招牌中共出现中文、拼音、英文三种语码，其中以中文单语、中文＋英文、中文＋拼音为主要呈现形式，分别占比76.53%、11.90%、9%；在商业服务宣传牌中共有中文、英文两

---

① 胡静怡、覃真婷、杨永坤、樊思恺：《新农村户外标语调查研究——以闽宁镇为例》，《汉字文化》2022年第4期。

种语码，主要以中文单语形式呈现。且为数不多的拼音、英文单语语言景观只是特定品牌名称，如"HUAWEI""VIVO""OPPO"等。因此，在自下而上的语言景观中，中文仍然是使用频率最高的语码，英文和拼音出现的频率略高于其在官方语言景观中出现的频率，但总体使用范围和信息服务能力有限。

（三）标牌的字刻呈现

字刻指的是有关标牌语言的呈现方式的意义系统，包括字体、材料、色彩、状态变化等。语言选择和语码布局是语言景观发挥信息功能的首要元素，但标牌的材质、色彩、状态变化和文字的字体等都会影响对标牌内容的解读。① 在实际调查中发现，闽宁镇语言标牌设置中字体和色彩的呈现尤为突出。

在标牌字体的选择上，官方语言景观与私人语言景观形成强烈对比。官方语言景观大多选择印刷体，部分机构名称也采用楷体、宋体、隶书等清晰易辨认的字体，且在一个标牌中大多只有一种字体；私人语言景观在字体的选择上呈现出多样性，各种艺术字体出现在标牌之中，且同一标牌中可同时出现两种以上字体，如图3-19所示。

图3-19 私人标牌字体

官方语言景观和私人语言景观在字体选择上的巨大差异说明在标牌设置中不同的字体所彰显出的气场有所不同，给受众的印象感受亦不相同。

---

① 尚国文、赵守辉：《语言景观研究的视角、理论与方法》，《外语教学与研究》2014年第2期。

官方在设置标牌时要考虑本体身份和传播目的，选用相对正规统一的字体一方面是在彰显官方身份，正式的字体会给人以庄严肃穆之感，增强官方机构的权威性；另一方面是在摒除多余信息，使受众可以直观迅速地获取有效信息，减少阅读障碍，以达到良好的传播效果。而私人语言景观尤其是商铺招牌在设立时优先考虑的是如何快速引起消费者的注意，因此各商户在字体、颜色等选择上会更加大胆，在提供商业信息的同时使标牌形式也更加"夸张"，以达到独树一帜、快速吸引顾客的目的。

该镇语言景观另一特色是色彩的选择。闽宁镇是闽宁对口帮扶政策的产物，又处于少数民族自治区，因此国家党政建设和民族团结建设是当地政府宣传的主流思想。中国红作为中华民族最钟爱的颜色，和国旗色彩相同的红黄搭配，代表着党和国家的奋斗历史和昔日光辉，也寄托着生活红火、祥和的美好希冀。在该镇语言标牌建设中红色、黄色也成为主导色彩，无不彰显着中华文化底蕴。其次红色背景与黄色文字搭配，给人以视觉上的冲击，文字也清晰易认，易于引起受众注意，以达到信息传递效果。如图3-20所示。

图3-20 黄字红底标牌

三 语言景观在乡村建设中的作用

兰德瑞（Landry）和布尔希斯（Bourhis）认为语言景观的两大基本功能是信息功能和象征功能。① 除此之外，在对闽宁镇语言景观的实际调查中发现，当地语言景观还具有美化功能和文化功能，这是语言景观在语言生态建设实际中发挥的作用。

（一）信息功能

信息功能指的是语言景观可以提供信息，帮助人们了解某个语言群体

---

① 尚国文、赵守辉：《语言景观研究的视角、理论与方法》，《外语教学与研究》2014年第2期。

的地理边界和构成以及该社区内使用语言的特点,这是语言景观最基本的功能。

从语言景观的信息功能来看,在调查到的622例语言景观中存在中文、拼音和英文三种语码,标牌在语码的选择上共有单语、双语和多语三种形式。三种形式的标牌分别占比80.87%、17.68%、1.45%。可见,闽宁镇语言景观建设中中文是标牌传递信息的主要语码,占据绝对优势地位;英文和拼音多作为辅助性文字出现在标牌之中,应用范围有限。总体来说该镇语言景观提供的信息量有限、对外国游客的信息服务水平较低,未能充分发挥其信息功能,语言景观多语建设水平、多语服务能力亟待提高。

(二)象征功能

象征功能指的是语言景观能映射语言权势与社会身份和地位,可以透视语言使用背后的语言政策导向与权势问题。[①]

从语言景观的象征功能来看,标牌设立者不论是官方政府还是私人企业都更倾向于选择中文作为自己宣传标牌的主要语言。在282例自上而下的官方语言景观中,中文单语语言景观235例,占比83.34%;仅以英语和拼音形式出现的标牌尚无一例。在仅剩的42例双语语言景观和5例多语语言景观中,英语和拼音也只是作为辅助性语言存在于标牌之中,如在街道标牌上标注英文字母S、N来指示南北方向,或是路标中所用英文单位如:km(千米)、t(吨)等,此类双语标牌是遵循国际惯例不具有象征意义;拼音也只是作为汉字的辅助性内容,起补充作用。在340例自下而上的私人语言景观中,中文单语语言景观263例,占比77.35%;以英文和拼音形式出现的分别只有4例和1例。从数据可以看出,该镇私人语言景观建设中中文仍是第一选择。笔者根据标牌中各类语码字体的大小、凸显程度、排列顺序等,发现在72例私人双语、多语语言景观中,中文也是作为优势语码出现在标牌之上。

综上所述,不论是官方还是私人在标牌语言的选择上都体现了对中文地位与价值的认可,说明在闽宁镇这一言语社区中,中文具有高于其他语言的优势地位,是官方宣传政策和私人提供商业信息的最佳选择。这一方面是因为中文作为国家通用语言文字可以最大限度为更多受众提

---

① 尚国文、赵守辉:《语言景观研究的视角、理论与方法》,《外语教学与研究》2014年第2期。

供易获取信息，另一方面也反映出民族地区对国家语言政策的积极落实与践行。

(三) 美化功能

美化功能指语言景观作为语言文字的外显形式，是现实景观的重要组成部分，一方面为大众提供信息服务，另一方面也因其丰富的表现形式如不同字体、颜色搭配、灯光等对景区的总体面貌也有美化作用。

据调查，发现闽宁镇语言景观在字体选择和颜色搭配上极具特色，对乡镇公共空间和整体形象有美化作用。在对样本的分析中发现，官方语言标牌大多选择印刷体为主要字体，部分机构标识也采用楷体、宋体、隶书等清晰易辨认的字体，且在一个标牌中大多只用一种字体；在色彩的搭配上也以单色为主，简单大方又给人以庄严肃穆之感。私人语言景观不论是字体还是颜色的选择上都呈现出多样性，各种艺术字体尤其引人注目，且同一标牌中可同时出现两种以上字体，色彩也是竞相斗艳、十分丰富。"美观"无确定标准，只要各类标牌符合主体身份形象、有利于达成传播目的，皆为合理。如官方标牌选用相对正规统一的字体一方面是在于摈除多余信息，使受众可以直观迅速地获取有效信息，以达到良好的传播效果；另一方面是在彰显其官方身份，强化官方机构的权威形象。而私人语言景观尤其是商铺招牌在设立时优先考虑的是如何快速引起消费者的注意，因此各商户在字体、颜色等选择上会更加多样，在提供商业信息的同时使标牌形式也更加"夸张"，以达到独树一帜、快速吸引顾客的目的。各类标牌在符合其身份地位和信息传递功能的前提下，充分发挥能动性和创造性，使其在形式上更加丰富多彩，共同装饰着闽宁街道、美化着乡镇环境。

(四) 文化功能

语言景观的文化功能是指语言文字以标牌形式在公共领域内宣传各类文化，对受众产生积极的教化作用，对社区树立风尚、确立价值标准具有重要意义。[①]

通过对该镇 251 例文化宣传标牌进行分析（具体情况见表 3-55），发现以"民族团结"为中心内涵的标牌数量最多、占比最高。意识形态决定文化前进方向和发展道路，闽宁镇作为少数民族聚集地区，在乡镇日常文

---

① 刘悦淼、谢林：《基于语言景观文化功能的汉语文化传播路径》，《武汉冶金管理干部学院学报》2020 年第 4 期。

化建设中"民族团结"意识培养显得尤为重要，是闽宁镇乡村文化建设的特色与重心。正如习近平主席所说民族工作的关键是团结，民族地区的重点是发展。在少数民族地区，民族团结进步创建工作与乡村振兴战略实施是相互促进、融合发展的。只有祖国统一、民族团结才能百业兴旺。闽宁镇公共宣传语言标牌中深度融入"民族团结意识"，在潜移默化中培育民众铸牢中华民族共同体的意识，有助于加强各民族交往交流交融，使各族群众拧成一股绳，共同出力、共谋发展。

表3-55　文化宣传标牌中各类内容出现频率（N=251）

内容	民族团结	社会主义道路建设	文明规范	建党爱党	传统美德	脱贫致富	安全意识	扫黑除恶
频次（例）	56	40	30	24	19	15	13	9
比例（%）	22.31	15.94	11.95	9.56	7.57	5.98	5.18	3.59
内容	移民搬迁	未成年人保护	环境保护	普法用法	个人健康	抵御邪教	垃圾分类	其他
频次（例）	6	6	5	4	4	4	3	13
比例（%）	2.39	2.39	1.99	1.59	1.59	1.59	1.20	5.18

乡风文明是乡村文化建设的重点，也是乡村振兴的灵魂所在。闽宁镇以"社会主义道路建设""文明规范""建党爱党""传统美德"为中心内容的标牌占总数的40.02%，可见当地政府坚持以社会主义为前进道路和发展方向，将新时代文明建设要求与中国传统美德相结合，将个人进步与国家发展并重，积极营造与时俱进又尊重传承的特色文化小镇形象。乡风文明建设不仅有利于改善乡镇生产生活面貌、提高人民素质，还有利于营造良好乡村风气、巩固脱贫攻坚成果，是乡村振兴战略深入落实的关键点。

四　闽宁镇语言景观存在的问题及建议

（一）语言景观中存在的问题

语言景观作为一种言语行为，在传递信息的同时也彰显着乡镇形象，应该有其规范性。从调查结果来看，闽宁镇语言景观建设中不规范现象较多，主要问题有标牌污染破损严重，用字、拼写、翻译、形式的不规范现象。

1. 用字不规范

闽宁镇语言景观中存在用字不规范问题，主要是繁体字的使用。繁体字的使用在一定语境中确实具有增添文化底蕴等功能，但根据宁夏回族自治区2007年1月1日起施行的《宁夏回族自治区实施〈中华人民共和国国家通用语言文字法〉办法》第十三条规定商业、邮电、文化、铁路、交通、民航、银行、保险、医院、旅游、文化娱乐等公共服务行业，应当以规范汉字作为服务用字，提倡以普通话作为服务用语；第十六条规定地名标志、路名标志、站名标志、建筑物名称标志、名胜古迹标志、游览地标志等公共设施的名称应当使用规范汉字。但在闽宁镇的语言景观调查中，使用繁体字的现象不在少数，说明政策要求和群众的实际选择之间存在较大差异。如部分商铺招牌和宣传广告："艾米閩寧書店超市"（见图3-21）、"富贵蘭实业"（见图3-22）、"無名茶館""品香茗論古今 聚商賈叙友情"（见图3-23）。

图3-21　艾米閩寧書店超市　　图3-22　富贵蘭实业

如果说自下而上的语言景观由于设立主体是人民群众，拥有较为宽松的自主选择权，只是提倡使用规范汉字，那政府相关部门作为自上而下的语言景观的设立者、作为国家语言文字政策的践行者，应该使用规范汉字以起到引领民众的带头作用。但在调查过程中发现官方设立的闽宁镇的"门面"即镇名牌匾上使用的是繁体字"闽寗鎮"（见图3-24），通过查询《康熙字典》发现"宁"的繁体字为"寧"，"寗"属于异体字。且在公共宣传标语中也存在很多繁体字，如："正氣，百善孝为先，孝为德之本"（见图3-25）、"愛敬誠善"（见图3-26）等。这类现象显然

不符合《宁夏回族自治区实施〈中华人民共和国国家通用语言文字法〉办法》的相关规定，因此该镇语言景观建设中的用字规范还有待进一步加强。

图 3-23　無名茶館

图 3-24　闽寗鎮

图 3-25　正氣

图 3-26　愛敬誠善

2. 翻译不规范

在调查过程中发现，闽宁镇双语标牌中存在一名多译和翻译信息不对等现象。一名多译是指同一名称有多种翻译形式。如"贺兰山东麓葡萄酒教育学院"有两个翻译形式出现："HELAN MOUNTAINS EAST FOOTHILL WINE EDUCATION INSTITUTE"（见图 3-27）和"HELAN MOUNTAINS EAST FOOTHILL WINE EDUCATION COLLEGE"（见图 3-28），"INSTITUTE"和"COLLEGE"都可翻译为"学院"，但学校名称作为专名，翻译形式要统一避免造成误会。翻译信息不对等是指翻译后的信息与原文信息不一致。如图 3-27 所示，将"贺兰山东麓葡萄酒教育学院"翻译为"NINGXIA HELAN MOUNTAINS EAST FOOTHILL WINE EDUCATION INSTITUTE"多出了信息量"宁夏"，显然是翻译错误的表现。此类翻译不规范现象不仅会影响信息提供的准确性，更会影响乡村形象建设。

图 3-27　贺兰山东麓葡萄酒教育学院

图 3-28　宁夏贺兰山葡萄酒教育学院

图 3-29　锦绣北街

图 3-30　莆西南街

3. 拼写不规范

闽宁镇语言景观中英语和中文拼音拼写存在不规范现象。如商铺名"蒙娜丽莎婚纱摄影"它的字母标注是"MO NA LI SA",标牌设立者受中文拼音影响导致错误。在官方语言景观的交通指示牌中却也出现类似问题,《中文拼音正词法基本规则》规定:"拼写普通话基本上以词为书写单位";地名拼写中"专名与通名的附加成分,如是单音节的,与其相关部分连写"。例如街道路牌"锦绣北街"拼音标注为"JINXIU BEIJIE"是正确连写形式(见图 3-29),但"莆西南街"的拼音标注却是"PU XI NAN JIE"(见图 3-30),并没有遵循上述规则连写为"PUXI NANJIE",不符合标准且不统一。此类拼写错误现象不应该出现,尤其不应该出现在官方路标之中,交通指示牌是各类语言景观中现实指导意义最强、最不容疏忽的标牌之一,尤其应该规范。

(二) 语言景观规范建议

1. 发挥政府职能,规范语言文字标准

针对语言标牌中存在的用字、拼写不规范现象,政府部门应充分发挥其职能，严格遵守《中华人民共和国国家通用语言文字法》和《宁夏回族自治区实施〈中华人民共和国国家通用语言文字法〉办法》，大力倡导使用国家通用语言文字。尤其在官方语言景观建设中，政府机构应严格使用国家规范汉字，为民众做好表率。在双语翻译问题中，依照《公共服务领域英文译写规范》，对公共领域内一名多译、翻译信息不对等的标牌内容进行整改。必要时结合当地特色和其他地区经验，邀请语言文字专家和高校教师共同制定相应的规章制度，为语言标牌文字的规范提供政策依据和约束。

2. 加强管理维护，提升语言景观质量

要解决语言景观内容有误、破损、污染严重等问题，提高语言景观总体质量，需政府部门、旅游部门、路政部门等共同发力。首先政府部门应加强各部门统筹协作，为语言景观建设制定全局目标和指导路线；其次要加大语言景观建设投入，为改善语言景观现状提供支持。语言景观是旅游景观的重要构成部分，游客对景区的体验、观赏和认知很多都靠语言标牌来实现。通过语言景观展现和宣传乡村历史文化、建构景区形象，是将语言资源转化为生产力和经济效益的重要实现手段。旅游部门要设立专门小组，在标牌设置时充分考虑景点特色和游客需求，对标牌的文字、颜色、置放等做出统一标准。路政部门要加强对各类标牌的管理和维护，对语言景观进行定期检查，及时更换破损严重的标牌和内容过时的标牌，要将标牌的清洁归入城市保洁工作之中，对于恶意污染破坏公共宣传牌的行为包括撕毁、涂鸦、覆盖等行为予以适当惩罚。在各部门共同努力下，保证每个标牌从内容到形式都尽善尽美，使之在发挥信息功能的同时起到美化作用，成为展示乡镇风采、凸显新农村面貌的亮丽"景观"。

3. 丰富宣传形式，增强文化传播效力

宣传是国家倡议与主流文化在潜移默化中影响民众的主要渠道。随着语言景观研究的深入和各类传媒技术的发展，语言景观研究对象的范围也更加宽泛，除公共路牌、广告牌、街名、地名、商铺招牌以及政府楼宇的公共标牌等典型语言景观外，电子屏幕、游行标语、车身广告、涂鸦、网络界面、语音广播等为代表的非典型语言景观作为现代都市生活中的话语，在公共领域信息服务中也发挥着重要作用。此类非典型语言景观相比实体标牌，其移动性克服了实体标牌宣传范围的限制，多模态性丰富了信息呈现的形式,既有助于拓宽传播范围,又易于受众对信息的获取。

在乡村文化传播中各部门应该主动开拓新的传播渠道,重视非典型语言景观建设,将部分"长篇大论"的实体标牌换成电子屏幕,减少公共空间的占用,用最小的标牌呈现出最多的信息;语音广播形式的语言景观可以以村为单位进行安置,让部分知识水平有限的民众也可以了解国家主流文化和相关政策。非典型语言景观的建设不仅可以满足各类受众、提高传播效力,还能促使乡镇更好地与城市接轨,推动乡村现代化进程。

4. 重视多语服务,构建和谐语言环境

据调查数据可知,闽宁镇语言景观中只有中文和英语两种语言,且不论在自上而下的官方语言景观还是自下而上的私人语言景观中,英语的出现频率和使用范围都极其有限。作为旅游特色小镇,目前的语言景观未能充分发挥其信息功能,不足以满足游客的信息获取需求,语言服务水平亟须提高,多语标牌建设应该得以重视。相关部门应将打造多语社区置于景区建设工作之中,将多语标牌建设纳入常态,充分发挥景区语言景观的信息功能,提高乡村旅游服务能力,促进旅游产业进一步发展。在多语标牌建设中,要重视国家通用语言文字的权威地位,在标牌信息凸显和文字布局方面要始终坚持汉字作为优势语码,努力打造适度、和谐的多语环境。

五 结语

语言景观是一个地区语言服务能力的体现,也是乡村文化建设的重要表现形式。公共领域中使用标准化、规范化的语言景观不仅是充分发挥语言景观信息功能,也是提高社区文明程度的有效手段。通过对闽宁镇新老镇区两条主干道两侧语言景观的定量定性分析,发现该地区已初具多语社会特征,中文仍处于绝对优势地位,英文和拼音在实际运用中发挥的作用有限。宁夏回族自治区作为少数民族地区,闽宁镇政府在乡村振兴战略的指导下将"民族团结"意识的培养作为重点,始终坚持"民族工作的重点是团结",其重视程度从文化宣传语言景观中便可见一斑。根据国家语言文字的各项管理规定和乡村文化振兴的要求,发现闽宁镇语言景观中存在个别标牌内容有误、污染破损严重、用字、拼写、翻译、形式的不规范等问题,这些现象都对乡村文化建设有消极影响,各部门需进一步加强对各类语言景观的规范与管理,充分发挥其宣传政策、商业服务和美化环境的作用。规范乡村地区语言景观建设有助于国家政策的普及、提升各族人民的国家认同感，对各类商业信息的传播也有重要意义，在增强地区文化软实力的同时乡村形象也得以提升。加大语言景观规范力度，构建和谐乡村语言景观，加快闽宁镇发展振兴步伐，为社会主义新农村语言文明建设提供参考。

第四章

宁夏社会用语使用状况研究

社会用语作为一种应用于社会公众场合的语言现象，与人们的日常社会生活密切相关，在现实生活中为人们广泛使用。它具有社会性、公众性、开放性、实用性等特点。它是日常生活中使用频率最高、涉及面最广的一种语言活动，它集中体现了社会各行业语言运用的特点。"'语言地理论'认为语言在广告牌、标示语、大众传媒等方面的表现可以构成人们对社会中语言地貌的认识，认为语言地貌，至少在加拿大，实际上是族群语言活力最明显最显著的标记。人们越认为自己的语言地貌有某种语言倾向，就越会在自己的社会家庭网络组织内更多地使用这种语言。"[1]

随着宁夏城镇化的推进，人们的生产、生活方式根本改变，人居环境、人口素质转型、人口大量流动，城乡社会结构全面调整。当今社会，开放多元、交流越加频繁的言语社区正在形成中，语言生活悄然发生了变化，人们交际状况发生了重大变化。社会用语作为一种应用于社会公众场合的语言现象，与人们的日常社会生活密切相关。随着人们社会生活的变化，社会用语必然发生变化。语言与文化密切相关，社会用语是社会文化的反映。"从言语社区理论看，文化其实就是一个说话人要成为某个言语社区成员时必须掌握的知识，也是一个言语社区与另一个言语社区区别开来的重要元素。"[2] 本章重点调查分析宁夏话"子"缀称谓、银川市告示语、银川市街道名称、居民小区名称、店铺名称、地名的变迁，从中透视

---

[1] 雷红波：《上海新移民的语言社会学调查》，博士学位论文，复旦大学，2008年，第39页。

[2] 付义荣：《言语社区和语言变化研究——基于安徽傅村的社会语言学调查》，北京大学出版社2011年版，第127页。

社会变迁下民族心理、道德观念、文化修养等社会文化诸因素。

第一节 宁夏话"子"缀称谓的文化内涵

一 称谓及"子"缀的概念

称谓是人们由于亲属和其他方面的相互关系,以及由于身份、职业等而得来的名称。如:父亲、师傅、支书等。[1] 称谓就是人们用来表示彼此间的各种社会关系以及所扮演的社会角色等所使用的名称。[2]

汉语里的称谓从指称的关系分为亲属称谓和非亲属称谓两种。亲属称谓是现代汉语称谓中重要的、庞大的组成部分。通常人们把亲属关系又分为血亲和姻亲,血亲指与自己有血缘关系的亲属。姻亲指没有血缘关系而有婚姻关系的亲戚。根据亲属关系的类别,亲属称谓也再二分为血亲亲属称谓和姻亲亲属称谓。非亲属称谓多指社会称谓,曹炜将社会称谓语分为职业称谓语、职称称谓语、职务称谓语、身份及友邻关系称谓语、泛称(亲属泛称)称谓语,认为其中的身份及友邻关系称谓语比较庞杂,并且逐层分类说明,先将身份及友邻关系称谓语分为四类:学衔、学历系列;友邻系列;级属、主客系列;社会评价系列。社会评价系列的又分为三类,一种是肯定的、颂扬的评价,从而形成褒扬称谓语,另一种是否定的、贬斥的评价,从而形成詈骂称谓语,还有一种是不作褒贬评价的性状称谓语。[3]

称谓从使用场合分为背称称谓和面称称谓。背称称谓就是社会交往时与他人谈到第三者时所采用的称谓,也就是出现在陈述语言中的称谓。比如"祖父、祖母、丈夫、妻子"等。面称称谓就是说话人之间进行直接交往时当面的称呼。比如"爷爷、奶奶、老公、老婆"等。

称谓语属于名词的范畴,词是由语素构成,语素分为词根和词缀。

---

[1] 中国社会科学院语言研究所词典编辑室编:《现代汉语词典》,商务印书馆2012年版,第163页。

[2] 曹炜:《现代汉语中的称谓语和称呼语》,《江苏大学学报》(社会科学版)2005年第2期。

[3] 曹炜:《现代汉语中的称谓语和称呼语》,《江苏大学学报》(社会科学版)2005年第2期。

"子"缀称谓是从构词语素的角度划分出来的一类称谓语,就是指带有后缀"子"的称谓语。"子"缀称谓也分为亲属称谓和非亲属称谓语两种。

二 宁夏话"子"缀称谓的概况

宁夏话有着特定的地域文化特色,宁夏话内部分为兰银官话和中原官话,方言研究者对宁夏方言进行了充分的调查描写,依据这些文献资料,我们发现不管是兰银官话还是中原官话,其中的称谓词都很有特色,尤其是有大量的"子"缀称谓。隆德方言里的"子"缀称谓,比如"媳妇子、丫伯子/大伯子(丈夫之兄)、料子(不稳重的人)、韶子(鲁莽的人)、操子(不讲方言的人)、小姨子、小舅子"等。① 泾源方言中指人的"子"缀称谓②有"麻迷子(六亲不认不讲道理的人)、羊混子(智力差的人)、二流子、二杆子、秃子、瞎子"等。同心回民方言中"子"缀称谓更多,比如:奶妈子、汉子(男人)、女子(大姑娘)、丫头子、大伯子(丈夫之兄)、迷糊子(愚昧糊涂的人)、散工子(短工)、抄化子(乞丐、吝啬鬼)、阴阳脸子(喜怒无常的人)、软耳子(无主见、易轻信的人)、哈答子(不拘小节、慷慨大方的人)等,不一一列举,更多的可见张安生《同心方言研究》。③ 宁夏北部的银川话、吴忠话、中卫话中同样多见"子"缀称谓,在《银川方言志》④《吴忠方言研究》⑤《中卫方言志》⑥的词汇部分都有详细的记录。

语言是文化的载体。语言中的一些词语集中概括了相应文化领域的思想范畴、认识成果、意义体系和价值观念。戴昭铭称之为"文化符号",并且指出:"体现中国汉族婚姻制度和宗亲关系的称谓词'夫妻''子女''父母''伯叔''舅姑''侄甥'等,就是这样一些文化符号。"⑦ 加达默尔认为:"在一个特定的语言和文化传统中成长起来的人看世界,跟一个在其他传统影响下成长起来的人看世界,其方法不同。"⑧ "子"缀称谓丰

---

① 杨苏平:《隆德方言研究》,中国社会科学出版社2018年版。
② 泾源县志编纂委员会编:《泾源县志》,宁夏人民出版社1995年版。
③ 张安生:《同心方言研究》,中华书局2006年版。
④ 高葆泰、林涛:《银川方言志》,语文出版社1993年版。
⑤ 刘晨红、林涛:《吴忠方言研究》,中国社会科学出版社2018年版。
⑥ 林涛:《中卫方言志》,宁夏人民出版社1995年版。
⑦ 戴昭铭:《文化语言学导论》,语文出版社1996年版,第25页。
⑧ 陈炯:《中国文化修辞学》,江苏古籍出版社2001年版,第5页。

富是宁夏地区方言的一大特色，这些称谓词的语义、语用有何特点？这些词蕴含了怎样的社会文化呢？这是宁夏方言研究者没有涉及的问题，而这也正是我们的关注点。

（一）"子"缀亲属称谓的类型及语义特点

宁夏话里的"子"缀亲属称谓有三类：

一是针对姻亲平辈的称谓：小姨子、大姨子、小舅子、大舅子、大伯子、小叔子、大姑子、小姑子、妹夫子、汉子（丈夫）、两口子、媳妇子（妻子）。

二是针对晚辈的称谓：儿子、孙子、侄子、娃子（孩子）、女子（女儿）。

三是针对长辈的称谓：老子（父亲）、叔老子。

在上面的三类称谓里，"子"都读轻声，是后缀，因为朱德熙认为"子"作为后缀永远读轻声，并强调指出重读的"子"如"君子、仙子、原子、孔子、鸡子（儿）、五味子"等都不是后缀。① 第三类词类的"老子"只用于自称，"叔老子"只用于通称，在此我们不作讨论。比较第一类和第二类词里的"子"缀，我们发现它们有明显的不同，第二类词的"子"当作词缀，虽然也读轻声，但其本义（孩子）的痕迹仍然较为明显，多是指称晚辈的。再者从"孙子—孙女""侄子—侄女"这种对应来看，这里的"子"似乎还有区分性别的作用。所以，第二类词里的"子"的词汇意义没有彻底虚化。而第一类词里的"子"意义完全虚化，没有第二类词里的两种意义。也就是说宁夏话里的"子"在亲属称谓里虚化的程度不同。也正是由于以上的差别，这两类词的使用不同。其一，第一类词是针对姻亲平辈的称谓；第二类词指称晚辈，多是表示血亲。其二，第一类词除了姓名称谓之外，多数还有相对应的非"子"缀的称谓；第二类词除了姓名称谓之外，没有相对应的非"子"缀的称谓。其三，第一类词只用于背称，面称时使用姓名或相对应的非"子"缀的称谓；第二类词既可以用于面称，又可以用于背称。第一类针对姻亲平辈的"子"缀称谓的使用如表 4-1（表中"—"表示不使用。）。

从语用和感情色彩来看，宁夏话里姻亲非"子"缀的背称比"子"缀的背称显得关系亲近、尊重色彩浓，比如大伯哥、大姑姐、妻姐、妻妹比

---

① 朱德熙：《语法讲义》，商务印书馆 1982 年版，第 30 页。

大伯子、大姑子、大姨子、小姨子显得亲近、亲切、尊重。所以，遵循言语交际的礼貌性原则，"子"缀亲属称谓都只用于背称，不用在面称。比如跟别人谈到自己的小舅子时，如果小舅子在场，多半会说"这是我内弟/妻弟"，而不会说"这是我小舅子"。可以说姻亲"子"缀称谓是称呼者当面不好说出口、被称呼者听了不舒服的一种称谓形式，这种姻亲的"子"缀称谓缺少点亲近感。

表4－1　　姻亲平辈的"子"缀称谓与非"子"缀称谓的对应情况

"子"缀的称谓		非"子"缀的称谓	
背称	面称	背称	面称
大伯子	—	大伯哥	哥、哥哥
大姑子	—	大姑姐	姐、姐姐
小叔子	—	—	称呼其名
小姑子	—	—	称呼其名
大姨子	—	妻姐	姐、姐姐
大舅子	—	妻哥	哥、哥哥
小姨子	—	妻妹	称呼其名
小舅子	—	内弟/妻弟	称呼其名
汉子	—	当家的、掌柜的	称呼其名

对于"小姨子、小舅子、大伯子、小叔子、大姑子"等这些称谓，伍铁平称之为"从儿称谓"，并且说："从儿称谓来源于对被称者的尊敬，因为跟着子女称呼时，称呼人低了一个辈分。"① 也就是说，伍铁平认为这些亲属称谓词表示尊敬的情感色彩，通过上面的分析可以看出此观点与宁夏话中的实际用法不一致。在宁夏话中，"从儿称谓"是用子女使用的称呼直接称呼对方，比如叫婆婆、小姑子吃饭，用"从儿称谓"会说"奶奶、小姑吃饭了"，尊敬的意味很浓。而在宁夏话中的"子"缀亲属称谓是缺少亲近感的，谈不上对被称者的尊敬。究其原因，有一定的社会文化背景。于芹认为："小舅子""小姨子"是男尊女卑社会现象的产物，女性三从四德的社会规范使其家庭地位极其低下，其相关的亲戚也株连受到男方

---

① 伍铁平：《论汉语中的从儿称谓和有关现象》，《中国语言学报》1985年第2期。

成员的鄙视,当面称之为"小舅子""小姨子"有不恭、辱骂之嫌。"小姨子"一词常常使用在男士调侃打闹时,用以逗乐取笑。"小舅子"一词也是如此,虽为男性,因是女性的亲戚也在劫难逃。① 宁夏话中的"子"缀亲属称谓这种特殊的意义,是当地人在长期历史发展中关于家族、亲属意识,乃至社会意识所涉及的思想观念在语言中的历史沉淀。尽管社会日益进步,人们的思维方式也发生了深刻的变革,但沉淀在语言中的思想观念,却不是一下能抹掉的。

语言具有标记功能,标志交际者的地位和交际者之间的关系,称谓的使用就是明显的例证。称谓的选择能显示人际关系的亲疏远近。亲属关系中,"子"缀称谓的有无以及选择与否,是关系亲近与否的语言外在表现。由于宁夏话里"子"缀姻亲亲属称谓缺少亲敬感,甚至带有不恭的特点,加之在国人的传统观念中,姻亲关系相对于血亲关系较为疏远,所以"子"缀亲属称谓多是用于姻亲关系的平辈和血亲关系的晚辈,少有表示平辈血亲关系和表示长辈的"子"缀亲属称谓,长者、尊者不用"子"缀亲属称谓。这种语言现象也反映了宁夏人对汉民族传统的宗族观念、长幼有序、尊卑有别的传统文化观念的继承。

(二)"子"缀非亲属称谓的类型及语义特点

宁夏话中有大量的"子"缀非亲属称谓,"子"缀非亲属称谓主要指称四类人:

一是对生理缺陷或体征与众不同者的称谓:瘸子、跛子、瘫子、瞎子、麻子、疯子、聋子、矬子(个子非常矮的人)、蛮子、侉子(指外地人)、左撇子、豁嘴子、背锅子(驼背)、二异子(阴阳人)、六指子、结呵子(口吃的人)、拐腿子(腿外拐的人)、老梆子(老人)等。

二是对智力缺陷或头脑简单者的称谓:傻子、愣子、呆子、腾子、半吊子、囊胎子(没能耐的人)、二杆子、迷糊子、佯糊子、老实头子等。

三是对恶劣品性或性格怪异者的称谓:骗子、油子、渣子、痞子、混子、大邋子(做事马虎、不认真的人)、二流子、油杆子(游手好闲,无所事事之人)、街油子(城里游手好闲的人)、鬼钻子(爱捣鬼的人)、谎溜子、屁溜子(爱说谎的人)、烧燎子(爱显示自己,爱出风头的人)、急料子(性急的人)、料片子(为人轻狂,坐迟不稳重的人)、死痞子(厚

---

① 于芹:《临泉方言中指人"子"尾词考察》,《阜阳师范学院学报》2005年第2期。

颜无耻的无赖人)、油嘴子(吃油嘴的人)等。

四是对低贱职业或卑微身世者的称谓:贩子、婊子、厨子、探子、戏娃子、老妈子、媒婆子、神婆子、咕噜子(赌徒)等。

这些称谓词从构成上看,多是谓词性词根加"子"而构成的名词,比如"骗子、傻子"等,有些是在"谓词性词根+子"的结构之前再加上修饰限定性的语素,这种构词方式具有较强的能产性。比如:"贩子"之前加一些修饰限定性语素可以构成许多含"子"缀的词,"菜贩子、鱼贩子、油贩子、人贩子"等。在这种"X+谓词性词根+子"的"子"缀词里,("X"表示修饰限定性的语素),第一层是谓词性词根+子,第二层是X+(谓词性词根+子),可以说,在第一层里就构成了一个"子"缀称谓,再通过第二层构成的是这个词的下位词,所以说"谓词性词根+子"的方式是构成"子"缀称谓的基本方式。"谓词性词根+子"构成的名词在从语法上讲是转指,朱德熙认为转指是谓词成分的名词化的一种,"名词化造成的名词性成分与原来的谓词性成分所指不同,这种名词化称为转指"。"汉语的名词后缀'—子、—儿、—头'加在谓词性词根上造成的名词绝大部分都是表示转指意义的。"[①]

例如"骗"名词化构成"骗子",语义上,是从陈述转化为指称。谓词性词根包括动词词根和形容词词根,它们单独使用就是动词和形容词。形容词多是表示人的外貌、状态、身体缺陷和疾病等,动词表示人的动作、行为等,形容词、动词加"子"而转变成名词,指称具有这样外貌特征、具有这样的动作行为特征的人,这是很自然的。从认知语言学的角度讲,转指的实现源于两者在人们的认知心理上具有同一的关系。[②]"同一关系依赖于模式识别而模式识别的心理操作就是特征匹配。"[③] 在人们的认知心理上,事物与事物具有的显著特征具有同一关系,表现为人们常用事物的特征指称事物,如某人眼睛瞎是他的特征,于是人们用"瞎子"指称此人。再如行骗是某人的行为特征,于是人们用"骗子"指称此人。

从语义上看,这些称谓在指称的同时,附加有一定的感情色彩,含有

[①] 朱德熙:《自指和转指——汉语名词化标记"的、者、所、之"的语法功能》,《方言》1983年第1期。
[②] 刘晨红:《从认知语言学的角度看临时名量词与名词的匹配》,《北方语言论丛》2011年。
[③] 刘大为:《比喻、近喻与自喻——辞格的认知性研究》,上海教育出版社2001年版,第107页。

不尊敬、不喜爱甚至贬义的意思。"子"缀非亲属称词贬义的色彩，与"子"缀的演变有关。"子"虽说是词缀，意义虚化，但从历时的角度看，词缀是由词根虚化而来。据王力先生的观点，在先秦时代，"子"是名词，男子之美称。① 所以先秦时代，人们用以氏冠"子"的称谓法，诸如孔子、老子、庄子、墨子等，其间不无敬美之意。吕叔湘说："'子'字本来也是一种美德，但很早已失去尊称的意味，比'尔''汝'略略客气一点而已。"② 夏立华认为，"子"在墨子、孟子和庄子时期，就失去了尊贵的意味，是一般的对称称谓词。③ 由此看，"子"用于称谓经历了由具有尊称之意到失去尊称意味的过程。随着"子"的虚化演变，它的色彩意义也继续变化。

王力先生认为，"在上古时，'子'已经有了词尾的迹象"。"魏晋以后，到了中古期，词尾'子'逐渐普遍应用开来。"④ 王力先生的例子中，不乏指称人的"子"尾名词，例如：

在马坊教诸奴子（奴仆）书。（《魏书·温子昇传》）
何物汉子！我与官，不肯就！（《北齐书·魏兰根传》）
一骑红尘妃子笑，无人知是荔枝来。（杜牧《过华清宫绝句三首·其一》）

这些例子里指称人的词语中的"子"已经没有了尊称的意义，随着语言的发展，"子"有时带有贬义色彩。吕叔湘指出："'子'只有少数含贬义。"⑤ 但是在宁夏话里，非亲属称谓"子"缀大都含有贬义，可以称为贬称。也正是由于这些称谓都含有贬义的色彩，语用上，它们只用于日常的口语交际，多用作背称、詈骂，一般来说，面称时要回避，或者称呼姓名，或者直呼双音节名字，以显示礼貌尊敬。

语言是人对客观世界的认知的反应，但人们的视点、角度、情感、态度、价值标准对语言的使用会有一定的作用。客观事物一般都有正常的、

---

① 王力：《汉语史稿》，中华书局1980年版，第321页。
② 吕叔湘：《现代汉语八百词》，商务印书馆1980年版，第623页。
③ 夏立华：《古汉语第二人称代词的感情色彩》，《集宁师专学报》1999年第3期。
④ 王力：《汉语史稿》，中华书局1980年版，第263—265页。
⑤ 吕叔湘：《现代汉语八百词》，商务印书馆1980年版，第623页。

标准的存在状态，人们的一言一行也有一定的社会准则，现实世界里也有偏离正常的状态的事物、违反社会准则的人们，不管是常态的，还是偏离的人或物，都要通过语言而认知，必须通过言语形式进入交际之中，在不同的方言中表达方式各有不同。对于偏离常态、背离准则的人，宁夏话中语言形式之一就是形成了"子"缀称谓。在宁夏话里，对身体、生理、心理不正常的人，对具有不喜欢的性格、品行、职业的人，人们使用的称谓是"子"缀称谓。

三 "子"缀称谓的社会文化意义

称谓是人际互动中使用的语言符号，也是文化符号。古代人际交往中，称谓很有讲究，称呼别人要尊称，自称要谦称，否则就是不礼貌的，不合礼仪的，这反映了古代华夏民族重礼仪的社会文化。随着社会的发展，现代汉语称谓发生了很大变化，社会文化也发生了深刻的变革，但合礼仪仍然是汉语称谓使用时应遵循的原则之一。

在宁夏话中，"子"缀的亲属称谓带有不亲近的意味，非亲属称谓含有贬义的色彩，它们都是非礼貌式的称谓。难道是宁夏人在言语交际时对礼仪的违背？其实不然，语言词语的色彩意义是一种主观评价，词的褒贬色彩是主体对客观对象的情感倾向、态度、评价等内容在词义中的反映。人们对客观对象在用言语进行评价时，特别是评价人的状态、人的社会行为时，经常要引用按文化定义的行为规范或道德标准，对于符合人们对行为结果的正常期待，人们使用常态的言语评价，或肯定或褒扬。对于明显违背行为规范和道德标准的人，或当人们的正常期望落空时，人们使用非常态的言语评价，或者讽刺或者贬斥。宁夏话中的"子"缀称谓从指称上看，都指称偏离常态、背离准则的人，而且都是负偏离，要么指生理或心理上不健全的人，要么指无所事事、碌碌无为之人，要么指不择手段、无赖懒奸之人。这些词用于日常的口语交际，多用作背称、詈骂，表达了区域内群体人们对于偏离常态、背离准则的人以及他们的不仁不义、不伦不类的非人类人格的贬斥和鄙夷之情。由此可见当地人的群体观念以及人们心目中的道德价值标准。当地人并用此以判断客观事物或言谈行为是否正确规范，如果偏离这个标准就予以讽刺、批判、揶揄、调笑甚至谩骂。据此可以看出人们奉行的道德标准均没有超出传统文化的"仁、义、礼、智、信"的范畴。众多的贬义"子"缀称谓"已成为群体传统的强化传统人格的一种重要的反面手段"。① 所以"子"缀称谓不仅使"仁、义、礼、智、信"的传统文化得以延续和发展，而且对当地人们精神文明建设有不可低估的作用。

第二节　银川市告示语的调查分析

一　银川市告示语的类型和特点

告示语是社会用语中一个重要组成部分。陈新仁认为，"告示语，又称社会标志语，属于社会管理用语范畴。告示语的涵盖范围很广，凡在公共场合张贴或印刷的旨在为一般公众或特殊群体提供指南、提醒、警示等帮助的宣传性、服务性语言标牌或标语都可归于告示语范畴"②。如路标、指南、说明、公示、标牌等。告示语作为一种公共宣传工具，一种社会的软环境，用简洁的语言、图示和图片为人们提供公共信息，起到指示、劝说、约束及强制的社会功能，它是一个国家人文环境建设的具体体现，反映社会文明程度的关键窗口。告示语不仅为普通大众带来了方便，更为国家的管理起到了不可忽视的作用。

随着中国社会城镇化的发展，宁夏的城镇化飞速发展，在城镇化进程中，社会用语的使用场合日益增多，尤其是告示语内容涉及广泛、表达形式多样，传播性强，影响的人数多，与人们生活密切相关。因此，一般来说，告示语的使用问题属于各级语言文字工作委员会的工作范围、社会语言学的研究范围。我们认为有必要认真考察社会用语中告示语使用现状，研究告示语的得体、规范使用具有重大社会意义而且十分必要。为此，我们选择了宁夏回族自治区首府银川市的告示语作为个案进行调查。在2012年期间，对银川市兴庆区、金凤区、西夏区进行实地调查，收集了大量的一手资料。

本节所采用的收集语料的方法是"偶遇抽样法"。"偶遇抽样指调查人员在特定的场合下以偶然遇到的研究对象作为样本。在没有很多经费和时间的条件下，为求得样本的代表性，可以事先规划好观察的地点，选择合

---

① 张廷兴：《山东民间"子"缀人品称谓词的考查》，《民俗研究》1998年第1期。
② 陈新仁：《汉语告示语的语用研究》，《暨南大学华文学院学报》2001年第4期。

第四章　宁夏社会用语使用状况研究

适的调查对象。"[①] 与这一定义的区别是，在我们的调查中，调查对象是社会用语的告示语而不是人。在 2012 年 5 月至 6 月，我们对银川市兴庆区、金凤区、西夏区的主要街道、商业区、居民区、政府机构的招牌、告示、广告牌、各种店铺的牌匾等加以记录和拍照，作为语料，除去重复的，共收集 360 条语料。

对于收集到的语料，我们从社会语言学、言语行为的角度分析告示语的语用特点及语用策略，以此管窥城镇化进程中宁夏回族自治区银川城市社会语用建设现状和发展趋势。

（一）告示语的类型

对于告示语的类型，依据不同的标准可以划分出不同的类型，本节主要依据告示语的内容和表达形式进行分类。

1. 告示语的内容类型

从收集的告示语的语料看，银川市的告示语的内容涉及生活的方方面面，主要有以下类型：

（1）交通告示语

交通告示语分布于主要街道两旁及十字路口处，主要是提醒司机和行人遵守交通规则，注意交通安全。银川市的这类告示语与其他地方的基本相同。如：

1）高高兴兴上班来，平平安安回家去。
2）为了您和您的家人，请注意交通安全。
3）畅通有序，各行其道。
4）交通安全，文明礼让。
5）交通安全，关爱生命。
6）平安驾驶，文明相体。
7）学校区域，安全慢行。
8）车来人往两相让，山重水复一片天。
9）文明行车千里共婵娟，遵纪守法万家得团圆。
10）关心交通安全，路路小心伴您平安。
11）没有比生命更宝贵的财富，没有比安全更重要的幸福。
12）行车在外亲人念，平安归来合家欢。

[①] 祝畹瑾：《社会语言学概论》，湖南教育出版社 1992 年版，第 54—55 页。

13）红灯亮时，管好你的脚步；绿灯亮时，管好你的速度。
14）文明行车，让我们的城市温馨一点。
15）交通法规记心中，安全驾驶万事通。
16）亲人有交代，系好安全带，开车不比赛，平安时刻在。

(2) 文明城市建设告示语

文明城市建设告示语主要分布于居民小区和公共场所，有关于银川市创建文明城市的，有关于创建和谐社区的，有关于市民文明行为的。主要目的是告知提醒市民行为文明，共同建设文明城市。如：

1）文明、洁净、和谐、幸福银川。
2）弘扬社会公德，告别不文明行为。
3）银川是我家，创建靠大家。
4）文明城市全民创建，美好家园你我共享。
5）热爱银川，建设银川，美化银川，从我做起。
6）清洁银川齐出力，美化环境同受益。
7）你我多一份自觉，城市多一份清洁。
8）共建卫生城市，共享文明成果。
9）创建幸福家庭，打造和谐社会。
10）全面创建和谐社区，推进和谐民风建设。
11）争创幸福家庭，共促和谐小区。
12）健康一个居民，幸福一个家庭，和谐一个社区。
13）实施十大幸福行为，共建五型幸福家庭。
14）远亲不如近邻，邻里互助暖人心。
15）片言只语体现修养，小事细节彰显文明。
16）文明你的语言，优雅你的举止。
17）爱护小草，人人有责。
18）绕行三五步，留得芳草绿。
19）带走的花儿生命短暂，留下的花儿才是永远。敬请脚下留"青"。
20）迈步留意地下草，弹指莫折枝头花。

(3) 服务告示语

服务告示语主要分布于公共服务场所，比如商场、医院、各种事务大厅等。主要目的在于告知发布者的服务理念，以赢得顾客的关注。如：

1）珍惜每一次服务机会。

2）创一流业绩，创一流质量，创一流服务。

3）一点微笑，您能赢得一份真情树岗位新风，展天使风采。

4）以精湛技术为基础，以优质服务为载体，全心全意为病人服务。

5）创办青年文明号，从我做起。

6）内强素质，外树形象。

7）以我真心、关心、耐心，换您放心、安心、舒心。

8）视病人为亲人。

9）您的健康就是我们的心愿。

10）救死扶伤、尽职尽责。

11）给我一份信任还您一身健康。

12）使患者放心满意，全心全意为患者服务。

13）政府放心，群众满意，企业发展，人企和谐。

14）亲商、安商、扶商、护商，营造良好的投资发展环境。

15）维护消费者权益，构建社会主义和谐社会。

（4）廉政建设告示语

廉政建设告示语主要分布于政府部门所在地，在一些居民小区也有一些。主要功能在于宣传和告知。如：

1）是非明于学习，名节源于党性，腐败止于正气。

2）律己要严，做事要实，待人要宽，为政要廉。

3）俭以养德，淡泊明志。

4）正身以为本，修身以为基。

5）光明磊落，公道正派，干净干事。

6）仰不愧天，俯不愧地，内不愧心。

7）把群众的安危冷暖挂在心上，做群众的关心人和贴心人。

8）群众在我们心里的分量有多重，我们在群众的心里就有多重。

9）百代兴盛依清正，千秋基业仗民心。

10）宁叫清风吹两袖，不使吾心染纤尘。

11）处事要公，公生明；律己要廉，廉生威；待人要诚，诚生信；工作要勤，勤生效。

12）立党为公，鞠躬尽瘁。

13）竹因节而雅，人因品而优。

14）言廉为虚，行廉为实，身廉为标，心廉为本。

（5）消防安全告示语

消防安全告示语主要在特定时间的一些公共场合，比如每年的消防安全日前后的时间在公共场合见到的比较多，其主要目的是宣传消防知识，提醒人们主要消防安全。如：

1）防火人人抓，幸福你我他。

2）消除火灾隐患，确保消防安全。

3）人民生命至上，消防隐患必除。

4）增强防火安全意识，提高自防自救能力。

5）消防安全，人人有责。

6）消除火灾隐患，共建和谐家园。

7）保护消防设施，维护消防安全。

8）消防三懂：懂基本消防知识，懂消防设施器材使用方法，懂逃生自救。

9）如遇火警，请勿乘坐电梯。

10）掌握消防知识，遵守消防法规。

11）消防常识永不忘，发生火情不惊慌。

12）认真学习消防知识，提高自防自救能力。

13）危险物品，隔离放置；标识清晰，注意防火。

14）消防常识进万家，平安相伴你我他。

15）消防连着你我他，安全保障靠大家。

16）强化消防监督，消除火灾隐患。

17）多一些消防知识，少一分火灾威胁。

18）人人把好消防关，有备无患保平安。

19）时时注意安全，处处预防火灾。

20）安全来自长期警惕，事故源于瞬间麻痹。

（6）鼓励创业告示语

鼓励创业告示语是近年来在银川市出现的一类告示语，主要分布在西夏区的街道旁、小区内，目的在于鼓励人们自主创业，积极就业。如：

1）打造西北一流创业环境，争创国家级创业型城市。

2）改善创业环境，营造创业氛围。

3）创业光荣，发展光荣，致富光荣。

4）创业银川，成就梦想。

5）创建创业型城市，提升城市发展活力。

6）创业有艰难，苦干能过关。

7）创业谋发展，发展促和谐。

8）提高创业意识，拓宽就业渠道，改善人民生活。

9）百姓创家业，能人创企业，企业创新业，干部创事业，全民大创业。

10）改善创业环境，营造创业氛围。

11）弘扬创业精神，投身创业实践，发展创业经济。

12）就业是民生之本，创业是富民之道。

13）创业贷款风险少，政府贴息又担保。

14）有梦想就能创业，有创业就有事业。

银川市告示语的内容除了以上的主要多见的几类，还有其他的一些类别，由于篇幅有限不一一列举。

2. 告示语的形式类型

告示语作为一种应用于社会公众场合面对大众传播的实用性很强的语言现象，它具有很强的目的性，总是告知人们做什么或不做什么，或是告诉人们什么情况。它是以传递实用信息而不是传递审美信息（如小说诗歌）为主的语言活动。如何告诉人们实用信息，可以采用不同的语言表达。从语言表达形式和特点看，对于银川城市中的告示语可以分为常规形式的告示语与变异形式的告示语两类。

（1）常规形式的告示语

这类告示语直白地告诉人们做什么或不做什么，是一般的常规形式，不带有任何修辞色彩。这类告示语通常诉诸人们的理智，语言讲究准确、简练、客观、直接，要求说清楚、讲明白。如：

1）严禁烟火。

2）此处禁止停放自行车。

3）请勿拥挤。

4）如遇火警，请勿乘坐电梯。

5）禁止未成年进入。

6）请爱护公共设施。

7）爱护小草，人人有责。

8）请自觉排队买票。

9）打造西北一流创业环境，争创国家级创业型城市。

10）改善创业环境，营造创业氛围。

11）全民参与营造整洁优美的人居环境。

12）消防三懂：懂基本消防知识，懂消防设施器材使用方法，懂逃生自救。

13）团结奋进，无私奉献，为建设新世纪现代化医院而不断开拓创新。

14）救死扶伤，实行革命的人道主义。

15）让每个患者在该科所接受的治疗和护理都满意，给每位患者一个安静、安全、周到、愉快的住院环境。

从调查收集到的 360 多条告示语来看，这种表达形式的告示语有 50 多条，只占 13% 左右。这种表达形式在当今宁夏社会中较少采用。

（2）变异形式的告示语

变异是相对于规范而言的。"变异是以已有的规范形式作为存在的条件，只有有了规范形式作为参照物才能显示出变异来。"[1] 我们把非直白地表达的告示语叫作变异告示语。这类告示语间接地，或者含蓄，或者委婉地告诉人们做什么或不做什么，是一般常规的变异形式，带有鲜明的修辞色彩。在表达方式上，表现出淡化理性诉求，强化情感诉求，追求艺术化的特性。比如同是要求人们爱护草坪的告示语，有多种表达方式。

A. 爱护小草，人人有责。

B. 绕行三五步，留得芳草绿。

C. 绿草茵茵，踏之可惜。

D. 我是生命，请君足下留情。

A 是常规表达，直截了当。B、C、D 表达都比 A 含蓄委婉，是变异的形式，都间接地告知人们该如何做。但 B、C、D 表达的间接程度是有差异的。B 表达的间接程度比 A 强，比 C、D 弱，C 和 D 的表达都是诉诸情感，从情感上打动人，但 C 运用了拟人的修辞手段，赋予小草以生命，情感力度最强，语言表达最含蓄。常规与变异不是截然分开，一分为二的，中间有一些表达处于二者的过渡。比如上面 A、B、C、D 四种表达式中，我们认为 B 就是一种过渡，既明确地告知人们"绕行"，又间接地告诉人们要

---

[1] 王希杰：《修辞学通论》，南京大学出版社 1996 年版，第 188 页。

爱惜绿地。对于这种处于常规与变异过渡的告示语，我们依据其最终目的是间接告知性，把它归入变异告示语的类别。变异告示语在银川告示语里比较多。例如：

1）银川是我家，创建靠大家。
2）消防连万家，安全你我他。
3）红灯亮时，管好你的脚步；绿灯亮时，管好你的速度。
4）眼观古今中外，耳需一时清静。
5）来也匆匆，去也冲冲。
6）每天文明一步，城市精彩十分！
7）消防常识进万家，平安相伴你我他。
8）消防连着你我他，安全保障靠大家。
9）人人为环保、环保为人人。
10）绿色草坪，无须纸化点缀。
11）迈步留意地下草，弹指莫折枝头花。
12）鸟美在羽毛，人美在品德，请爱护校园。
13）车来人往两相让，山重水复一片天。
14）文明行车千里共婵娟，遵纪守法万家得团圆。

这些都是变异告示语，没有直接告诉人们如何做，需要人们少许思考推理。这种表达形式的告示语在我们收集的银川告示语里占大多数。通过语言形式的变化可以看出银川市的文明和谐发展。

3. 银川市告示语的文化特点

根据我们收集的银川市告示语和实地调查的结果分析，银川市告示语主要呈现以下五种特点：

（1）反映了银川市的区域功能特点。银川市分为兴庆区、金凤区、西夏区、永宁县、贺兰县、灵武市六个区域，由于历史原因，各个区域的发展不同，主要社会功能也略有不同，因而每个区域的告示语所表现的主要内容有所不同，带有区域性的特点。如西夏区工厂、高校集中，而且有些工厂企业经济效益不太景气，工人再就业的需求比金凤区、兴庆区的强烈，为了鼓励人们（包括大学生）创业就业，所以创业就业是这个区域突出的社会内容，西夏区有大量的鼓励创业的告示语。如"大力推进全民创业，努力争创创业型城市""创业改变命运，培训提高能力""创业有艰难，苦干能过关"等告示语遍布整个西夏区；金凤区政府机关集中，而且又是新兴开发区,这里比较多的是政府张贴的政治宣传、廉政建设类告示语,如"中国共产党万岁""廉洁方能聚人,律己方能服人""一心为公,自公荣辱不惊"等告示语比较多见;兴庆区是银川市的老城区,商业比较发达,人口比较集中,所以经营类、交通类和社会公德类的告示语比较集中,如"诚信经营""交通安全,关爱生命""讲文明,讲卫生,改陋习,树新风"等告示语为其主要特色。因此,银川市每个分区的告示语的主要内容,与各个区域的社会功能密切相关。

(2)反映了银川市居民小区的文化特点。银川的居民小区分属于各个街道办事处下属的居委会管理,告示语也是管理者用来规范小区居民行为、小区文化建设的主要手段。居民小区一般都有自己的告示语,并呈现独特的特色。如宁大南门二公司北区家属院的告示语有"创建平安家庭,构建和谐社会""人人礼让三先,处处和谐一片""打造和谐环境,凝聚欢乐祥和"等,体现了和谐共处的文化理念。在风华小区的告示语有"廉政文化进社区""腐败是社区的前兆,勤廉是幸福的根源""不以穷变节,不以贱易志"等,反映了社会廉政建设的主题;朔方小区的告示语有"片言只语体现修养,小事细节彰显文明""弘扬社会道德,告别不文明行为"等,大多是以弘扬道德为主题的告示语;怀远小区的告示语有"远亲不如近邻,邻里互助暖人心""健康一个居民,幸福一个家庭,和谐一个社区"等,大多是以邻里和谐,家庭和谐为主题的告示语。出现告示语的居民小区大多是比较旧的一些老小区,告示语大多被直接刷写在墙壁上,而在新建的一些居民小区告示语较少出现,更少见到墙壁上刷写的告示语。这说明在银川城市化进程中,现代的城市居民小区,至少是物业管理者拒绝使用告示语这种手段对业主告知某种信息。

(3)反映了管理者"以人为本"的文化理念。这表现在告示语里,不讲技巧,用词严厉,态度生硬的告示语少了,祝愿、请求、提醒式的"柔化"告示语多了,体现了平等友爱的对话态度,"以人为本"的文化理念。如将"严禁吸烟"改成"吸烟有害健康","严禁践踏草坪"改成"我是生命,请君足下留情",口气委婉温和,适合受众的接受心理。餐厅有"谁知盘中餐,粒粒皆辛苦"的告示语,正在建的大楼上的"高高兴兴上班来,平平安安回家去"告示语,在浅显的字面意义上融入了情感因素、认知推理因素以及情趣因素。在我们的实地调查中看到银川告示语里很少用"禁止""谢绝"等严厉词汇,只有在施工重地、学校、人口流动强的

第四章　宁夏社会用语使用状况研究

地方使用。如"施工重地，禁止通行""施工重地，严禁进入""没戴安全帽，严禁进入""非施工人员，严禁进入"等，差不多在施工重地都是采用的禁止类的告示语；在学校也有禁止类的告示语，如"非本校人员严禁进入""此处禁止停放自行车""宿舍禁止使用大功率电器"等；在公交车上可见禁止类告示语，如"禁止摸扶""禁止吸烟"等。但在一般的公共场合很少见禁止类、用语比较严厉的告示语。银川市告示语表达形式的变化体现了积极向上、健康文明的社会文化。这种社会文化的形成，与银川人口素质的提高有一定关系。2010年银川市第六次全国人口普查显示："全市常住人口中，具有大学（指大专以上）文化程度的人口为343352人；具有高中（含中专）文化程度的人口为340375人；具有初中文化程度的人口为687989人；具有小学文化程度的人口为405207人（以上各种受教育程度的人包括各类学校的毕业生、肄业生和在校生）。同2000年第五次全国人口普查相比，每10万人中具有大学文化程度的由8031人上升为17227人；具有高中文化程度的由17015人上升为17078人；具有初中文化程度的由32518人上升为34519人；具有小学文化程度的由24971人下降为20331人。全市常住人口中，文盲人口（15岁及以上不识字的人）为72524人，同2000年第五次全国人口普查相比，文盲人口减少44989人，文盲率由8.40%下降为3.64%，下降4.76个百分点。"①

随着银川市人口文化程度的提高，面对公众的告示语与时俱进，表达形式也发生了变化。创造文明的交际环境是社会进步的标志，也是人们社会公德提高的体现。当前以银川市为代表的宁夏告示语体现的是尊重与宽容，平等与信任的文化理念。

（4）银川告示语种类多，数量大，各种类的告示语配合使用，已成为体现银川文明的窗户。银川不仅是一个处在少数民族地区的城市，更是一个移民城市。近年来，银川独特的地理环境、气候环境和民族特色更是吸引了大批的移民，加强了银川与国内外的交流。银川告示语的恰当使用是体现城市文明的窗口，环保类、交通类、社会和谐类等类型的告示语配合使用，因而形成了具有银川特色的告示语模式。

（5）银川采用图文并茂的告示语设计，以此来提高人们的接受程度。

---

① 银川市统计局：《银川市2010年第六次全国人口普查主要数据公报》，http://wenku.baidu.com/view/28dce306a6c30c2259019ec3.html。

在银川到处可见图文并茂的告示语，即运用图画来衬托文字表达的意思。如文昌北街"仁""义""礼""智""信"，都用图画来宣传告知。又如，宁大南门的"文明养狗""垃圾入箱"等都用图画配合文字宣传告知，这样图文并茂的告示语的设计，宣传效果好，即使不认识字的小朋友也知道告示语的意思。图文并茂的告示语，形成了银川告示语的又一特色。

二 银川市告示语的使用情况

银川市作为宁夏回族自治区的首府城市，告示语的使用情况及其作用如何？笔者从社会语言学的视角对此进行调查研究。

（一）调查方法

对于银川告示语的使用情况的调查，主要采用田野调查法和问卷调查法。田野调查法主要用于收集银川市主要公共场合的告示语，了解银川市告示语的特点。问卷调查主要用于调查人们对于告示语的接受情况。

（二）调查内容与分析

告示语主要是面对公众的一种语言现象，公众的反应直接影响告示语的效用。告示语作为一种社会用语，良好的社会功能是人们所期盼的。为了了解银川市告示语的功能以及银川市民对近年来的告示语的看法。我们在2012年10月1日至4日，进行了实地调查。调查方法是问卷调查法，调查对象选择采用"偶遇法"，调查对象是银川市市区居民，按照年龄，把调查对象分为15岁以下，15—25岁，25—35岁，35—45岁，45—55岁，55岁以上六个年龄段。

本次调查共发放调查问卷200份，其中收回有效问卷196份，有效回收率为98%。在收回的有效问卷中，男性占53.06%，女性占46.94%。年龄信息见表4-2。除去性别和年龄基本信息外，我们一共设计了8个问题，调查的问题主要包括市民对于告示语注意程度、市民对于告示语价值判定、市民对于告示语表达形式的看法等方面。

表4-2　　　　　　　调查对象年龄信息（N=196）

年龄	15岁以下	15—25岁	25—35岁	35—45岁	45—55岁	55岁以上	总计
人数（人）	14	50	38	30	46	18	196
所占比率（%）	7.1	25.5	19.4	15.3	23.5	9.2	100

从表4-2可以看到，在调查对象中，15—55岁的人群是主要调查对象，占调查总数的83.7%。选取这个年龄段的人群作为主要调查对象，因为他们社会活动较多，对社会现象有一定的判断能力，他们的观点看法有一定的代表性。

1. 市民对告示语的关注情况

通过调查市民对告示语关注的情况，可以了解告示语对人们生活有无影响，以及有怎样的影响。为了调查这方面的情况，调查组设计了这样的问题"您平时注意过哪类告示语吗？"给出四个选项，并在每个选项后提供一个典型的告示语例子，便于人们辨别。调查结果是：选A交通类（如路路无"违"）的占32.65%，选B环保类（如尊崇自然、敬畏生命）的占26.53%，选C社会和谐类（如爱国守法、明礼诚信、团结友善、勤俭自强）的占27.55%，选D其他类型占9.18%。由此可以看出银川市民关注最多的是交通类告示语，其次是社会和谐类的告示语，对环保类告示语的关注稍次于社会和谐类的告示语。这个调查与人们实际社会生活相符合。因为交通安全与人们生活直接相关，人们每天上下班都会关注交通类告示语。反过来，也可以说，对银川市民交通类告示语有重要的社会告知功能。

2. 市民对告示语作用的评价

调查银川市民对告示作用的看法，调查问卷设计了两个问题。

问题一是"当您看到告示语的提示时，您会怎么做？"提供ABC三个选项，调查结果是选A项"遵守"的占41.84%，选B项"偶尔遵守"的占45.92%，选C项"从不遵守，视而不见"的占12.24%。调查数据显示，银川市民能够较好地遵守告示语的提示，也间接地说明告示语在银川市民生活中有一定的作用。

问题二是"在您的生活中，告示语是否能给您带来方便？"调查问卷也提供了ABC三个选项，调查结果是选A项"能"的占43.88%，选B项"偶尔能"的占21.43%，选C项"不能"的占34.69%。这个问题的设置是为了直接地调查了解告示语的作用，43.88%的人肯定回答告示语能够给生活带来方便，如果把选择AB两项合起来，就有65%的人认为告示语对人们的生活有积极的帮助。

通过上面调查结果可以看到，银川市民对告示语的作用持肯定的看法，比较认可告示语的作用。

3. 市民对告示语存在价值的评价

为了调查市民对告示语存在价值的评价，调查问卷设计了这样的问题"您认为告示语是否有存在的价值？"提供了 ABC 三个选项，调查结果是选 A 项"有"的占 47.96%，选 B 项"没有"的占 20.41%，选 C 项"无所谓"的占 32.65%。

结合上面"遵守告示语提示"的 41.84%、"告示语能给生活带来方便"的 43.88% 的数据，这里认为告示语有存在价值的占 47.96%，这三个问题的数据比较接近，有一致性，也可以说明市民对告示语存在价值的判断具有可信性。对于告示语存在价值持"无所谓"态度的占 32.65%，说明有超过 30% 之多的人对告示语的存在是两可的。仅有 20.41% 的人认为告示语没有存在的价值。

4. 市民对于告示语表达的认知情况

告示语的功能主要是面对公众，服务社会，随着社会的发展变化，告示语的内容和表达形式必定会随之发生变化。在上文对告示语的分类中看到了告示语存在变异的语言表达形式。人们对这类变异表达的告示语如何看待？笔者调查了不同年龄段的市民对变异告示语的认识和接受度情况。调查问卷设计了 3 个问题进行调查，具体情况见表 4-3、表 4-4。

表 4-3　您认为近年来的告示语与以前的告示语相比发生了什么变化？（N=196）

选项	频数（人）	比率（%）
没变化	53	27.04
比以前用词更加严厉（如用"禁止、严禁等"）	20	10.20
用词更加人性化（如"请、谢谢合作等"）	123	62.76
合计	196	100

表 4-4　您认为告示语用词的变化会不会降低告示语的作用？（N=196）

选项	频数（人）	比率（%）
会降低其作用	32	16.33
不会降低其作用	68	34.69
比以前发挥更大作用	96	48.98
合计	196	100

从表4-3的调查数据看到，有62.76%的人认为银川市告示语用词更加人性化了，如以前用了"严禁，禁止"（禁止大声喧哗），现在用"请，谢谢"（请不要大声喧哗，谢谢合作）等词。从银川收集的告示语中，我们统计只有11条运用了"禁止""谢绝""严禁"等词汇。人们的选择与银川告示语的实际基本相符。告示语语言表达上的变化对它的作用起到怎样的影响，课题组进行了调查，见表4-4。

表4-4显示，银川市民选择"不会降低其作用"和"比以前发挥更大作用"两项合起来超过80%，选择这两项的人主要是25—55岁年龄段的。这反映了对于现在告示语的表达方式银川社会的主要人群是普遍接受的。

由表4-3和表4-4的调查数据可见，银川市民关注了近年来告示语的变化，而且对于变异的告示语是普遍接受的态度。这说明银川市告示语近年来的变化符合了银川社会的人们需要和接受心理。从心理学的角度看，强制命令的刺激性的词汇会引发人们的反抗或是战胜的情绪，这样会使告示语不能发挥其应有的效果，人性化的语言顺应了当下人们普遍的心理。

对于变异的告示语，由于其表达用词礼貌，具有人性化特点，人们的认可度较高，反过来，是不是使用严厉词汇的告示语就要全部取消，没有存在的价值呢？课题组也进行了相应的调查。调查发现有28.57%的银川市民认为使用强制命令词语的告示语不应该取消，有少许人支持，使用强制命令词语的告示语在特殊的场合也有特殊的功能和价值。在调查收集到的告示语中，使用"禁止""谢绝"等词语的告示语数量不多，都是在特殊场合或人流比较集中的场合，如施工重地、公交车上、学校、医院等场合。

综上可知，通过调查分析说明，近年来银川市告示语的表达形式越来越考虑受众的接受心理，市民对这种变异告示语的关注度较高，对其社会功能和存在价值评价持肯定态度，这反映了银川市变异告示的告示语符合银川社会的要求和人们普遍的接受心理。

三 变异告示语的互文策略[①]

告示语由于它的公益性和广而告知性，有时人们也把它叫作公益广

[①] 刘晨红：《变异告示语的互文研究》，《北方民族大学学报》（哲学社会科学版）2013年第4期。

告。告示语与社会生活密切相关,有商业类、环保类、卫生类、交通安全类、计划生育类、政策宣传类等。近些年来,告示语的表达形式也随之发生了一些变异。下面就看看同一内容的两组告示语。①

　　A 组：1）不讲卫生可耻。

　　　　　2）禁止随地吐痰。

　　　　　3）损坏玻璃罚款十元。

　　　　　4）严禁践踏草坪。

　　　　　5）严禁射猎鸟兽。

　　B 组：1）养成卫生习惯,祝您身体健康。

　　　　　2）为了您和他人的健康,请不要随地吐痰。

　　　　　3）当心压坏玻璃受伤。

　　　　　4）我是生命,请君足下留情。

　　　　　5）劝君莫打三春鸟,子在巢中盼母归。

　　A 组是过去我们在户外最常见的告示语,B 组也是我们现今多见的。A 组告示语表达的内容与 B 组相对应的各条表达的内容相同,但语言表达截然不同。A 组用词严厉,采用祈使句,表达了强烈的指令语气,明确告知公众不能发生的行为。而 B 组从词语的选用、句类的使用及语气的表达都与 A 组明显不同。相比较 A 组告示语的告知性明确,B 组告示语的告知性含蓄。我们认为告示语的典型功能就是告知性,所以我们认为 A 组告示语是常规的,B 组是告示语的变异表达形式。我们从宁夏地区收集了700多条告示语,发现这种变异表达的告示语占有一定比率。对于变异告示语的相关研究也有一些,大多从语用角度进行,有从社会语言学视角进行研究,也有从修辞学角度研究。

　　在本章的第一节可以看到在课题组收集的宁夏告示语的语料中有大量的变异告示语,本文运用话语的互文性理论对变异告示语进行分析。本节认为变异性是告示话语的语言层面的标记,互文是话语变异的深层特质。

　　（一）话语和互文的概念

　　1. 话语

　　所谓话语,指的是对主题或者目标的谈论方式。包括口语、文字以及

---

① 刘晨红：《公益广告语言的艺术化表现》,《西北第二民族学院学报》2005 年第 2 期。

其他的表述方式。① 施旭认为，话语就是"实际生活中的语言活动"。"某人在某情况下对某事的某种说法和看法。"从语言单位上看，话语可以是一个词、一句话、一个语篇。话语并不仅仅指某一特殊的描述或表现世界的方式，它同时也指伴随这些方式的社会行为或行动。话语不仅仅是人们言说的过程和结果，更是人们行为的过程和结果。由此可推知，话语是一种有特定目的和结果的社会实践形式。诸如"嗨""麻烦你把盐递给我好吗？""闭嘴！""我爱你"的话语，或表示对他人的态度，或施加了责任，或下达了命令，或维系了或改变了社会关系，等等。② 不管是"严禁践踏草坪"之类的常规告示语，还是"小草有生命，足下多留'青'"之类的变异告示语，它们的目的性都很强，或者直接或者委婉地表达了一种指令，要求人们爱惜绿地，爱惜草坪。所以告示语是一种目的性很强的社会实践形式，像新闻话语、广告话语一样，是话语的一种形式。

2. 互文

本节所说的互文与传统的修辞学里的互文是不同的概念。传统修辞学里，将互文理解为一种语言技巧，互文指的是"在结构相同或相似的上下文中，上文里隐含着下文里出现的词语，下文里隐含着上文里出现的词语，参互成文，合而见义"③。如"秦时明月汉时关""当窗理云鬓，对镜贴花黄"等。

本节所用的互文（intertetxuality）概念是法国后结构主义批评家克里斯特娃（Kristva）提出来的，"通常被用来指示一个文本与它所引用、改写、吸收、扩展或在总体上加以改造的其他文本之间的关系，并且依据这种关系才能比较充分地理解该文本"④。也有人翻译为互文性，并解释互文性指"一个语篇中出现的融汇其他语篇的片段这样的现象，而这些片段在该语篇中可能被明确认出，或者是被吸纳其中"⑤。概括地说，所谓"互文"是指两个或多个文本之间相互渗透、相互交织的言语现象。而且文本理论认为互文是广泛存在的现象。"任何文本都是互文本，前文本、文化

---

① ［英］诺曼·费尔克拉夫：《话语与社会变迁》，殷晓蓉译，华夏出版社2003年版，第58页。
② 施旭：《究竟什么是"话语"和"话语研究"？》，《社会科学报》2008年第1期。
③ 王德春：《大学修辞学》，福建人民出版社2004年版，第280页。
④ 娄开阳、徐赳赳：《新闻语体中连续报道的互文分析》，《当代修辞学》2010年第3期。
⑤ 徐盛桓：《幂姆与文学作品互文性研究》，《暨南大学华文学院学报》2005年第1期。

文本、可见不可见的文本，无意识或自动引文，都在互文本中出现，在互文本中再分配。"① 费尔克拉夫认为："文本"（text）是话语的一个向度：是文本生产过程中书写的或口头的"产品"②。由此，我们可以说，任何话语都是互文性的，告示语也不例外。

基于互文现象的广泛性，可以说告示话语中必然存在互文现象，或者说互文对告示语的形成和理解必然有一定影响。本节以变异的告示语为研究对象，分析变异告示语中互文类型以及社会功能。

（二）变异告示语的互文类型

"引用、暗示、参考、仿作、戏拟、剽窃、各式各样的照搬照用，互文性的具体方式不胜枚举，一言难尽。"③ 本节讨论的互文是告示语中"交织或渗透一般人常识中能够感知辨认的其他文本的言语现象或言语表达形式"④。告示语的互文现象表现有词句性的引用、吸纳、模拟，也有整体语篇借用搬用的情形，以此为标准变异告示语的互文具体有以下几种类型。

1. 引用式

引用式就是引用原话。这种告示语是引用的原话和当前话语一起构成一则告示语。告示语中引用其他文本中的某些话语（词句），这些话语有规约的意义或使用领域，原来的规约的意义或使用领域是人们能够清晰感知和辨认的。告示语的形成和理解受到原文本的影响，形成互文现象。告示语中的引用从不同的角度看，有不同的类型。

（1）就引用的标记看，分为无标记引用和有标记引用两类。

引用标记指显示引用的标记特征。如引号、冒号、逗号、××说/道/笑道等。告示语里的引用标记大都是引号，没有"说""道"类的词语标记。无标记的引用，即在被引用的语句或词语上没有引用标记。有标记的引用指在被引用的语句或词语上有引用标记。例如：

1）但愿人长久，热血注心田。（无偿献血告示语）
2）葡萄美酒夜光杯，狂饮暴餐伤脾胃。（餐馆告示语）

---

① 陈永国：《互文性》，《外国文学》2003年第1期。
② [英]诺曼·费尔克拉夫：《话语与社会变迁》，殷晓蓉译，华夏出版社2003年版，第3页。
③ [法]萨莫瓦约：《互文性研究》，邵炜译，天津人民出版社2003年版，序言第2页。
④ 郑庆君：《"互文"型手机短信及其语篇特征探析》，《语言教学与研究》2007年第5期。

3）同是天涯行车人，相逢千万别"相吻"。（车贴标语）

例1）中的"但愿人长久"和例2）中的"葡萄美酒夜光杯"是分别直接引用苏轼的《水调歌头》和王翰的《凉州词》中的句子，没有任何显示引用的标记符号，也就是引用话语和当前话语融合为一体构成一则告示话语。例3）引用了只能用描写人与人之间关系的词语"相吻"来描写车辆的碰撞，经常出现在其他领域的词语被用于告示语的领域，引用时加上了引号标记。

（2）从被引话语出现在告示语中的位置看，告示语中的引用分为前引式和后引式。

前引式，就是被引用的词句出现在整个告示语的最前面。后引式就是被引用的词句出现在整个告示语的结尾部分。告示语中比较多的是前引式。例如：

1）树欲静而风不止，子欲养而亲不待，不要当失去时才去后悔没有珍惜……（尊老敬老告示语）

2）十四就是十四，四十就是四十，十四不是四十，四十不是十四——如果没有牙齿，看你怎么读？（保护牙齿告示语）

3）开车时来不得半点马虎，眼睛中藏不下一粒沙子。（交通安全告示语）

例1）中的"树欲静而风不止，子欲养而亲不待"和例2）中的绕口令都是直接引用，引用话语都位于当前话语的最前面，都是前引式引用。例3）"眼睛中藏不下一粒沙子"这句俗语被直接引用位于当前话语的末尾，是后引式。

我们从收集的告示语中发现，告示语中大多是前引式的无标记引用。告示语可以引用词、句（诗句、谚语、警句）、篇，但比较多见词句的引用。

2. 仿拟式

仿拟是"根据交际的需要。模仿现有的格式，临时新创一种说法"[1]。仿拟生成的告示语和原话语是互文现象。告示语中的仿拟有仿句和仿式。被模仿的多是古诗句和古诗篇。

仿句就是仿拟时，替换掉原诗句中的某个、某些词而形成诗句形式的

---

[1] 王希杰：《汉语修辞学》，商务印书馆2004年版，第413页。

告示语。例如：

1）只需寸草心，即得三春晖。（环保告示语）

2）今朝有酒今不醉，珍惜健康最可贵。（餐馆戒酒告示语）

3）廉政几时有，腐败何日休。昼夜奔于斯，监狱是尽头。（廉政建设告示语）

上面三则告示语很明显是仿照诗句改写而来，读者阅读时也会联想到原来的诗句，它们的生成和理解都受到了原诗句的影响，二者之间形成互文关系。在仿拟式互文告示语里有这样一种现象，例如：

4）a 鲜血诚宝贵，救人品更高。（无偿献血告示语）
　　b 鲜血诚可贵，助人价更高。（无偿献血告示语）
　　c 生命诚可贵，幸福价更高。若想无事故，安全要牢记。（交通安全告示语）

5）a 同是天涯行车人，相逢千万别"相吻"。（交通安全告示语）
　　b 同是饥肠辘辘人，何必捷足要先登？（食堂告示语）

例4）的 a、b、c 是三则告示语，它们都是仿照"生命诚可贵，爱情价更高"得来。例5）的 a、b 也是两则告示语，都是模仿"同是天涯沦落人，相逢何必曾相识"得来。我们把这种现象叫作同源模拟告示语。对于上面的同源模拟告示语和原文"生命诚可贵，爱情价更高""同是天涯沦落人，相逢何必曾相识"必然形成互文，那么同源模拟告示语之间是否形成互文呢？有两种可能，如果彼此之间相互参照了，就会有互文关系，否则没有。这里可以看出告示语可以与其他体裁文本形成互文关系，也可以是告示语和告示语形成互文关系。这是由于告示语的社会功能及内容，以及出现的社会语境所决定的。

仿式就是仿拟时，保留原有的格式或语调，替换掉原来诗句中所有词语，形成新的告示语。告示语和原话语形成形式互文，告示语和原话语之间没有意义的联系，只有形式——模式语调的联系。这里的形式互文与娄开阳、徐赳赳讲的形式互文不同，他们讲的形式互文，指篇章与篇章间的互文有形式的联系，如词汇、结构等互用。[①] 也就是说他们讲的形式互文包括词汇、结构的互用，我们这里的形式互文只是结构模式的互用。例如：

────────

① 娄开阳、徐赳赳：《新闻语体中连续报道的互文分析》，《当代修辞学》2010 年第 3 期。

6）红灯、绿灯、警灯，灯灯为令；弯道、坡道、直道，道道小心。（交通安全告示语）

这则告示语是仿照"风声、雨声、读书声，声声入耳，家事、国事、天下事，事事关心"的结构模式生成。

不管是仿句还是仿式，原话语的影子在告示语中都能够清晰可见。

3. 照搬式

照搬式就是一字一调不改，完全照搬原来话语，以告示语的形式出现。和引用式的区别在于照搬式只有原来的话语，没有当前话语。比如：

1）谁知盘中餐，粒粒皆辛苦。（食堂内告示语）
2）爱人者，人恒爱之；敬人者，人恒敬之。（社会公德告示语）
3）上善若水，厚德载物。（尊老告示语）
4）老吾老以及人之老，幼吾幼以及人之幼。（尊老告示语）
5）将心比心，推己及人，己所不欲，勿施于人。（社会公德告示语）
6）此处无声胜有声。（图书馆内告示语）
7）知道我在等你吗？（垃圾桶上告示语）
8）我是一只小小小小鸟，总是飞呀飞不高。（爱鸟告示语）

上面这些话语由于出现在特定的社会场合，它们不再是一句诗文或者一句歌词，而是一条告示语。这类告示语的生成就是照搬原来的话语，以标牌或标语的形式出现在公共场合。就整个话语的交际目的而言，旨在告知人们一种观念，使人们接受这种观念，从而实施某种社会行为，或者爱鸟，或者爱人，或者珍惜粮食，或者遵守公德等，照搬的话语都是人们熟知的。照搬式告示语的生成和理解必然要和话语的原来文本形成互文关系。

4. 烘托式

此类互文也是引用名篇名诗中的句子，但引用目的是为话语中要表达的中心语句烘托气氛，起引子、铺垫的作用，所引内容并无多少实际价值，有的甚至与"正文"没有语义关联。而"引用式"则有实际语义价值，甚至缺它不可。[①] 例如：

1）56个民族56朵花，56种语言汇成一句话：请说普通话。（推普告示语）

[①] 郑庆君：《"互文"型手机短信及其语篇特征探析》，《语言教学与研究》2007年第5期。

这则告示语的中心语句就是后面的"请说普通话"。前面引用歌词只是渲染铺垫，去掉它不影响告示语的语义及目的。

2）运动，生命的基础；财富，人生的追求。（体育彩票销售处告示语）

3）良药苦口利于病，交通规则利于行。（交通告示语）

这两则告示语的前半句与告示语的内容无关，引用它们是为了与后一句形成对称的语句形式，在于形式美的追求。

5. 双关式

双关式互文就是利用同音字，改变原有词语里某个字的字形，一语双关，形成互文现象。例如：

1）爱惜生命之源，"关住"滴滴点点。（水龙头附近告示语）

2）顺"便"冲水。（卫生间内告示语）

3）天地"粮"心，惜食莫蚀。（食堂内告示语）

4）"痰吐"得体，从我做起。（校园内告示语）

5）孩子学习需宁静，四邻休息需寂静——稍安勿"噪"。（楼道内告示语）

6）居高不要"淋"下，爱邻即是爱己。（居民楼内告示语）

在例1）—例6）告示语里，被改变的字用引号标示出来了，起到了突出告示语表达的意义和目的的作用，同时引起受众的注意。被谐音改变的语言单位都是人们熟知的或具有固化模式的词语，比如"留情""关注""顺便"双音节的词和"人人为我""天地良心""少安毋躁""居高临下""出口成章"等固化的四字格词，尤其是成语固化性更强，一些熟知的或固化的词语打破原有模式，以新的形式出现，形式新颖，同时用谐音字来替换词语中的某个或某些成分，仍然能够激活人们头脑中相应的词或成语，形成互文。

（三）变异告示语互文的特点及其成因

通过上面的互文类型的分析，总体来讲，变异告示语互文的特点有两个。

1. 多是无标记互文

从广义的角度讲，任何互文的形成都是引用，对于上面的五种互文更概括地讲，可以看作两类，即有标记互文和无标记互文。不带有任何引用标记的互文都是无标记互文。比如照搬式是无标记互文，引用式、仿拟式和烘托式中的大多数也是无标记互文。

2. 源文多是诗句和成语

从源文（被引用的话语）的语言形式看，源文有词、句（诗句、谚语、警句）、篇，但比较多见词句，尤其多是诗句和成语。

形成上述特点的原因，大概有三个方面，一是告示语载体的原因。告示语多是以标牌的形式出现，也有一些印刷在墙壁或其他载体上，载体大多空间有限，而告示语的字号较大，所以，为了在有限的空间里尽可能传递较多的信息，能不用多余符号尽量不用，所以无标记互文较多。二是由于告示语受众的大众化特性和告示语的目的性。告示语大众化的特性决定了其语言材料要尽量通俗易懂，因此告示语创造者（发布者）会选择人们最熟知的认知语言单位，而诗句、成语大多是人们耳熟能详的，具有广泛的社会认知度，不用标记人们也能辨识出它们先前的语域和语义。人们耳熟能详的诗句、成语在告示语中广泛出现，能够凝练形象地传达丰富的意义，是很好的源文材料。告示语的目的性又要求必须能够引人注目，打动人心，这就决定了告示语在使用源文时又要对这些语言单位进行一定的处理，或者打破原有的固定模式（仿拟、双关等），或者转换语境，达到醒目的目的。三是由于告示语的形式。告示语大多是以语句的形式出现，被引用的诗句、古文出现在告示语的前面形成渲染或者铺衬，以凸显后面的语义重心，或者凸显告示语的表达意图。当人们先看到引用的诗句时，受认知的惯性影响也首先会激活诗句的后一句，但告示语中的下一句与原来的诗句不同，引用的话语出现的新的语域与原先语域形成冲突从而引起人们的注意，实现凸显的功能。比如"葡萄美酒夜光杯"原先语域中紧接的是"欲饮琵琶马上催"，人们首先会联想到，但在告示语中"葡萄美酒夜光杯"紧接的是"狂饮暴餐伤脾胃"。在人们看到这则告示语后首先会形成认知冲突，引起注意，然后解读互文，理解这则告示语的语义重心——后一句，也是目的所在，即告知人们健康饮食。

（四）变异告示语互文的功能

话语研究者认为"语言使用中的变化方式，是与广泛的社会文化过程联系在一起的"。话语根源于人们的生活方式和文化习惯，但同时也影响着人们的生活方式和文化习惯。一个言谈者的身份（社会来历、性别、阶级、态度、信仰等）是在他选择的语言形式和意义中得到"表达"的。[①]变异告示语互文的语言形式的选择体现了说者（发布者）怎样的身份以及与受众建立了怎样的社会关系呢？这就是我们所说的变异告示语互文的功能。

    1. 转变了告示话语的行为形式

    "话语是一种表现形式，也是一种行为形式。"告示语是政府部门、机关等用来宣传某些观念、思想、政策、规则等，告知公众如何行事，比如尊老敬老、保护环境、无偿献血等。告示语本身就是一种言语行为。任何言语行为都是在一定的语境中实施，并由说话者和听话者共同完成的。从这个角度也许可以说告示语是政府部门、机关等的行为形式的语言表现。告示语如果采用上文 A 组的表达形式，告示语的发布者是采取高高在上的、盛气凌人的命令、威胁的方式行事，在过去某个阶段也许公众还能接受，但在当下社会语境中，A 组表达形式不但不能传递信息，而且还会激起受众的反感心理。告示语的最终目的不是"说"，也不是"听"，而是"说"了、"听"了之后的效果。如果其产生的效果和发布者预期的效果一致，那么，该告示语的存在产生了实际作用；反之。其存在则毫无意义。面对社会公众，为了发挥告示语的作用，取得良好的社会效果，告示语的发布者必须改变告示语的表现形式，改变行事方式。因为"言语表达具有'力量'"，力量在于他所建构的是什么样的言语行为（承诺、要求、威胁）。[②] 告示语的互文就是转变了原来的单一的威胁命令式言语行为，建立了请求希望建议的言语行为。新型的言语行为形式能够引发注意，以消减读者对无处不在的宣传（政府部门）、盛气凌人的说教的抵触情绪，有助于告示语发挥社会功能，收到最好的效果。

    2. 建立了告示语的"民主化"特点

    话语的"民主化"（democratization）意思是消除话语权利、义务和人类群体声望方面的不平等和不对称。[③] 告示话语的交际双方是发布者和公

---

    ① ［英］诺曼·费尔克拉夫：《话语与社会变迁》，殷晓蓉译，华夏出版社 2003 年版，第 1、43 页。

    ② ［英］诺曼·费尔克拉夫：《话语与社会变迁》，殷晓蓉译，华夏出版社 2003 年版，第 59、70 页。

    ③ ［英］诺曼·费尔克拉夫：《话语与社会变迁》，殷晓蓉译，华夏出版社 2003 年版，第 187 页。

众，两者之间的关系直接影响话语的交际效果。交际中人与人之间的关系有两种，一是权势关系，即交际的一方处于优势地位，另一方处于劣势地位。比如上下级、长辈与晚辈的关系；二是一致关系，即交际双方处于平等地位。比如朋友、同学、同事等关系。交际关系可以是客观存在，也可以随着交际场合、交际者的主观心理发生变化，关系变化的外在表现首先体现在语言的选择上。比如上下级通常是权势关系，为了显示这种关系，下级选择"姓+职务"的称谓称呼。如果下级与上级关系亲近，在非正式的场合，下级会选用"老/小+姓"或只用名不带姓的称谓称呼，这样的语言选择就表现了非权势的关系。长期以来告示语呈现的发布者和公众之间的关系是权势关系，发布者处于优势地位，发出指令，发号命令，比如"禁止随地吐痰""攀折花木罚款十元"。这种告示语的权威性强，对公众的强加命令程度极高，缺少"民主化"。随着社会的发展，人们的思想文化发生许多变化，对人际关系的认识也发生了许多变化。互文使告示话语的"民主化"加强，是告示发布者和公众之间关系改变的外在表现，二者之间建立了一致关系。尤其是变异告示语互文的广泛使用表明告示语创造者"倾向于作为'调节者'来行事的趋势，而'调节者'是这样的人物，他们培植'被当作典型的目标受众的特性'，培植与那个假定的受众之间的一致关系，这类人物还能够用受众自己的'常识性'术语向受众传递"信息。[①] 比如"只需寸草心，即得三春晖。""今朝有酒今不醉，珍惜健康最可贵。"互文借助援引话语本身的特征实现其交际意图，消除了"禁止""罚款"等一类带有权力的标志，体现了对公众个人价值的尊重，发布者身份的弱化、模糊，公众和发布者同时被告知，二者处于一致关系，符合现代社会人际关系民主化的发展趋势，告示话语能够更好地发挥社会功能。

3. 增强告示语的语言张力

语言张力是指由语言所直接促发的多重意义、别样意蕴对单纯、有限的语言外壳的冲击。语言张力体现在语言的想象力和情感色彩。互文使得不同体裁的语言，尤其诗文、歌词等出现在告示语中，或者当作告示语，从而告示语语言具有想象力和情感色彩，语言张力增强。固定的、程式化

---

① [英]诺曼·费尔克拉夫：《话语与社会变迁》，殷晓蓉译，华夏出版社2003年版，第101页。

的语言秩序往往陷于僵化,独特新颖的语言组合往往极具张力。告示语的受众的大众化以及内容的熟知性,使得告示语如果采用完全陌生化的语言形式,表达效果会不好。独特新颖的语言组合中最好的方式就是互文,加之互文的源文多是人们熟知的,带有常识性的材料,所以作者的互文信息能被读者意识到,形成新中有旧、旧中有新的表达,避免公众对全新语言表达认知的负担,有助于激发公众的想象力,收到良好的传播效果。比如"谁知盘中餐,粒粒皆辛苦。"(食堂告示语)使抽象的概念形象化、具体化,轻松自然地传达了一种观念——珍惜粮食。

四 告示语的言语行为分析

(一) 言语行为的概念

言语行为理论认为说话就是做事,交际活动是由一系列的言语行为组成的,言语行为是言语交际的基本单位。使用语言以实现一定意图就是完成一个行为。人类的行为有各种类型,通过使用语言而完成的行为是一种外显的符号互动行为,称为言语行为。

言语行为的主体是发话者和受话者。语言使用者是言语行为的主体,任何话语都是怀有一定意图的发话者,在一定语境中针对能产生一定效果的受话者发出的。离开发话者的意图和对意图的理解,以及这意图和理解与语境的联系,任何话语的语用意义都是无法确定的。

言语行为的表现形式可以是口语,也可以是书面语。

索振羽的《语用学教程》里介绍:言语行为理论的创始人奥斯汀把言语行为分为三类,叙事行为、施事行为、成事行为。叙事行为的功能是以言指事。完成一个叙事行为大致相当于发出一个有意义(等于立意和所指)的句子(或话语)。施事行为就是以言行事。"完成一种施事行为就是完成在说某种事情中所存在的一种行为。"成事行为的功能是以言语成事。"说某种事情会经常地,甚至常规地对听话人或说话人或其他人产生一定的影响,影响他们的感情、思想或行动",这种行为叫成事行为。成事言语行为的特点必定是在听话人或其他人的感情或思想上或行动上产生某种影响或效果。[1]

本节以言语行为理论分析宁夏告示语的言语行为类型、指令性言语行

---

[1] 索振羽编:《语用学教程》,北京大学出版社2004年版,第152—155页。

为的表达策略及语力。

（二）告示语的言语行为类型

告示语是一种公示性话语，是指在公共场合张贴或印刷的旨在为一般公众或特殊群体提供指南、提醒、警告等帮助的宣传性、服务性语言标牌标语。告示语的功能是为了以言行事，影响管理对象的行为举止。

何兆熊的《新编语用学概要》里介绍了塞尔言语行为理论，[①] 塞尔把功能是以言行事的施事行为归为5类：断言行为（assertives）、指令行为（directives）、承诺行为（commissives）、表情行为（expressives）、宣告行为（declarations）。塞尔认为实施指令类言语行为所需要满足的条件是：

A. 准备条件：听话人有能力做某一动作

B. 诚意性条件：说话人要听话人做某一动作

C. 命题内容条件：说话人言及听话人将要做的某一动作

D. 实质条件：说话人设法使听话人去做某一动作

"指令"涉及说话人（发出指令者），听话人（指令的对象）和说话人想要听话人去做的动作这三个基本要素。

告示语的实质就是发布者（管理者）对大众直接或间接地发布了某个指令，禁止、祈求、建议、告知公众实施某一行为。告示语又是特殊的指令类言语行为，是管理者与被管理者之间非口语的言语交际。交际的话语具有持久性，作为交际的参与者，管理的双方都不是以个体身份出现的，发话者是非个人（单位）的，受话者是群体的。例如"严禁践踏草坪"严厉地表达了一种指令，"银川是我家，卫生靠大家"，号召人们为一目标努力，也表达了一种指令。

在指令类言语行为中，言语行为主体间的关系，即说话人（发出指令者）与听话人（指令的对象）之间的关系影响指令如何发出，也就是影响话语（句式）的选择。在告示语里影响告示语的语言表达。

从语言形式及功用关系的角度来看，言语行为还可以分为直接言语行为和间接言语行为。塞尔指出，直接言语行为是说话人说出一句话，确切表达这句话的字面意义，并且字面意义和说话意图或言外之意吻合，也就是句子的结构和功能之间存在着直接关系，这是实施言语行为最简单

[①] 何兆熊：《新编语用学概要》，上海外语教育出版社2000年版，第133页。

的情况。① 塞尔给间接言语行为下的定义是:"间接言语行为是通过实施另一种施事行为的方式来间接地实施某一种施事行为。"② 人们通过间接方式实现说话意图,也就是句子的结构和功能之间存在着间接关系。分析我们从宁夏银川市收集的告示语,告示语也分为直接指令行为告示语和间接指令行为告示语。

1. 直接指令行为告示语

直接指令行为告示语就是通过告示语的字面意义能够确切直接地发布一个指令,告示语发布者的指令意图直接由告示语字面意义表达出来。对受话者通过话语形式直接发出了某种指令,要求或请求施事某种行为。直接指令告示语,发话者要受话者实施一个行为的意图是明晰的、清楚的,受话者看到这样的告示语就非常清楚应该实施怎样的行为。话语带有明显的标记"禁止""不许""请勿""请"等。直接指令行为有以下类型:

(1) 禁止

禁止性言语行为属于直接指令类以言行事行为,其交际意图在于以强制性方式来阻止或预防特定行为、事件的发生。禁止性告示语的语言特点是使用指令外显的祈使句式以及"禁止""严禁""不得""不准""谢绝"等词语。例如:

1) 施工现场谢绝参观,外来人员禁止入内。(建筑工地)
2) 此处禁止停放自行车。(学校大门口)
3) 严禁使用大功率电器。(大学生宿舍楼前)
4) 禁止吸烟。(加油站)
5) 禁止和司机讲话。(公交车司机前方)
6) 无票人员谢绝入内。(候车室)

(2) 祈求

祈求性言语行为也属于指令类以言行事行为,但指令语气较禁止性言语行为的指令语气弱一些,礼貌性强一些,留给受话人选择服从或拒绝的回旋余地较大,祈求性言语行为的告示语的语言特点是使用"请"或"请勿"的词语。例如:

---

① 艾军、韩海艳:《从间接言语行为理论看隐喻的"言外之意"》,《外语学刊》2011 年第 3 期。
② 索振羽编:《语用学教程》,北京大学出版社 2004 年版,第 175 页。

1）为了您和您的家人，请注意交通安全。（道路旁）
2）好花大家享，请勿摘取。（公园里）
3）请爱护公共设施。（学校体育场）
4）请自觉排队买票。（车站售票处）
5）请拿好您的票。（车站售票处）
6）请主动给老人让座。（公交车上）
7）为了您和大家的安全，请随手关门。（居民小区）
8）外出请关闭电源、门窗及阀门。（居民小区）

2. 间接指令行为告示语

间接指令行为告示语就是告示语字面意义是实施了非指令行为，但实际意图是实施了指令行为，即间接地实施了指令行为。间接指令告示语的话语形式与功能是不一致的，某一条告示语的功能不是字面意义，其真正的意图不是直接由字面意思表达，是需要借助语境理解。比如："老幼病残专座（公交车）"这条告示语，字面意义直接告知公众一个信息，当乘客看到这条告示语，正常的乘客会实施一个行为，不坐此座，或者让给老幼病残乘客。再如："文明、洁净、和谐、幸福银川"字面意思是告知公众一个信息，关于银川的特色，其真实意图是号召人们朝着一个目标努力，把银川市建设成为文明、洁净、和谐的城市，使生活在银川市的人们幸福。在一定的语境中，这类告示语的真正意图还是发话者对受话者发出某种指令，要求受话者实施某种行为。间接指令行为告示语主要有以下几类：

（1）宣传

宣传性言语行为表面是面对公众宣传某种政策、观念、方法等，实则在号召人们为某一目的或宗旨而努力，我们认为宣传性言语行为是一种间接指令类以言行事行为，其指令语气比上面的直接指令性言语行为的语气弱。宣传性告示语没有明显的用词特征，表达灵活，常带有某种修辞色彩，其指令的交际意图需要结合语境才能解读。例如：

1）今天工作不努力，明天努力找工作。（西夏区同心路旁）
2）本地人外地人都是一家人，故乡他乡都是创业之乡。（西夏区文萃街路旁）
3）爱护公物，珍惜资源，勤俭节约，共同发展。（街头）
4）百代兴盛依清正，千秋基业仗民心。（某政府机关围墙上）

5）宁叫清风吹两袖，不使吾心染纤尘。（西夏区政府围墙上）

6）立党为公，鞠躬尽瘁。（政府部门围墙上）

7）处事要公，公生明；律己要廉，廉生威；待人要诚，诚生信；工作要勤，勤生效。（政府部门围墙上）

8）竹因节而雅，人因品而优。（金凤区政府围墙上）

9）言廉为虚，行廉为实，身廉为标，心廉为本。（金凤区政府围墙上）

（2）告知

陈新仁认为，"告知性言语行为属于阐述类或断言类以言行事行为，其作用在于向公众展示某种相关信息或指南。告知性言语行为一般使用陈述句或省略句"①。我们认为，告知信息是表层目的，终极目的是指导人们如何行事，带有一定的指令性，不过指令的语气弱化到最小甚至没有。例如：

1）老幼病残专座。（公交车）

2）以我热心关心细心，让您舒心放心安心。（某医院）

3）舒适住院条件，普通收费标准。（某医院）

4）生活因拼搏而存在，拼搏因生活而永恒。（街头）

5）替患者着想就是为医院着想，老百姓放心我们才能安心。（某医院）

6）以精湛技术为基础，以优质服务为载体，全心全意为病人服务。（某医院）

7）您的健康就是我们的心愿。（某医院）

（3）威胁

威胁性言语行为也属于间接指令性以言行事，表层目的是威胁，终极目的是通过威胁实施一个指令，而且是带有禁止性的语气，指令语气很强，礼貌性很低。这种告示语在我们收集的材料中比较少。例如：

1）不想死的就过来。（车尾标语）

2）不怕死的就过来。（车尾标语）

3）有种从我上面过。（车尾标语）

在我们收集的告示语中，直接指令的禁止类、威胁类言语行为不多，出现的场合有限。其他三类比较多见。尤其是宣传类和告知类的告示语最多见。这是银川市社会语用中告示语的一大变化，改变过去动辄禁止、动

---

① 陈新仁：《汉语告示语的语用研究》，《暨南大学华文学院学报》2001年第4期。

辄不许等强硬的命令方式，采用弱化的指令方式实施指令性言语行为。现今告示语的这种面貌和现状出现的原因何在，是否弱化了其社会功能，淡化了指令性呢？从语言的间接性和间接言语行为的角度看其功能的施事。

（三）间接指令告示语的表达策略

直接指令告示语是说话人通过一定话语形式直接表达希望受话人实施某个行为的指令，表达形式使用明显的词语标记特征。这样说话者的指令意图，受话人一看便知，清晰明了。间接指令告示语是使用间接性的语言要求受话人实施某一行为，发话人在发出指令时，一般不使用固定、直接的话语表达形式，而使用了惯常用于实施其他行为的话语形式。这样发话人的意图需要受话人借助语境推理才能明白，所以，间接指令告示语的表达方式与表达策略影响其指令的理解与实施。

表达间接指令的话语形式不只局限于祈使，还包括一切意在促使受话人做出行动的话语，如陈述、询问、感叹形式等。告示语在表达间接指令时普遍采用陈述形式。例如：

1. 塞尔关于规约性（conventional）间接言语行为和非规约性（non‑conventional）间接言语行为的表达策略

塞尔认为，间接言语行为分为规约性（conventional）间接言语行为和非规约性（non‑conventional）间接言语行为。[1]

规约性间接言语行为是指对"字面语力"做一般性推导而得到的间接言语行为。对"字面语力"做一般性推导，就是根据句子的句法形式，按习惯可以立即推导出间接的"实施语力"。塞尔总结出了六种可以惯例化表达间接指令的句子分别是：

（1）涉及听者实施 A（Act）的能力的句子；
（2）涉及说者希望或要听者做 A 的句子；
（3）涉及听者做 A 的句子；
（4）涉及听者实施 A 意愿的句子；
（5）涉及实施 A 的理由的句子；
（6）把上述形式中的一种嵌入到另一种的句子，以及在上述的一种形式中嵌入一个显性指令性施事动词的句子。[2]

---

[1] 何兆熊：《新编语用学概要》，上海外语教育出版社 2000 年版，第 175 页。
[2] 何兆熊：《新编语用学概要》，上海外语教育出版社 2000 年版，第 176 页。

告示语在表达间接指令时较多使用第（5）种和第（6）种句子。例如：

1) 没有比生命更宝贵的财富，没有比安全更重要的幸福。
2) 每天锻炼一小时，健康工作五十年。
3) 带走的花儿生命短暂，留下的花儿才是永远。敬请脚下留"青"。

例1）属于上面塞尔总结的惯例化表达间接指令句子的第（5）种情况，涉及实施A的理由的句子，例1）表达了注意安全的理由，间接地向司机发出指令——安全行驶。例2）、例3）属于上面塞尔总结的惯例化表达间接指令句子的第（6）种情况，把涉及实施A的理由的句子嵌入到另一种句子，间接向受话者发出指令、提出希望，指令人们爱惜花草，希望人们锻炼身体。

非规约性间接言语行为，话语形式复杂。非规约性间接言语行为要依靠语境和说话双方的共有语言信息来推导。塞尔只举了一个例子，没有归纳非规约性间接言语行为的表达形式。[①] 非规约表达间接指令的告示语有很多。例如：

1) 谁知盘中餐，粒粒皆辛苦。（学校餐厅内）
2) 喧闹在这里停止，思想在这里升华。（图书馆内）
3) 眼观古今中外，耳需一时清静。（图书馆内）
4) 带走满腹知识，留下一架好书。（图书馆内）
5) 绿草茵茵，踏之可惜。（公园草地上）

例1）本来是人们熟悉的诗句，当它出现在餐厅、食堂这个语境中，就不能仅仅作为一句诗来欣赏，而是一个告示语，间接地向受话者发出一个指令，要节约粮食。例2）、例3）结合出现的语境图书馆，间接地向受话者发出了一个指令，要求人们在图书馆保持安静。例4）、例5）的指令理解都要借助语境。

告示语的发布者表达一个间接指令行为，应该使受话者能够明白理解其间接指令，这样告示语才能发挥其社会交际功能。间接指令性告示语的实质是发话人利用各种话语策略去促使受话人采取发话人所希望的行动。由上文可见，对于规约化表达间接指令的表达形式（或策略），塞尔总结出了六种句子。非规约表达间接指令的告示语的表达策略是什么？这是本

[①] 索振羽编：《语用学教程》，北京大学出版社2004年版，第179页。

节关注的问题。

2. 体现说话者对"话语权力"强调程度差异的指令表达形式

在指令类言语行为中，言语行为主体间的关系，即说话人（发出指令者）与听话人（指令的对象）之间的关系影响指令如何发出，也就是影响话语（句式）的选择。在告示语里影响告示语的语言表达。

影响言语行为主体关系的因素很多，在指令性告示语里主要表现为社会角色关系。社会角色决定了说话人（发出指令者）拥有话语权，有权利发布告示语，发布指令。"话语是一种权力关系。它意味着谁有发言权，谁无发言权，一些人得保持沉默（至少在某些场合下），或者他们的话语被认为不值得关注……尽管它是一种隐蔽的，表面上无行为人的控制系统，然而它在社会中是一种真实的权力。"[1] 社会角色随着语境的变化也会有所变化，有某种的主观性，在一定交际中，发话人选择某种社会角色发出话语带有主观性，直接影响话语形式的选择，影响告示语的表达，直接表达指令，或者间接表达指令。

樊小玲认为，指令言语行为的形式选择，制约因素主要是主体之间关系而形成的"话语权力"。她认为，发话者话语的权力意识与指令性成正比或者说对话语权力的强调与指令行为的强度呈正相关，即指令行为发出者对"话语权"强调程度的差异，在话语层面会显示为不同的指令形式。并且根据这个特点，将指令类言语分为以下三种类型：强调自身话语权力和权势的指令，即命令；强调对方话语权力和权势的指令，即请求；模糊双方话语权力和权势的指令，即建议。[2] 告示语的指令性言语行为的形式选择也表现出这个特点。

强调自身话语权力和权势的指令告示语，比如带有"严禁、禁止、不许"等之类字眼的告示语，告示语的发布者命令是为了强调自己所具有的话语权力时所选择的一种指令模式。通过强调自己具有话语权力来让他人实施某种行为，是一种强制的命令形式。

强调对方话语权力和权势的指令告示语，比如带有"请"等字眼的告

---

[1] 文贵良：《话语与生存——解读战争年代文学（1937—1948）》，上海世亿出版集团2007年版，第7页。

[2] 樊小玲：《指令类言语行为构成的重新分析》，《华东师范大学学报》（哲学社会科学版）2011年第1期。

示语，这是告示语发布者强调对方话语权力和权势，也就是告示语发布者故意弱化自身的权势，以便显示亲和力而对公众用"请求"方式发出指令。

强调自身话语权力和权势的指令告示语和强调对方话语权力和权势的指令告示语属于直接指令告示语。

在我国传统的社会关系中，管理者与被管理者是一种权势，是一种不对等的关系，但告示语的发布者采取了模糊彼此权势的语言形式，以缩短与公众的距离。模糊双方话语权力和权势的指令告示语，比如："消防连万家，安全你我他"。使用"你我他"暗含告示语的发布者与公众别无差异。"高高兴兴上班来，平平安安回家去"对公众表达了良好的祝愿，没有管理者的权势与盛气凌人。"银川是我家，创建靠大家"，"保护环境就是保护我们自己"都是采取刻意将双方的权力和权势悬置的指令方式。模糊双方话语权力和权势的语言策略是互文。

依据塞尔的间接言语行为理论，我们能够得到规约性间接指令的表达策略，依据樊小玲的指令类言语行为的分类，我们可以分析直接指令的告示语。但对于非规约性间接指令告示语的表达策略我们无从知晓，也就是刻意将双方的权力和权势悬置的指令方式的告示语，其话语形式我们无从知晓，而间接指令的告示语在我们收集的材料里占很大比率。

本节通过语料分析，间接指令告示语的话语策略主要是互文。告示语话语策略采用互文，模糊话语双方的权利，间接地表达指令。告示语的互文现象表现有词句性的引用、吸纳、模拟，也有整体语篇借用搬用的情形，具体方式参看本章上一节变异告示语的互文研究。

（四）间接指令告示语的理解

一般来说，一个完整的指令言语行为通常包含两个部分，一为指令本身，二为指令的理由，但他们又都可能以零形式出现。通常理由更易以零形式出现。当理由为零形式的时候，这个指令行为一定是直接指令行为，而当指令本身以零形式出现但其意图却指向指令的话，则这一指令行为为间接指令行为。[①] 这些间接指令行为和直接指令行为在话语层面表现为（见表4-5）：

---

① 樊小玲：《指令类言语行为构成的重新分析》，《华东师范大学学报》（哲学社会科学版）2011年第1期。

表4-5　　　　　　　　　　　话语层面的表现

	指令本身	理由
直接指令类言语行为	+	−
	+	+
间接指令类言语行为	−	+

言语交际过程中，发话者的话语被受话者接收、理解后才能取得交际效果，同样作为特殊的交际方式的告示语，发布者发布告示语只有受众看到并理解了其真实意图，才能获得效果。直接指令告示语，由于指令本身出现，或者指令本身和指令理由共现，说话者的指令意图受话者容易理解。对于间接指令类告示语模糊双方的话语权势，拉近交际双方的距离的同时，如何能够使大众理解告示语发布者的真实意图呢？这关系到告示语的最终交际效果的实现。

语用学的观点，认为言语交际是一种推理交际（inferential communication），是听话人识别说话人意图的过程，这一过程（即话语理解过程）就是依赖于语境的推理过程。推理模式就是，交际中说话人提供他要表达的意图的证据（前提）、听话人根据这些证据，结合"共有知识"（即共有的语境部分）而推断出说话人意图的过程。间接言语行为的告示语，发布者的意图的理解需要受话者结合语境进行推理。[①] 例如：

1）微笑是我们的语言，文明是我们的信念。
2）起点有高低，创业无大小。
3）俭以养德，廉以立身。

理解这些告示语的话语意义，一方面借助字面表达，更重要的是要受话者结合语境进行推理，"微笑是我们的语言，文明是我们的信念"，最终意图是唤起公众文明礼貌意识，言行文明礼让。"起点有高低，创业无大小"这条告示语出现的场合是西夏区街道上，发布者的意图是面对需要就业或者再就业的人们，联系这个特定的语境，受话者会推理出管理部门的话语意图是鼓励号召人们自主创业，间接表达一个指令。"俭以养德，廉以立身"是出现在政府机关大门口的，结合出现的场合，它一方面是告知公众政府官员的办事原则，另一方面是告诫官员应该如何要求自身，也就

---

① 黄敏娥：《话语标记语的认知关联论阐释》，《安徽工业大学学报》2008年第3期。

是对官员间接发出了一个指令,要求官员们节俭、廉洁。对于告示语的话语意义,受话者能否推理出来,或者推理理解的是否与发布者一致,这不仅需要受话者投入认知推理,也需要发话者提供"明示"信息。

何兆熊的《新编语用学概要》中说:"明示是对说话人而言的,说话人通过某种使听话人'显映的'方式进行编码、表达意图;所谓'明示',就是说话人明确地向听话人表示意图的一种行为。"① 明示行为可以是语言的,也可以是非语言的。只有说话人说出的话具有"明示性",人们的推理才有方向和目标,人们才能达到准确把握说话人的意图、理解话语意义的目的。

对于告示语的发布者,要求公众实施某一行为的指令通过告示语表达的时候,"明示性"一方面是语言形式的明示,另一方面体现为出现的某个场合和时间。最清晰明确的明示形式是祈使句,使用"禁止""不要""请"等词语,其明示程度最强。例如:

1) 施工现场谢绝参观,外来人员禁止入内。
2) 讲究卫生,垃圾入箱。
3) 正在施工,禁止通行。
4) 请不要在澡堂打闹。
5) 请爱护公共设施。

这类告示语明确地告知公众该发出怎样的行为,"明示"程度最高,告示语发布者的意图一看便知。但不是所有的带"请"字的告示语都是最强的明示,如"带走的花儿生命短暂,留下的花儿才是永远。敬请脚下留'青'"。这条告示语虽然使用了"请"字,但由于又使用了"留'青'",所以公众需要一些推理,才能够明白发话者的意图。

关键词结合语境场合"明示",其明示程度稍弱。何兆熊的《新编语用学概要》中说:"关联理论的交际观把交际活动(包括言语交际和非言语交际)归属于认知活动。认为言语交际是一种有目的、有意图的活动;说话人的目的或意图能被听话人识别,是由于他们对认知环境具有共识,也就是说,交际是否成功,就看交际双方对彼此的认知环境是否显映(manifast)和互相显映(mutually manifast)。简单地说,认知环境就是交际双方共处的世界,互相显映就是指交际双方对某一事实或共同的话题都

---

① 何兆熊:《新编语用学概要》,上海外语教育出版社2000年版,第185页。

明了。交际者对共处的认知环境的认识和把握是成功地进行交际的首要条件。共处的认知环境越大，互相显映的可能性越大。"①

"眼观古今中外，耳需一时清静"是图书馆中的告示语，这个场合和关键的字眼"清静"起到了明示性，要求读者保持安静。"带走满腹知识，留下一架好书"这也是图书馆的告示语，"好书"在这里语义双关，既指内容好的书，也指不破损形式好的书，发布者所表达的意图主要是后者，这个意图理解需要场合的明示。

间接言语行为的告示语要受众理解接受，对于发布者提供明示信息很重要。用互文策略表达的间接指令告示语的理解必须借助场合的参与。

（五）指令告示语的语力和指令效果

李宇明便曾举例说明过汉语中依次增强的指令语势：

（1）今天很冷，是吧？

（2）今天很冷，请您帮忙关上窗子好吗？

（3）请您帮忙关上窗子好吗？

（4）请你关上窗子好吗？

（5）请你关上窗子。

（6）关上窗子。

（7）给我关上窗子。

（8）你这个浑蛋！给我关上窗子！②

也就是说，间接指令类言语行为的指令力度小于直接指令类言语行为。

我们的问题是：是否指令力度越大，指令效果越好呢？从我们的观察和调查来看，有些直接指令的告示语语用效果不好，比如"此处严禁倒垃圾"，实际有些人很反感这样的要求，故意在此处倒垃圾。相反，一些间接指令的告示语，指令效果较好。

这个与礼貌度有关，指令度高的告示语礼貌度低。指令度低的告示语礼貌度高。在言语交际中，说话人想让别人做某事时，讲礼貌，听话人乐意为说话人效劳，从而办成说话人想要的事。如果说话人直截了当地使用祈使句形式或者带有显性施为动词的句式，才能达到最佳交际效果。不讲

---

① 何兆熊：《新编语用学概要》，上海外语教育出版社 2000 年版，第 181 页。
② 李宇明：《汉语量范畴研究》，华中师范大学出版社 2000 年版，第 68—69 页。

礼貌，或礼貌度很低，那么听话人就可能不买说话人的账。

在指令告示语里，间接指令告示语比较多见。而且我们通过调查问卷的方式，对于直接指令告示语和间接指令告示语，公众的接受态度进行了社会调查。

在银川市市区，对 15—25 岁，25—35 岁，35—45 岁，45—55 岁，55 岁以上五个不同的年龄段的市民进行调查，共发放调查问卷 200 份，其中收回有效问卷 196 份，有效回收率为 98%。调查结果显示有 164 人接受间接表达指令的告示语，占 83.67%。有 124 人认为间接表达指令的告示语更加具有人性化的特点，占 62.27%。由此可见，管理者应该尽可能采用间接言语行为指令告示语。

第三节　银川市店铺名称的语言文化

马鸣春说："要从事商业活动，摆立店面，必须有一个名儿……都极度重视店名的名称，中国人的心态是首先有个好名儿，这就代表着成功的开始。"① 店名是一种社会用语，不仅是具有识别作用的语言符号，还可以传达商业信息同时反映不同的社会心理和民族文化。基于此，许多学者从不同角度对店名用语进行了调查研究。店铺名称语言研究不仅是语言应用研究的新视角，更是一个涉及历史、文化、社会心理等诸多学科的综合研究课题。

一　餐馆服装店铺名称的语言文化

课题组于 2011 年 7—8 月集中调查了银川市西夏区主要街道的餐馆和服装店名称，收集了近 600 个店铺名称，本节以此为研究对象，从行业特点、地域特色、人们的审美心理等方面入手，运用统计分析、比较研究等方法，同时借鉴其他学者的研究成果，对银川市的店名用语进行分析，透视其中蕴含的社会文化内涵。

目前学者们对店名的构成有两种说法：一是三部分说，认为店名的内部构成由三部分组成：其一是表明所属和个性的区别性名号，称为特有

---

① 马鸣春：《命名学 4——命名学的分类与研究》，世界图书出版公司 1999 年版，第 115 页。

名，也叫属名或专名；其二是业名，即从业类型名称；其三是通名，即人们对商业单位的通用称呼，三部分复合便成了店铺的名称；二是两部分说，认为店名的内部构成由两部分组成，即"特有名+通名"，这种说法将业名归于特有名之中。为了方便详细分析，我们认同"特有名+业名+通名"是店名的基本组成方式，如："劳保服装店"，"劳保"是特有名，是该店特有的名号；"服装"是业名，表示经营范围，以区别于其他行业；"店"则是商业单位的通用称呼即通名。但随着经济发展、社会进步和人们思想意识的改变，"特有名+业名+通名"这一基本组成方式也发生了很大变化，人们根据需要运用语言要素灵活命名。在这里主要分析餐饮和服装两大行业的店铺的命名。具体分析特有名、通名、业名的构成及文化特色。

（一）特有名的构成及文化特色

特有名也叫专名或属名。特有名、通名、业名是店名的基本构成单位，"特有名+业名+通名"是店名的基本组成方式，但是店名命名不是全体社会成员共同的活动，而是特定商家的个体活动，不需要社会的约定俗成。虽然商家给店铺命名时会考虑消费者的因素，但客观事实总是先有店名后有客户的认知反应，所以命名是单向性的，商家可以根据自己的目的预测到可能效果命名，所以店名的形式非常灵活，有许多店铺名称只有特有名，没有通名、业名。如"老木瓜、东北人家、兰州久叶、方师傅板鸭、都市休闲、皮老大"等，这些店名为突出其特点和个性，只有特有名。如"瑞祥大碗牛肉面、傻子辣爆、农家小吃"等省略了通名；再如"早点、口口香、88贵发祥、阿瓦山寨"等，不只省略了通名，还省略了业名。命名中"特有名"是不可省略、不可缺少的，也是最灵活的，所以商家便在特有名上各逞其能、大做文章，呈现出丰富多彩、无奇不有的特有名的大世界。如"88贵发祥"把吉祥数字"8"与"贵、祥"相组合，这个特有名称表达了祈求生意兴隆、富贵吉祥的美好寓意。下面通过实例分别对中餐馆和服装店铺两大行业店名的特有名进行分析。

1. 餐馆店名中特有名的命名特点

根据收集的资料看，餐馆店名中特有名的命名有以下三个特点：

第一，以地域名称为特有名。这是中餐馆中最常见的方法之一。银川是一个多民族聚居区，有许多外来人口，在餐馆名称上可见一斑，走在街上随处可见的是以省市县名称的，如"重庆小火锅、重庆香菜馆、老东北汉餐、四川泡椒火锅、四川客家族菜馆、正宗扬州芙蓉包子馆、东北虎家乡菜、新疆大盘鸡、兰州牛肉面、大连火爆鱿鱼、哈尔滨三鲜饺子馆、山东可口馒头店、江南小吃、侗乡人家、湘菜馆、兰州拉面、桂林米粉、吴忠凉皮、沙县小吃、武汉鸭脖、云南过桥米线、山东杂粮大饼、武汉热干面"等极富地域特色的店名。这些店名突出了地域特色，显示了浓浓的故园情，对身在异乡的人们尤其具有吸引力。也有一些以宁夏境内特有的地名命名，比如"贺兰山野生蘑菇面、南桥名吃楼、五渡桥"等，这类名称不是很多。

第二，以人名字号为特有名。如"陈义羊肉泡馍馆、王强烧肉馆、玉霞砂锅、杨志伟羊肉泡馍馆、国强手抓、鲁记粥底火锅、周记凉皮店、马记饭馆、理氏火锅"，其中的"陈义、王强、玉霞、杨志伟、国强、鲁记、周记"等是店主的真实姓或名，餐馆把店主的名号打出来，显示了商家很强的品牌意识。再如"朱老五酸菜刀削面、朱老三酸菜刀削面、李子烧烤、红嫂麻辣烫、大胡子烧烤、潘老大烧烤、杨子辣暴、阿力面菜馆、马喜子辣爆、胖嫂风味面馆、二红面馆"等。其中的"朱老五""朱老三""红嫂""大胡子""潘老大""阿力""胖嫂""二红"等都不是店主的大名，而是一些绰号俗称，这些餐馆名称有着浓浓的生活气息和极强的亲和力。

中餐馆特有名以地域名和以人名命名这两种方法最为常见，总体特点是朴实、亲切，具有浓厚的乡土气息。一般来说，在现代商业社会，乡土气不如时尚受人欢迎。可是在中餐行业里，民间乡土气息的名称和现代经营理念结合为一体，这些店名返璞归真，正迎合了都市人对乡村自然、朴拙的向往之情。

第三，采用寓意法命名。此类名称结合业务特点，商家选用表义美好的词语，寓意丰富。如"清雅饭店、鸿福香餐厅、香满楼酒家、梧桐雨餐厅、靖香美食园、伊沁园食府"。此类名称琳琅满目，极尽万象，有的祈求吉祥昌盛，如"汇源祥面馆、贵临祥汉餐、鹏程汉餐、永祥汉餐、昌盛烧烤、兴盛面馆"等；有的祈求福顺如意，如"金来顺火锅、家乐福馒头饼子店、如意烧肉馆、好运来蛋糕屋、宁丰祥粥饼坊、健身拉面馆、稳得福美食城"等；有的表达商家承诺，如"正宗糖炒栗子、胖子百分百野味、一品中宁清炖土鸡、口口香肉夹馍、一绝饺子馆"。

2. 服装店名中特有名的命名特点

根据调查收集的资料看，服装行业店名的特有名有下面四种类型。

第一，以行政区域名为特有名。如"广州平价鞋服超市、广版牛仔"等。与餐馆中的这类名称比较，服装店铺名称中这一类型不常见，大体原因是行政区域名称不能凸显服装的特点特色，也就被商家放弃了。

第二，采用寓意法命名。多选用表达商家微妙心理和美好愿望的字词为名，这种命名方法在服装店名中使用广泛。女装店多使用具有形象色彩的词语，如"雅、舒、洁、芳、香"等词语，使人联想到女性外表美丽动人，感情丰富细腻，性格柔顺可人等美好的特质，如"秀色一族、雅格格、雅芳婷、雪妮芳"等店名。有直接使用指称女性或与女性密切相关的一些名词，如"俏佳人、娇兰佳人、靓丽女人、兰贵人、少女之春"等。有选用具有美好联想意义的颜色词，如"红、蓝、紫"等，如"红依坊、红百娟、蓝月亮、紫水印"等店名。有以花草名命名，象征高洁品格，如"兰馨苑、玉兰轩、玫瑰苑、红樱桃、兰草心语"等店名。

男装店铺名称侧重突出阳刚、威武、帅气等特征，也就是人们常说的"男人味"，如"武装战线、庄爵骠骑、成龙圣堡、云天男装、劲霸男装"等店名。

第三，使用音译或意译的外来品牌名称。如"E.T外贸服饰、乔丹、佐罗世家、唐狮、佐丹奴、依米奴、艾格、以纯"等。

第四，标新立异、追求时髦的怪异类。银川市西夏区有高校聚集，消费群体中有许多大学生，商家为了适应年轻人标新立异、追求时髦的心理，店铺名称也生动活泼，求新求异。如"美的你、格外、星期八服装店、时差、千丝万线、木子柜、衣拉客、部落时尚生活馆、开心美丽间、城市特首、炫丽七彩"等。

(二) 通名的构成及文化特色

通名一般由名词或名词性词组充当且一般位于店名的最后，如"某店""某铺"。商业店铺的通用名称在过去一般都单一、传统，但随着社会经济的发展，人们观念的改变，通名也发生了相应的变化，除了经常使用的"店""铺""馆"之外，又出现了许多新名词，用词丰富，表达多样。有使用表示场所的名词"居""宫""斋""苑""阁""厅""村""庄""楼""府"等充当。一些表示大范围的抽象名词也用于通名，如"城""中心""广场""大世界"等。这些名称隐含了商家的微妙心态，表达了美好的愿望，鲜明地反映了人们的社会心理和文化。下面分别分析餐饮和服装两大行业店名通名的特点。

1. 餐馆店名通名的特点

餐饮行业中餐馆的通名以"店""馆"见常，如："云霞凉皮店、学林拉面馆、新华饺子馆、刘氏烤饼店、清雅饭店、旺角面馆"等。但调查资料显示，在西夏区"店""馆"等传统通名相对而言就少了许多，究其原因大概有两点：一是西夏区是一个新建的工业区，传统色彩淡些；二是西夏区的消费群体以学生为主，消费心理年轻化；还有最主要的一点就是通名常常被省略，如："喜子辣暴、兰州久叶、乱刀鱼火锅、萨拉姆优质拉面、家和汉餐、喜阿婆、老木瓜"等。除此之外，"求雅、尚大、崇洋"也是现代商业中通名的一大特点，这三个特点是经过许多学者论证的，在银川，这些特点并不是很突出，只是略有表现。下面通过实例具体分析。

第一，求雅。随着社会经济的发展，不少商家巧妙地结合经营特点，将文化意蕴、雅情逸趣融入店名命名之中，店名极力营造恬适优雅的情调，洋溢着浓厚的文化气息，令人赏心悦目，回味无穷。"斋""居""阁""苑""园"等都能引起人们典雅精美的联想，"斋"本指斋戒，即祭祀前的沐浴焚香，洁净身心，后引申指斋戒用的房子，再引申指书房、学社及僧舍。"斋"因而有了洁净、风雅之意，也是体现回族风情的特色字。所以，以"斋"作通名是当地一大特色，如"穆清斋、思源斋、清和斋、祥顺斋"等，但这类名称不是很多。"阁"本指用木材架于空中的道路，引申指一种小楼。如，杜牧《阿房宫赋》："五步一楼，十步一阁。"特指收藏书或供佛的地方，如汉代书楼有"天禄阁"，颐和园有"佛香阁"。后来"阁"又指官署，因而"阁"就有了"典雅""尊贵"双重色彩。有"聚仙阁、醉仙阁、品茗阁"等名称。"居"是居住的意思，演变为名词后也指住所。同是房屋，用于家居和用于经营显然是两种不同的功能，① 把用于家居的名称引入店铺，意在道俗求雅，给顾客带来家的感觉。如"川味居、天天砂锅居、口福来砂锅居"等。"苑"本指养禽兽、植树木的地方，后特指帝王游乐、打猎的场所，主要用作古玩店、书画店的名称，如"翰墨苑"，现在人们也常常把它用作餐饮店铺名称，用来彰显环

---

① 蔡英杰：《店铺名称一瞥》，《修辞学习》2001年第2期。

境的幽雅古朴，如"香辣苑"等。"园"本指果园，又特指帝王、贵族游玩的地方。"园"作通名主要用于酒店，如"丰泽园、靖香美食园、巴蜀园"等。"苑，园"作通名使用不广，在银川市西夏区，"居、阁、斋"等作通名的相对要多一些。这些雅称体现了人们"求雅"的文化心理。

第二，尚大。"店""铺"之类的通名，一般用于单门独户的小店铺，但这就有规模小，档次低之嫌，所以不少商家极力避之，千方百计地取个叫起来响亮听起来气派的名号，选用"广场、城、世界"等作通名，比如"金日福食府、美食广场、金龙火锅城、冷饮大世界、浪漫情怀啤酒广场"等。在西夏区调查的店名里，这样命名的店名为数不多，这也说明银川市内陆城市的传统个性特征。

第三，崇洋。改革开放以来，西风东渐，虽是深处内陆的西北地区的银川也受其影响，大量的外来词语竞相出现，主要集中在饮品店名称中的是各种"吧"，比如"浪子水吧、麦琪尔酒吧、波尔卡迪吧、粥吧、话吧、茶吧"等。中餐馆受其影响不大，因为中国传统饮食文化源远流长，有着很深的根基。与全国其他地区相比，银川的"洋味"还不算太浓，但追逐时尚的心理也有表现。

2. 服装业店名通名的特点

由于人们的求新求异的心理，服装业的店名千奇百怪，"特有名＋业名＋通名"的基本组成方式通常是找不见的，业名和通名往往被省略，如"衣生缘、T台秀、格外、典雅、品位、非凡"等。但细究起来，服装业店铺的通名主要是"求雅"。中餐馆店名中常用的"馆、阁、坊"等通名服装业也用，如"美中馆、红馆、时尚馆、特殊服饰馆、首尔馆、部落时尚生活馆"等，"依香阁、墨韵阁、绣衣阁、淘衣阁"等；"淘衣坊、红依坊、东西坊、粗布坊、美人坊、青春秀坊"等。在服装店名中"馆、阁、坊"等词语一旦配有恰当的修饰词，便可给人古朴典雅精致之美。除了"馆、阁、坊"，一些商家还使用其他日常生活事物的词语做通名，如"亮点衣橱、私家衣橱、有家衣铺、木子柜、香草屋、名古屋"等，这类名称比较少。

与餐馆名称类似服装店名也有"尚大"的特点，如"外贸服装超市、童装大世界、皮鞋世界"等，但这一类很少。

（三）业名的构成及文化特色

所谓业名是业务类型的标志，它显示经营业务性质，类别和方式。一般商家会直截了当地标明经营范围、业务类型等,这点在餐馆店名中体现最为明显,如"富人面馆、清汤牛肉面馆、汉中旺新麻辣烫总店、东北饺子馆"等。也有一改直截了当的标明的做法,从不同角度揭示服务类型,有的标明制作方式,如"手工酸菜面、西安手工馒头"等;有的标明本店特色,如"川味居、一品中宁清炖土鸡"等;有的标明制作原料,如"杂粮粥饼店、荞面饸饹馆"等,还有曲折表达业务类型的,如"醉仙居",以"醉"字暗示为饭店,"品茗阁",用"茗"字告诉人们这是喝茶休闲聊天的地方。

服装店铺业名的命名则常常是隐含的表达,如"千丝万线",用"丝"和"线"形象地向人们表明它是服装店。"红依坊""依依不舍""依美佳"则是通过"依、衣"谐音来表示的。还有许多是光看店名不知其归属,如"秸足、合和谷、他雅、美国村、美丽档案、AcDc"等,若不是站在店铺门前的"模特",还真不知道这是店面的营业范围。

经过调查,我们可以发现一个问题,宁夏回族自治区银川市所展示的回族特色店铺名称很少,除了为数不多的"斋"外,还有"老毛手抓、羊肉泡馍"等不多的几个有回族特色的店名,再无其他可以向我们展示回乡风情的店铺名称。分析其中的原因,大概与银川的人口构成有些关系。据统计,2002 年末银川市总人口为 132.96 万人,其中回族只占 35.76 万人,而且银川是一个多民族聚居区,有汉族、回族、满族、蒙古族、朝鲜族等 26 个民族。正是这些历史原因,人们在店铺命名上,显示了大众化的特点,这也是民族融合在语言方面的表现。

(四) 店名命名上存在的问题

调查主要收集了餐饮、服装两大行业的近 600 多个店铺名称,在行业范围和语料数量上有一定的限制,在全面深入这一方面还存在一定的欠缺,但就目前调查的结果,我们发现店名用字上存在一些问题,主要有如下几方面:

一是用词不当。"三步倒",这是一家酒馆的名字,意思是酒香醇浓烈只要三杯酒会醉倒,但也有一种老鼠药的名字也叫三步倒,药性挺强的,这样便产生了歧义。再有"夜猫子酒吧",俗语说"夜猫子进宅,好事不来"。在人们的观念意识里,夜猫子是不祥之物,用此做店名,人们难免有些忌讳。再如"锦绣苑羊杂碎","锦绣苑"和"羊杂碎"这两个词语色彩义不一致,搭配在一起不和谐,有不伦不类的感觉。

二是谐音不当。恰当地使用谐音方法给店铺起名,有语义双关、便于记忆和传播的效果,但使用不当也会有不好的效果。如"滴滴味火锅","滴滴味"与农药"敌敌畏"谐音,效果可想而知。

三是乱用生僻字。要吸引顾客到店消费,首先就应该让人们认识并记住店铺的名称,但有些经营者为求新奇用生僻字,如"谶麎、佘、犇、羴、鱻"等,这些生僻字一般人的认知度较低,大多不认识,怎能记得住?如"又一春佘面","佘"是一种烹调方法,指把食物放在沸水里稍微一煮,用意很好,店主想借店名把面的特色说出来,可忽略了"佘"字的冷僻。再如一饭店名为"犇羴鱻饭店",乍一看好像是牛羊鱼很多,店家大概表示的也是这个意思。可是"犇"字是"奔"的异体字,是奔跑的意思;"羴"同"膻",指羊的膻气;"鱻"是"鲜"的繁体字,有新鲜和鱼两个意思。"犇""羴""鱻"这几个字组合在一起表意就不好。而且一般认识这三个字的人也不多,却连它的名字都叫不上来,难不成要说去"牛羊鱼"饭店吗?所以,店铺命名时一定要慎重,应在平淡中见意蕴,在平凡中见神奇,避免那些使用生僻字、谐音不当、比喻不当的名称。

二 谐音命名店铺名称的调查分析

课题组于2012年9月到10月,补允调查了银川西夏区浙江商城的店名。浙江商城是集中出售服饰、床上用品等生活用品的场所,其中以服饰为主。消费对象是普通大众。课题组调查发现,谐音命名的店铺名称占调查总数的42.59%。如"十犬十美(十全十美)、永士男装(勇士)、衣流(一流)、包览无余(包揽)、唯衣(唯一)、衣璐有你(一路有你)、饰族部落(氏族)、星期衣(一)、衣恋(依恋)、爱尚90(爱上)、百衣百顺(百依百顺)、衣心衣意、衣新依意(一心一意)、尚层衣舍(上层)、衣步登天(一步登天)、衣然美(依然)、衣衣布舍(依依不舍)、小P孩儿(小屁孩儿)、浪漫E族(一族)、果果E橱、今今有味(津津有味)"等。这类店铺名称的命名方式多是以成语为原型,以谐音为手段而生成的,本文称之为谐音店铺名称。课题组成员观察在宁夏的其他县市,"谐音命名"的方式产生的店铺名称也有很多。

对于谐音店铺名称的研究,人们比较多地从修辞文化的角度进行阐释,比如王玉华的《店名修辞及其审美取向》,[①] 朱培培、孙汝建在《试探店名谐音现象》文中从三个方面分析了店名的谐音现象,其一,独特的语言效应及文化心理。具体表现了祈福求吉、避邪禁忌的民族心理,含蓄、内敛美,符合汉民族的审美标准,谐音的使用富含联想意义。其二,优越的记忆功能。其三,新奇的心理效应。[②] 这些研究大多是从阐释的角度进行分析,对于接受者——顾客,也就是到店的消费者如何看待这种语言现象,缺少具体的实证调查。本节从社会语言学的角度,运用问卷调查的方法进行调查。本次调查共发放了100份的调查问卷,回收了95份。调查对象为银川市民。

在广告语中有许多以成语为原型,以谐音为手段,更改成语中的某个字,生成广告语,比如"一键钟情"(钢琴广告)、"默默无蚊"(蚊香广告)、"随心所浴"(淋浴器广告),对于这种方式产生的广告语,有人认为会对公众,尤其是中小学生产生消极的影响。对于以成语为原型,以谐音为手段而生成的店铺名称对孩子有没有影响,人们的看法如何?对此问题进行了调查,调查问卷设计的问题是"您觉得商店店名谐音改用成语会给孩子带来不好的影响吗?"提供三个选项"会""不会""不知道"。调查结果见表4-6。

表4-6　　店铺名称改用成语对孩子影响的调查情况（N=95）

数值 \ 选项	会	不会	不知道
人数（人）	62	20	13
比率（%）	65.26	21.05	13.69

从表4-6的数据可以看出,被调查对象的65.26%认为,改用成语的谐音店铺名称对于孩子有不好的影响。大部分调查对象认为谐音店铺名称改用成语对孩子会产生不利影响,对这种语言现象是否要规范呢?调查问卷设计了"您认为对谐音改用成语的店铺名称是否需要规范?"进一步了解市民的看法。见表4-7。

---

① 王玉华:《店名修辞及其审美取向》,《天津大学学报》2006年第5期。
② 朱培培、孙汝建:《试探店名谐音现象》,《牡丹江教育学院学报》2010年第2期。

结合表4-6和表4-7的数据看到，尽管65.26%的人认为谐音改用成语作为店名是会给孩子带来不良的影响，但认为对这类店铺名称需要规范的占48.42%，25.26%的人认为不需要加以规范，26.32%的人采取中立的态度。

表4-7　改用成语的店铺名称是否需要规范的调查情况（N=95）

数值 \ 选项	需要	不需要	没想法
人数（人）	46	24	25
比率（%）	48.42	25.26	26.32

为了更清楚了解市民对于谐音命名店铺名称的态度，调查组又以具体的店铺名称设计了问题进行调查。比如：您认为"布衣不舍""衣衣不舍"这类店铺名称里有没有错别字？提供"有""没有""不知道""不关心"四个选项。调查结果见表4-8。

表4-8　具体谐音店铺名称有无错别字的调查情况（N=95）

选项 \ 数据	人数（人）	所占比率（%）
有	33	34.73
没有	41	43.16
不知道	14	14.74
不关心	7	7.37

表4-8中数据显示，对于"布衣不舍""衣衣不舍"这类店名，只有34.73%的人认为其中有错别字，43.16%的人认为没有错别字，14.74%的人不知道其中有无错别字，也就是不能判断，7.37%的人持不关心态度。

综合表4-6、表4-7、表4-8的调查情况，调查对象对于改用成语，谐音命名的店铺名称这类社会用语对孩子会产生不利影响是市民最担忧的，对于是否规范这类语言现象，以及对其中有无错别字的判断，尽管调查对象的态度是复杂的。由于人们的审美趋向，商家运用一切可能的手段,当然我们所指的手段是指在合法的前提之下追求利益最大化的趋向及苦于市场之上没有有效的措施规范等一些重要的原因,人们没有对于这个问题进行思索,而是抱着一种既来之则安之的态度任其发展。这个在下面的调查中清晰地表现出来。

调查表设置"您觉得以下服装店哪个店名最好?",提供"衣新依意"("一心一意"的谐音)、"恋衣坊""××服装店"三个点名进行选择。调查结果见表4-9。

表4-9　　　　认为服装店名称最好的调查情况(N=95)

服装店名	衣新依意	恋衣坊	××服装店
人数(人)	47	39	9
所占比率(%)	49.47	41.06	9.47

表4-9显示,认为谐音命名的"衣新依意"最好的人占总数的49.47%,选择传统的命名方式的店名"××服装店"只占9.47%。可见,谐音命名方式产生的店名在实际生活中人们有一定的认可度。

通过调查分析可见,当下银川市民对于以成语为原型、以谐音为手段产生的店铺名是处于一个矛盾的状态下,一方面审美取向是趋向于"衣新依意"之类的店名,另一方面有人认为这样的店铺名称将会给孩子甚至社会文化带来消极的影响,近一半的人对此提出对此现象要加以规范。我们认为谐音命名的店名新颖却不陌生,人们容易记忆,利于商家的宣传,顾客也比较接纳,所以这样的店名某种程度上可以存在,至于对孩子的消极影响,我们认为人们的担忧大于实际,因为逛商店的、关注店铺名称的主要群体是成年人而非孩子,从这个角度看谐音命名的店铺名称对于孩子的消极影响也就不会很大了。

第四节　银川市地名的语言文化

一　地名的性质及研究意义

地名是人们对特定方位、范围、形态特征的地理实体给予的约定俗成的语言文字代号。地名的形成有着深刻的地理、历史和文化背景，不同区域的地名往往有很大的差异，而各区域在地名组成上又独具特色。这是因为地名既是当地某一特定历史时期自然地理环境的表征，也是一种具有本源意义的宝贵的历史资料，记录着诸如民族兴衰、文化变迁、经济生产、军事活动等纷繁的历史事件，可以毫不夸张地说，地名是存在于现阶段的显示人地关系变化与重大历史事件的信息源。同时，地名随着时间的推移而更迭，因而它也有着很强的时代性。

地名伴随人类社会的产生而产生，并追随着人类社会发展而不断发展，它是人类认识和借以识别其居住、生活的自然和社会环境的符号和标志。它不仅对人们的生活交往起到了指代作用，而且也反映了不同时代经济、政治、文化的发展，它是人类社会发展到一定历史阶段的产物，也是人类创造的文化之一。

地名研究是历史地理学的重要研究内容，其他一些自然科学或人文科学也常常借助于地名研究，从中获取具有实证性的一手资料。通过地名研究，可以复原某地在某一时期的自然地理和环境特征、重现区域开发历程和资源利用过程、透视历史时期的人居活动与军事形势等。我国的史志书籍中对地名的沿革往往有较多的记载，而地名溯源在揭示各地自然、经济与人文历史源流的同时，对于现阶段行政区划的变迁和命名也是极为有益的佐证和参考。

我们认为，对区域地名文化的研究有着重要的理论和社会意义：第一，它可以为现阶段行政区划的调整、行政区的命名等提供参考、拓宽思路；第二，它也是素质教育时代最好的乡土史地教材，它形象、生动、丰富而且耐人寻味；第三，它从更深层面挖掘出区域的文化特征，有助于当地的旅游文化定位与旅游资源深度开发，有利于旅游业的持续健康发展；此外，由于地名常常成为一个地区产品名或品牌名，区域地名文化研究也会或多或少地与经济生产发生关系并相互影响，同时也使区域文化有了更广阔的展示空间。

地名既然是一种人类认识和借以识别其居住、生活的自然和社会环境的符号和标志，那么就具有符号能指和所指的特征，它属于语言符号中的一个特殊组成部分。地名也像语言化石一样蕴含着与人类文化相伴相生的文化信息。因此研究地名可以从语言学的角度研究，也可以从语言学和文化学相结合的角度进行研究。

刘宝俊认为民族语言学研究对象和内容，共12个方面，其中的第9个方面就是"语言与民族地理"。并且说"民族的语言分布与其地理分布、民族分化与语言分化、民族迁徙与底层地名、异民族的地缘关系对语言的影响都有密切关系。民族语言学必须与地名学、语言地理类型学和区域语言学结合起来，研究语言的发展和民族的发展，研究语言和民族的分化和聚合过程，研究语言、方言的划分与民族的地理划分等问题。利用语言中的地名透视民族的历史文化景观、移民史、经济史、交通史以及民族的历史分布和文化层次等。"① 宁夏作为回族聚居的区域，研究其地名，透视其文化内涵有一定的价值。

二 银川市的城镇化及地名研究现状

宁夏回族自治区成立于1958年，银川市作为自治区首府。银川城市城区自东向西按建成的时代分为旧城、新城、新市区三部分，分别始建于678年、1739年、1958年。经2002年10月行政区划调整后，将三个主要城市建成区调整为兴庆区、金凤区、西夏区。过去，旧城、新城、新市区三个主要城市建成区中间还有农田相隔，现在银川市城市快速发展，已将三个区连成一片。经2002年10月行政区划调整后，银川市行政区划面积7137平方千米，建成区面积60.14平方千米。2002年年末银川全市总人口132.96万人，其中市区总人口69.28万人。据资料显示，银川2001年人均GDP约1200美元，已步入了城市化发展的加速期。

西部大开发以来，2005年银川市城市建成区面积114.25平方千米。2010年银川市面积9555.38平方千米，据第六次人口普查显示，截至2010年11月1日零时，银川市常住人口199.3088万人。

这些数据可以说明，自实施西部大开发以来，银川城市化发展快速进行。随着银川市社会的发展，城市化进程的加速，银川的经济、文化都发生了巨大变化。语言是文化的内容，也是文化的载体。语言也随着社会的发展而发展，随着社会的变化而变化。这种变化我们从银川的街道名称变化、楼盘、店铺名称的诞生中明显地感觉到。

地名是人们对特定方位、范围、形态特征的地理实体给予的约定俗成的语言符号。具体地名具有符号能指和所指的特征，它属于语言符号中的

---

① 刘宝俊：《民族语言学论纲》，《中南民族学院学报》（哲学社会科学版）1994年第5期。

一个特殊组成部分。地名词汇是语言词汇的有机组成成分之一，同时又是人类社会发展到一定历史阶段的产物，因此地名的命名与名称的变化，与社会的历史演变、文化的进程密切相关，从中我们可以看到社会发展的轨迹。

宁夏地名是宁夏自然生态与人文历史形成、发展、变化的真实写照，从而构成独具地方特色的地名文化。何彤慧、李禄胜归纳了宁夏地名的几大文化特征，即众多的军屯色彩地名昭示"边地文化"。自然要素类地名蕴含生态文化意义。北部灌区地名特色与"绿洲文化"。南部山区地名特色与"山地文化"。地名转音转义阐释社会进步与民族团结。文章侧重从历史、地理角度归纳宁夏地名的特征及文化，使我们从历时的角度了解了历史存留下来的地名的命名特征及其文化内涵。但对于当今快速发展的社会变迁，由此而产生的地名变化，我们目前还找不到相关的研究。① 尤其是西部大开发以来，宁夏的城镇化进程中，地名发生了很大的变化，对于这些地名我们从文化语言学的角度进行研究。

三 银川市的地名词汇变迁的表现

宁夏的城镇化进程，使得一些地方由农村转变为城镇，这种转变最明显地体现在银川郊区的城镇化。随着郊区的城镇化，原有的乡村、农田变成了新的街区、高楼或商业区，这些新地方、新事物需要名称指称，于是产生了许多新的名称，而且随着这些新名称的诞生，旧的乡村的名称被取代，慢慢会退出使用。我们从地名的演进更替能够记载城市的发展和变化。本文结合社会的城镇化，考察银川的地名词汇的变迁。

语言的变化会表现在语音、词汇、语法等不同的方面，语言要素变化的速度或快或慢，语言从古到今都在发生着或大或小或快或慢的变化。语言中的词汇是最敏感的，随着社会的不断发展，词汇不断发展变化。词汇的发展变化包括新词语的产生、旧词语的消亡以及词义的变化。地名词汇作为一种特殊的词汇，它的变化概括起来大致有三种情况：一是新地名的产生，二是旧地名的消亡，三是地名的更改。

我们先了解一下地名的指称的范围。地名所指的范围有大有小，有的地名所指是一个或大或小的区域，我们称之为面状地名；有的地名所指是

---

① 何彤慧、李禄胜：《宁夏地名特征与地名文化》，《宁夏社会科学》2003年第4期。

一个明确的地点，我们称之为点状地名；城镇的道路地名所指的是一条线，我们称之为线状地名。点状地名所指较精确，面状地名和线状地名所指较模糊。一个较大的面状地名是由无数小的面状地名组成的，而各个小的面状地名又是由无数点状地名和线状地名组成的。

1. 新地名的产生是指一个地方的名称从无到有

这种情况是指一个地方原本没有名字，如果在该地出现了一个比较突出的具有标志性特点的事物，那么这个标志性的事物往往就会成为一个新的指称该地的地名。[①] 在银川市新产生的地名有以下几种方式。

（1）新建居民区产生的地名。居民区的地名所指是一个或大或小的区域，称之为面状地名。这类地名是最多的一类，比如：2009年以来金凤区新产生的居民区名称，如"森林半岛、颐和城府、鸣翠春天花园、正丰馨和苑、紫云华庭、阅海万家"等，兴庆区的居民区名称有"名人国际、塞上骄子、苏杭名苑、民生•艾依水郡、书香雅苑、东方盛世、凯威•观湖壹号、建发•现代城、天鹅湖小镇、银南•水木清苑"等。西夏区也有许多。这是城市化进程中，房地产业快速发展的社会经济因素促动的新地名的产生。

（2）新建街道产生的地名。由于城镇化的发展，银川市区的加速扩展，银川市新建的许多街道，对新街道必须命名指称，这样也产生了许多新地名。城镇的道路地名所指的是一条线，称之为线状地名。比如"正源街、亲水大街、贺兰山路、宝湖路、清河街、大连路"等。

（3）新的政治、商业、文化中心产生的地名。比如"行政中心"是由于银川市政府、党委办公大楼搬迁到此地而命名的地名，"万达广场、大阅城"等是银川市新建的商业区，"回族风情园、西部影视城"等是新建的旅游文化景点的命名。新建学校名称"六盘山中学、育才中学、中国矿业大学银川学院"等。

（4）新建的公益场所产生的地名。比如近年来，银川市新建一些公园，新产生的公园名称既是对公园的指称，又是对公园所在区域的命名。比如"碧波公园、八一公园、森林公园、海宝公园、宝湖公园、丽景湖公园"等。

---

① 李文莉：《地名词汇的历时变化及其社会动因——以涪陵地名为例》，《重庆教育学院学报》2007年第4期。

2. 旧地名的消亡

旧地名的消亡是指一个地名消失不用了。这有两种情况：

一种情况是由于单位、部门的合并或整合，某一个单位、部门合并到另一个单位或部门，这个被合并的单位部门消失，指称该单位该地的地名也就消失。比如："青年公园、物研所、邮电技校"这三个单位都合并到北方民族大学，"青年公园"成为校园的一部分，"物研所"成为学校的实验中心，"邮电技校"也不复存在。所以这三个地名也不存在了。再如随着"宁夏工学院、宁夏教育学院"合并到"宁夏大学"，指称这两个学校的名称也不存在了。这种方式消亡的地名与城市发展的关联不太紧密，不是我们研究的主要范围。

另一种情况是该地名所指称的地方因为某种原因而产生了变化，致使显示该地名特征的事物消失，从而导致该地名消亡。如今在银川比较典型的就是城市扩建，原来的郊区变成了城市，原来指称片状地名的村队名消失了很多。据资料记载，原来郊区为银川市下县级区，组建于1972年，到1984年，银川市郊区辖地9个乡，它们是通贵乡、永固乡、掌政乡、大新乡、满春乡、红花乡、银新乡、良田乡、芦花乡。其中红花乡在原银川市老城区周边，距离市区最近。自改革开放以来，银川市发展过程中，首先占用了红花乡一些村的土地，比如现中山公园以西，解放西街以北是原红花乡北塔村一、二、三队，是银川市城市发展中首先城市化的地方。[①] 近年来，随着城市化进程的加速，原来红花乡北塔村其他的八个生产队已经完全实现了城镇化，这里已经成为城市的一部分。红花乡、北塔村，以及北塔村一、二、三队等这些地名也逐渐在退出人们的记忆，从地图上消失。像这样消失的地名在银川市原郊区有很多。比如兴庆区银古路办事处所辖的民乐社区（居委会），原为郊区红花乡民乐村。民乐村是原红花乡回族人口比率最高的行政村。1983年由原民乐大队改置，辖8个自然村，原划分为12个生产队（小队）。虽然每个自然村都有自己的名字，但谈及自己或他人时，当地人至今习惯上仍说属于"×队"，如今天的南关东大寺（民乐清真大寺），是在"六队"的地盘上修建的，现任寺管会赵主任则是"九队"的人。这充分说明政府行政手段对于地名更改的影响非常大。在20世纪80年代，民乐村还是一个处于城市之外的纯农业村。20世

---

① 冯茂：《宁夏现代政区变迁沿革》，宁夏人民出版社1998年版，第30—38页。

纪90年代，随着银川市城镇化的进行，银川市老城区不断扩建，民乐村先是成为老城的东环路和东二环路之间的地带，村里土地用来开发建设了建材批发市场，后来又建设了国际家私城。① 2003年，民乐村由农村村民委员会改为城市社区居民委员会。随着城镇化的发展，民乐村这个地名消失，它指称的面状范围，也随着新的建筑物的建立也产生了新的地名。这种方式消失的地名还处于增加的态势，在宁夏其他市县的城镇周围的乡村的名称也有许多以这种方式已经或正在消失。

3. 地名的更改

新地名的产生和旧地名的消亡都是因为一个地方外部特征发生了变化，或者是从无到有出现了新的特征，或者是以新特征替代了旧特征。地名的更改是指一个地方的外部特征没有变化，而是用一个新名称代替了旧名称。地名的更改分为两种情况：第一种情况是政府以行政手段方式用一个新的地名代替旧的地名，主要是行政区划名字的更改、② 街道名称的更改。比如：银川市三个区的名称由原来的老城区、新城区、新市区更改为兴庆区、金凤区、西夏区。

地名更改的第二种情况是作为一个地方地名的标志性事物本身易名，从而引起原来的地名相应改变。例如"西北第二民族学院"升格为大学，更名为"北方民族大学"，人们使用了二十多年的"二民院"的地名逐渐被"北方民族大学"取代。

四 银川市城市地名彰显城市文化内涵

地名是一定社会群体为特定的地域所约定的专有名称。地名不仅有着指称的实用功能，而且有着丰富的历史、地理、语言、经济、民族、社会等文化内涵，是一种特殊的文化现象。地名的命名、规划是城市发展规划的有机组成部分。城市建筑布局和陆、水、空交通线路布局都需要地名定位，有了地名就有了社会运行机制的地域名位。城市规划和相辅地名规划同步发展，必然会出现城市文化特色的发展，有助于城市宣传，提升城

---

① 周传斌：《宁夏河西地区的城市化与回族社区变迁——以银川市和石嘴山市为例》，《西北第二民族学院学报》2007年第2期。

② 李文莉：《地名词汇的历时变化及其社会动因——以涪陵地名为例》，《重庆教育学院学报》2007年第4期。

形象。

(一) 银川市街道名称的文化内涵[①]

李如龙认为从地名所指称的对象分,地名分地理环境系统、聚落系统、行政区划系统。街道名称是地名聚落系统中城市地名的一个组成部分,是指城市中往来通行的线状地方的名称,如道、路、街、巷等的名称。[②] 随着社会的发展和城市建设的加速,街道名称也在不断地变化之中。城市地名中的街道名称的变化,常常是城市变迁最直接、最具体的记录,街道名称的形成及其演变有其特定的规律,往往是一个地方自然环境、历史事件、社会风俗、名人逸事的记录和反映。从街道命名中我们可以明显地觉察到语言与社会的同构。一方面,社会决定了语言,决定了街道命名的特点;另一方面,语言是社会生活的反映,街道命名反映了社会的变迁。

美丽的塞上江南——银川,在西部大开发的东风下,社会经济、文化有了巨大的发展。近年来,银川市坚持以人为本的理念,紧紧围绕建设西北地区最适宜居住最适宜创业的现代化区域中心城市的目标,以"绿、水、路"为重点,大规模开展城市基础设施建设,实施了一大批改善人居环境的重点工程,六横十六纵的城市路网已经形成,城市布局及功能分区日趋合理,城市框架逐步拉开。层出不穷的新事物必然会对人们的语言生活有所影响,给新事物命名就是直接表现,所以通过街道命名可以体察银川城市发展的脉络,感受历史、文化的底蕴。

1. 银川街道名称的通名明确化、规范化,好记好用、以人为本

一般认为,地名由专名和通名组成,通名为地定类,专名为地定位。街道名称也同样由专名和通名组成。比如"北京路","北京"是专名,"路"是通名。过去,银川市街道通名没有明确限定,比较随意,近年来,随着银川城市的扩建,街道名称规划制定了相应的命名原则,银川市街道名称的通名命名原则是东西走向的叫"路",南北走向的叫"街"。这种命名原则符合银川平原的地理特点,能使街道名称经纬分明、规范有序、好记好用。现在银川大部分街道名称的通名都遵循这个原则,尤其是新扩建

[①] 刘晨红:《论银川市街道命名的语言文化特色》,《现代语文(语言研究版)》2009年第9期。

[②] 李如龙:《汉语地名学论稿》,上海教育出版社1998年版,第6页。

的道路，比如"北京路、上海路、贺兰山路、六盘山路、宝湖路"等。对一些已有的、时间不长的主要街道，不符合这个原则的通名，强制变更通名。比如南北走向的"文昌路"变为"文昌街"，"同心路"变成"同心街"，"文萃路"变成"文萃街"等。尽管强制变更的通名，人们在使用中不能一朝一夕就改变，需要一定的接受时间，但考虑城市的整体地名规划，必须变更。比如人们现在还习惯使用"同心路、文昌路、朔方路"，而不是"街"，不过，随着时间的推移人们会最终接受。对一些老城区的历史长久的老街道和一些次要的、窄小的通道，通名不做变更。例如"解放街、新华街、文化街、南薰街"都是东西走向，但通名没有由"街"改为"路"。这几条街道是新中国成立后最早命名的街道，它的名称已深入人心，有一定的知名度，如果现在变更会给人们使用带来不便，也影响城市宣传。再如通名是"巷"的街道都是旧有的、老的、窄小的通道，银川市大约有20个，这些巷道不是城市的主要道路，在街道规划中影响不大，不必改变通名，加之这些街道名人们长期使用，约定俗成，不易改变，所以维持原名。对于已有的街道名称的规划，变与不变充分考虑历史与现实、文化与实用等因素，体现了地名规划中的以人为本的理念。银川市街道名称规划中，通名的层次设置了"路、街、巷"，明确标准，反映了银川市的城市建设水平在不断地提高。

2. 街道名称的专名丰富多样，展现了多彩的文化内涵

指称义是街道词语意义的基本义，指称街道是街道名称的基本实用功能。由于人们给街道命名，一般倾向于在指称意义以外再赋予名称一些其他的特殊意义，所以街道名称除了基本的指称意义外，还有着特定的文化内涵。银川街道名称的专名运用多种命名方式，展现了多彩的文化内涵。

专名反映特色的地理环境。银川市街道专名有以山、水、湖、河命名的，如"贺兰山路、黄河路、宝湖路、湖滨街、亲水大街、金波街"。贺兰山是银川的天然屏障，阻挡了西来的风沙及寒流。银川属内陆干旱型气候，但境内天然湖泊众多，历史上曾有"七十二连湖"的盛景，银川平原属自流灌溉区，自古有"天下黄河富宁夏"之说。这些独特的地理环境在街道命名中清楚地表现了出来。

专名反映古城历史文化。银川是一座历史文化名城，"怀远路、朔方路、西夏路、丽子园街、北塔路、北塔街、满城街"等街道名称的专名蕴含着丰富的历史文化。据薛正昌讲述，"怀远"源自北魏时宁夏平原黄河

以西设立的怀远郡,"朔方"源于汉朝在宁夏设置的朔方郡,"西夏"源于历史上在宁夏银川建都的西夏国。"丽子园"始建于十六国时期,夏国主赫连勃勃将今银川市东的"饮汗城",改建为王家园林,名"丽子园"①。北塔是海宝塔的俗称,是宁夏始建年代最古老的佛教建筑,为我国首批重点文物保护单位之一。这种以历史名称、古建筑名称命名城市街道的方法,有助于传播城市的历史文化,增添城市的文化底蕴。

专名反映了人们的社会心态和感情。路街名称作为一种语言符号,反映了人们的思维意识和文化心态。祈求太平、富寿、昌盛,是人们的普遍心态,这种心态从街道命名的专名中反映出来。在收集到的银川街道名称中,这种寓寄性名称最多。银川市街道名称中,带有"安、康、宁、祥、瑞、昌、达、和、同、利"等字的很多。有祈求安宁和平之意,例如"宁安大街、进宁街、永安巷、永康巷、庆丰街、庆安巷、长宁巷、瑞丰巷、惠安巷、发祥巷"等。有寓意兴旺发达之意,例如"宏图街、胜利街、通达街、文昌街、新昌路、开元路、胜达巷、明达巷、自新巷、业新巷、天盛巷、永通巷"等。有寄托民族团结之意,例如"民族街、同心街、利民街、利群街、济民街、清和街"等。有些专名具有纪念意义,例如"解放街、新华街、中山街"等。

以鸟命名的街道名称有三个,是"凤凰街、凤鸣路、燕翔路"。银川又叫凤凰城,凤凰在中国文化中又以灵鸟著称,人们以凤凰、凤鸣命名街道,赋予了良好祝愿。"燕翔路"地处燕鸽湖附近,取燕鸽湖的燕。

有些专名移用城市名或事物名。例如"北京路、上海路、福州南/北街,银川路、长城路"等,这种移用命名法,从认知上便于人们记忆,从使用上便于传播。

笔者也发现了以数字命名的街道,比如"纬十四路、纬十六路、纬十八路"。这种以数字命名的方式,指称义比较明确,具有较强的实用功能,但人文色彩较轻。可是从整个银川城市着眼,这种以数字为主要区别手段的系统化命名法对于路街名称的检索、查询和记忆以及有关的行政、生活管理工作有着极大的便利。

从语音上看,银川市街道名称中专名是双音节的有76个,三音节的有

---

① 薛正昌:《黄河文明的绿洲——宁夏历史文化地理》,宁夏人民出版社2007年版,第64页。

8个，单音节的没有。双音节的专名作为修饰限定语，说起来顺口、听起来悦耳，表现力强，而且具有对称美，符合传统的审美心理。

(二) 银川市居民小区的命名及文化内涵

事物的命名涉及法律、语言、文化等多方面因素，所以名称不只是一个纯粹的符号，也是文化信息的载体。名称是一种具有标识作用的语言符号，不仅具有对大众有投其所好、循循善诱的特点，而且常常直接凸显特定时期的社会文化走向。朱狄从美学的角度认识到词的社会性和文化性，他说道："词从一开始就是社会的产物，因此带有强烈的社会性。词作为一种已经失去了形象直观性的符号，它一开始就是一种文化传统的产物，而且带有明显的区域性质。"[①] 乐国安等人则从社会心理学的角度出发，通过描述人的社会心理阐释了语言和文化在消费者身上的具体体现，他们认为："在影响消费者心理与行为的各种社会性因素中，文化占有极为重要的地位。每一位消费者的生活方式、消费心理、购买行为等必然会受到文化的深刻影响。"[②] 对于一个商品，响亮的品牌名称不仅能反映了商品的品质属性和功能作用，而且蕴含着丰富的内涵。小区楼盘这种特殊的商品，生产者对其命名更是倍加注意。小区楼盘除了具有商品的特性外，还具有地域标示性，因为每一个小区楼盘都占据一定的区域，小区楼盘的名称推而广之就会成为标示它所在区域的名称，也是地名，所以，小区楼盘名称较其他商品名称有更高的使用频率，又有地域标示性。随着银川城市建设步伐的加快，无数广厦拔地而起，众多小区新名强力推出。一般认为小区楼盘名称有专名和通名构成，海宝小区，海宝是专名，小区是通名。笔者从2006年以来《新知讯报》和银川房地产信息网上收集了210个小区楼盘名称，对小区楼盘名称中专名、通名进行考察，分析银川市小区的命名中文化趋向和动因。

1. 小区通名的语用分析

银川市居民小区名称通名用词的高频词及文化分析。对银川市小区名称的通名词语的词频统计结果是"小区"87次，"苑"44次，"花园"29次，"家园"18次，"村"7次，"都"6次，"公寓"4次，"乡"2次，"邸"1次。另外，没有通名的小区名称有12个。

---

① 朱狄：《当代西方美学》，人民出版社1984年版，第425页。
② 乐国安主编：《应用社会心理学》，南开大学出版社2003年版，第147—148页。

从调查数据看绝大多数小区名称都有通名,通名的功能在于给商品或事物定类。定类的前提就是事物的区别性特征,所以通名要能够概括反映事物的区别性特征。排在前四位的楼盘通名具有明显的区别性特征,是典型的通名。典型的通名指称明确,人们看到或听到名称就能够知道其指称小区,不用再费口舌、笔墨进行解释,符合语言的经济性原则,用尽可能少的语言表达尽可能多的信息。而没有通名的名称,比如"书香门第、时代之星、赛上骄子、在水一方、明翠春天、碧水蓝天"等,对于这些名称不知情的人很难会认为是指小区,所以没有通名的楼盘名称尽管描述色彩浓厚,但归类指称性较弱,不利于人们的认知,不利于商品宣传。所以用这种命名方式生成的楼盘名称较少。

通用名的选用表现了不同的文化、情感倾向。从统计中可以发现"小区"一词是使用最高的词语,也是最大众化的用词,但追求时尚、古典、高贵的文化心理在小区名通名上也得到了很好地反映,如"邸"《说文解字》中解释为"属国舍",古代有官邸,小区名用"邸"体现了古典的情调;"公寓"反映了对高贵的追求;"都"反映了人们对居住小区命名追求时尚心理和喜"大"情节。

2. 小区专名的语用分析

在小区命名过程中,通名一般是普遍的,相对固定,专名显示商家的独特理念和商品的个性特点,一般变化多样,小区命名的实质是专名的命名。专名命名在选词用字及其命名方式上蕴含着人们丰富的文化和独特的审美情感。

(1) 专名用词的高频字及文化分析

据笔者统计,银川市居民小区名的专名用字频统计依次为"安"18次,"银"12,"水"11次,"新"11次,"南"10次,"丽"8次,"怡"8次,"西"7次,"和"7次,"祥"7次,"光"7次,"兴"7次,"华"7次,"金"7次,"景"7次,"湖"6次,"丰"6次,"永"5次,"北"5次,"清"5次,"宁"4次,"东"3次,"文"3次,"尚"3次;"瑞"2次。

"安"《说文解字》解释"静也。从女在宀下。"体现了中国人安居乐业的家居文化。中国历史上大量的战争历史使中国文化中形成了一种追求安定生活状态的心理,这种心理尤其在小区命名中也得到了充分的反映,体现了人们择居时安土重迁图稳定的愿望。

"银" 与银川之名"银"同音同字,又与金属银字同音同字,银在中国古代是仅次于金的货币,在中国古代社会长期充当着货币贮藏手段的角色,是财富的代表,因而在银川小区的命名中被大量地使用。

"水" 银川历史上曾经是湖泊众多的城市,在环保思想深入人心,人们对家居环境日益重视的背景下,临湖,临河,临水的居民小区日益受到青睐,故而带水的小区名使用频率也比较高,主要为了通过环境的优雅吸引顾客入住。

"新" 喜新厌旧是人们的普遍心理,因而带"新"的小区名也符合了人们心理追求。

"怡" 《说文解字》解释"和也。从心台声。"表现了人们追求舒适、神怡的心理诉求。怡在现代中文除少数成语中已经很少使用,用"怡"显得古色古香,非常典雅。

"和" 《说文解字》解释"相应也。从口和声。"求"和"是儒家文化扎根于中国人心中的表现,中国文化中长期有"和为贵""家和万事兴"的观念,主张"和而不同"的政治理念,因而"和"在银川居民小区的命名中也被大量使用。这里寄予了人和、家和、国和的立体式的美好期望。

"祥" 《说文解字》解释"福也。从示羊声。一云:善。"祥和是人们家居中追求的。

"永" 《说文解字》解释"长也。"表现了命名时渴求长治久安的普遍心理。

(2) 专名的语音特点

专名的音节构成,双音节词语的专名占绝大多数,其次,四音节词语的专名也有一些,四个音节词语的楼盘名称分两类,一类是楼盘名称只有四个音节词语组成的专名构成,没有通名,比如"在水一方、碧水蓝天、时代之星、明翠春天、赛上骄子"等,另一类是小区名称有四个音节词语构成的专名,还有通名,比如"民生城市花园、建发城市花园、中房丽景湖畔、欧陆经典花园、太阳都市花园"等。单音节词语专名的有8个,比如"惠园、紫园、丽园、梦园、新园、绿园、清苑、文苑"。三音节词语专名的有5个,比如"西花园小区、玉皇阁小区、星光华小区、高尔夫花园、新世纪花园",对"蓝山名邸、书香雅苑、望都郡府"这样的名称,从词语的组合上看,不是"蓝山名+邸、书香雅+苑、望都郡+府",而是"蓝山+名邸、书香+雅苑、望都+郡府","名、雅、郡"都是修饰他们后面的通名，先和通名直接组合，然后再和专名组合，所以这种方式产生的楼盘名，我们认为专名是两个音节的词语，不是三个音节的词语。五音节专名的没有。

专名命名时，语言形式必须简明，但又不能过简，过简不利于区别。在长期的命名实践中，商家终于筛选出了最理想的语音形式，这就是双音节形式。双音节词语专名占绝大多数。为什么商家多选择双音节专名呢？原因有三个。一是受到汉语构词模式的影响。现代汉语广泛运用词根复合法构成新词，词根多是单音节的语素，所以现代汉语双音节词占优势。楼盘命名中，单独看专名是一个词，既然是词，必然受到现代中文词汇特点的影响，多是双音节的专名。二是双音节专名具有一定的优势。双音节的专名作为修饰限定语，说起来顺口、听起来悦耳，表现力强，形式上具有对称美，符合传统的审美心理。双音节在商品的信息负载和传播方便而具有优势。三是受到人的认知记忆的影响。从心理学上讲，人的记忆不是单一的东西，存在着长时记忆和短时记忆两种不同的记忆。它们彼此独立而又互相联系形成一个统一的记忆系统。长时记忆可以长期储存大量信息，短时记忆是信息通往长时记忆的一个中间环节或过渡阶段，外部信息通过感觉通道先进入短时记忆，容量以内的信息在短时记忆中可短暂地保持，通过重复即复述而进入长时记忆。长时记忆是一个庞大的信息库，而短时记忆的容量是十分有限的。心理学研究经过大量试验明确提出短时记忆容量为 7±2 个组块，即短时记忆大约可保存 5—9 个组块或者是有意义的信息单元。并指出短时记忆的容量可能是 4—5 个组块。因此，根据人的短时记忆的特点，小区名不宜过长，一般以 2—4 个音节为宜，7—8 个音节为限。名称过长，短时记忆难度增加，不便于重复即复述而进入长时记忆。

3. 专名的命名方式及文化取向

第一，以已有的地名、建筑物等命名。以已有地名命名居民小区名的，如"同心园"以同心路为名，"玉皇阁小区"以历时建筑物玉皇阁命名，"尚勇小区"以街巷名称命名，"唐徕小区"以渠名命名，"海宝小区"以建筑物海宝塔名命名等。这命名方式由于借用了早已有之的词语，人们对这些词语耳熟能详，认知记忆的负担几乎没有，加之已有的建筑物的地域指示性在人们心中非常明确，所以这些专名便于传播，便于指称。

第二，以吉祥语命名。小区命名中大量使用带有吉祥感情色彩的词语来命名，其中寄寓了人们的美好期望和追求。祈求太平、富寿、昌盛是人们的普遍心态，这种心态从地名中明显反映出来。如"富康小区、健康小区、仁和苑、如意苑、盛世家园、团结小区"等，这些小区名折射出了人们对人际关系的"团结"追求；个人和家人身体"健康"的希望；国家"富康""盛世"的期望；万事"如意"等多方面的美好期望。

第三，以花卉名命名。如"红梅苑、金菊园、玫瑰园、牡丹园、青松园、桃花源、百合园、梧桐花园"等。其中"梅、菊"有象征君子的寓意；"牡丹玫瑰"均被认为是富贵的象征；而"松"则有坚韧挺拔的文化内涵在里面，用在小区名中无疑反映了我们民族的文化认知和美好寄予。

第四，以颜色词命名。如"绿宁苑、红梅苑、翠柳岛、碧水蓝天、蓝山名邸、紫园小区、紫阳小区"等。其中红色、紫色则与中国人的文化心理有关，红色紫色都体现着中国人崇尚大红大紫的文化心理，折射的是一种追求富贵的心态。而碧和蓝则体现了家居文化中对环境的要求在日益提高，反映的是一种绿色环保的价值倾向。

第五，以动物名称命名。如"凤凰花园、凤翔园、龙池花园、鹿鸣公寓、赛马苑、银凤小区"等。银川的别称是凤凰城，凤凰在中国文化中又以灵鸟著称，因此在银川与凤凰有关的命名非常常见，"凤凰花园、凤翔园、银凤小区"正体现了这种心理。"龙"是中华民族的图腾，体现出一种吉祥高贵的文化内涵；"鹿"与禄谐音，在中国文化中也是一种象征非常吉祥的动物，《诗经·小雅·鹿鸣》用"呦呦鹿鸣，食野之苹。我有嘉宾，鼓瑟吹笙"来表达欢迎贵宾的到来，曹操的《短歌行》也引用诗经之句表达求贤之意，所以鹿鸣作为小区名也包含了丰富的文化动因。

第六，以与水有关的词语命名。根据词频统计，带"水"的居民小区名有11次，如"艾依水都、在水一方、陶然水岸、江南水乡"等；带"湖"的居民小区名有6次，如"湖滨花园、湖滨小区"等，同时还有带"溪"的，如"溪桥小区"等；带"渠"的，如"双渠小区"等。银川居民小区名称中有大量带"水"，带"湖"的字出现，这反映了银川市建设湖城的定位，银川古代是湖泊众多的湖城，今天我们依然可以从"艾依河、七十二连湖"等一窥银川昔日风貌。随着环保思想的普及，银川市正在逐步将银川建设成湖城，同时也体现了银川市居民家居时对环境的追求和房地产商以命名来吸引顾客。

第七，以与历史有关的名称命名。如"怀远小区、朔方小区、丽子家园、西夏小区、昊盛小区"等。《银川市志》记载"朔方"源于汉朝在宁夏设置的朔方郡；西夏小区位于银川市西夏区，"西夏"又源于历史上在宁夏银川建都的西夏国，"昊"字也源于西夏国开国皇帝李元昊；"怀远"则来源于北魏时在此设怀远县[①]，同时这也是银川市有县级建置的最早记载。

（三）小区的命名特色

第一，民族特色。如"团结小区、民族花园"等反映了少数民族聚居区民族和睦的团结局面。

第二，地方特色。银川市小区命名体现了银川的地域特色，如"兰岳小区、清和苑、清清花园、清水湾住宅区、银凤西区、银凤小区、银河家园、银宏苑、银基花园、银基华都、银啤苑、银起家园、银新康居苑、银悦新村南区、银佐家园"等。"兰岳小区"与横亘银川的贺兰山有关，"清"字的大量出现反映了宁夏回族自治区特有的回族文化；而"银"字的大量出现则无疑是受了"银川"这一地名词的影响。

第三，时代特色。随着时代的不同，命名特色也不尽相同，这使得命名中富含了时代特点。如"东方尚都、国际花园、金鹰国际村、温莎花园、欧陆经典、中房高尔夫小区"等，体现了在经济全球化的大背景银川市居民小区命名中的变化，反映了小区在命名时的欧化倾向和以欧化为时尚的文化心理和文化追求。

银川市随着我国西部大开发的不断深入，经济也得到了迅猛发展，城市化水平得到普遍提高，乡镇人口向城市的大量涌入必然使居民小区大量的出现。以此为背景，银川市在居民小区的命名中也赋予了深厚的文化内涵，寄予美好希望，值得我们关注。

五　注重地名资源，建设和谐社会。

现在城市"文化论输赢"，弘扬本土文化，已越来越为人们重视。街道、小区名称作为地名的组成部分之一，具有指称的基本功能的同时，还具有为社会交流服务的功能，具有承载社会历史文化的作用，具有寄托社会团体的情感的作用，具有商业宣传的功能。在城市扩建发展中，对于新

[①] 银川市志编纂委员会编：《银川市志（上）》，宁夏人民出版社1998年版，第1页。

街道名、新小区名的命名，旧街道名的变迁，要全面考虑，挖掘保护地方文化资源，在满足实用功能的前提下，应尽可能达到寓意丰富，祥和高雅，有较高的文化品位，达到科学性与艺术性的统一，让地名文化更好地为社会发展服务，为建设本地区的和谐社会发光发热。①

---

① 刘晨红：《论银川市街道命名的语言文化特色》，《现代语文（语言研究版）》2009 年第 9 期。

参考文献

一 著作

常敬宇：《汉语词汇与文化》，北京大学出版社1998年版。

陈松岑编：《社会语言学导论》，北京大学出版社1985年版。

丁石庆主编：《社区语言与家庭语言：北京少数民族社区及家庭语言调查研究之一》，民族出版社2007年版。

范建荣、姜羽：《宁夏自发移民理论与实践》，宁夏人民出版社2012年版。

冯茂：《宁夏现代政区变迁沿革》，宁夏人民出版社1998年版。

付义荣：《闽南农村汉语方言词汇变化研究》，中国社会科学出版社2020年版。

付义荣：《言语社区和语言变化研究——基于安徽傅村的社会语言学调查》，北京大学出版社2011年版。

高葆泰、林涛：《银川方言志》，语文出版社1993年版。

葛剑雄等：《移民与中国》，香港中华书局1992年版。

郭熙：《中国社会语言学》，浙江大学出版社2004年版。

何兆熊：《新编语用学概要》，上海外语教育出版社2000年版。

胡明扬：《西方语言学名著选读》，中国人民大学出版社1988年版。

胡申生主编：《社区词典》，上海古籍出版社2006年版。

黄行：《中国少数民族语言活力研究》，中央民族大学出版社2000年版。

乐国安主编：《应用社会心理学》，南开大学出版社2003年版。

李荣主编，李树俨、张安生编纂：《银川方言词典——现代汉语方言大词典·分卷》，江苏教育出版社1996年版。

李如龙：《汉语地名学论稿》，上海教育出版社1998年版。

李如龙：《汉语方言学》，高等教育出版社2001年版。

李树俨、李倩：《宁夏方言研究论集》，当代中国出版社2001年版。

李宇明：《汉语量范畴研究》，华中师范大学出版社2000年版。
梁宁建：《当代认知心理学》，上海教育出版社2003年版。
林涛：《宁夏方言概要》，宁夏人民出版社2012年版。
林涛：《中卫方言志》，宁夏人民出版社1995年版。
刘晨红、林涛：《吴忠方言研究》，中国社会科学出版社2018年版。
刘大为：《比喻、近喻与自喻——辞格的认知性研究》，上海教育出版社2001年版。
刘天明、王晓华等：《移民大开发与宁夏历史文化》，宁夏人民出版社2008年版。
吕叔湘：《现代汉语八百词》，商务印书馆1980年版。
罗常培：《语言与文化》，语文出版社1989年版。
慕寿祺：《甘宁青史略》，广文书局1972年版。
申小龙：《中国文化语言学》，吉林教育出版社1990年版。
沈锡伦：《中国传统文化和语言》，上海教育出版社1995年版。
孙荣：《改革开放四十年上海城市社区治理的制度变迁研究》，复旦大学出版社2019年版。
孙维张：《汉语社会语言学》，贵州人民出版社1991年版。
索振羽编：《语用学教程》，北京大学出版社2004年版。
王德春：《大学修辞学》，福建人民出版社2004年版。
王娟：《社会语言基本理论问题审视及应用》，中国商业出版社2018年版。
王力：《汉语史稿》，中华书局1980年版。
王希杰：《汉语修辞学》，商务印书馆2004年版。
王希杰：《修辞学通论》，南京大学出版社1996年版。
王远新：《中国民族语言学：理论与实践》，民族出版社2002年版。
文贵良：《话语与生存——解读战争年代文学（1937—1948）》，上海世亿出版集团2007年版。
邢福义：《文化语言学》，湖北教育出版社2000年版。
邢福义、吴振国：《语言学概论》，华中师范大学出版社2002年版。
徐大明、陶红印、谢天蔚：《当代社会语言学》，中国社会科学出版社1997年版。
徐大明：《语言变异与变化》，上海教育出版社2006年版。
许钟宁：《二元修辞学》，复旦大学出版社2012年版。

薛正昌：《黄河文明的绿洲——宁夏历史文化地理》，宁夏人民出版社2007年版。

杨苏平：《固原方言俗语》，宁夏人民出版社2007年版。

杨苏平：《隆德方言研究》，中国社会科学出版社2018年版。

杨子仪、马学恭：《固原县方言志》，宁夏人民出版社1990年版。

银川市志编纂委员会：《银川市志》，宁夏人民出版社1998年版。

游汝杰、邹嘉彦：《社会语言学教程》，复旦大学出版社2004年版。

张安生：《同心方言研究》，中华书局2006年版。

张永理：《社区治理》，北京大学出版社2014年版。

中国社会科学院语言研究所词典编辑室编：《现代汉语词典》，商务印书馆2012年版。

中国语言文字使用情况调查领导小组办公室：《中国语言文字使用情况调查资料》，语文出版社2006年版。

周振鹤、游汝杰：《方言与中国文化》，上海人民出版社1986年版。

朱德熙：《语法讲义》，商务印书馆1982年版。

朱狄：《当代西方美学》，人民出版社1984年版。

祝畹瑾：《社会语言学概论》，湖南教育出版社1992年版。

［法］萨莫瓦约：《互文性研究》，邵炜译，天津人民出版社2003年版。

［美］爱德华·萨丕尔：《语言论》，陆卓元译，陆志韦校订，商务印书馆1985年版。

［美］布龙菲尔德：《语言论》，袁家骅、赵世开、甘世福译，商务印书馆1980年版。

［美］霍凯特：《现代语言学教程》（上），叶蜚声、索振羽译，北京大学出版社1986年版。

［英］马林诺夫斯基：《文化论》，费孝通等译，中国民间文艺出版社1987年版。

［英］诺曼·费尔克拉夫：《话语与社会变迁》，殷晓蓉译，华夏出版社2003年版。

［英］约翰·甘柏兹：《会话策略》，徐大明、高海洋译，社会科学文献出版社2001年版。

二 论文

艾军、韩海艳:《从间接言语行为理论看隐喻的"言外之意"》,《外语学刊》2011年第3期。

蔡冰:《"语言能力"是什么?》,《语言科学》2013年第6期。

蔡英杰:《店铺名称一瞥》,《修辞学习》2001年第2期。

曹炜:《现代汉语中的称谓语和称呼语》,《江苏大学学报》(社会科学版)2005年第2期。

常月华:《大学生语文能力现状调查与分析》,《郑州大学学报》(哲学社会科学版)2007年第3期。

陈明猷:《宁夏古代历史特点初探》,《宁夏社会科学》1991年第1期。

陈松岑:《新加坡华人的语言态度及其对语言能力和语言使用的影响》,《语言教学与研究》1999年第1期。

陈新仁:《汉语告示语的语用研究》,《暨南大学华文学院学报》2001年第4期。

陈永国:《互文性》,《外国文学》2003年第1期。

陈忠祥:《宁夏回族社区空间结构特征及其变迁》,《人文地理》2000年第5期。

樊小玲:《指令类言语行为构成的重新分析》,《华东师范大学学报》(哲学社会科学版)2011年第1期。

方宁、陆小鹿:《跨文化交际视域中的语言运用和身份认同——基于文化差异的分析》,《外国语文》2012年第2期。

付义荣:《中国农村社会语言学的研究现状及理论思考》,《语言文字应用》2021年第3期。

郭熙:《七十年来的中国语言生活》,《语言战略研究》2019年第4期。

郭玉梅、杜敏:《新时代背景下双语地区语言景观实态研究——以甘肃天祝藏族自治县为例》,《青海师范大学学报》(哲学社会科学版)2019年第5期。

何彤慧、李禄胜:《宁夏地名特征与地名文化》,《宁夏社会科学》2003年第4期。

胡静怡、覃真婷、杨永坤、樊思恺:《新农村户外标语调查研究——以闽宁镇为例》,《汉字文化》2022年第4期。

胡士云：《汉语亲属称谓研究》，博士学位论文，暨南大学，2001年。

胡蔚涛：《从大学生汉语状况看加强汉语教育的紧迫性》，《衡水学院学报》2006年第3期。

胡壮麟：《系统功能语言学的社会语言学渊源》，《北京科技大学学报》（社会科学版）2008年第2期。

黄敏娥：《话语标记语的认知关联论阐释》，《安徽工业大学学报》2008年第3期。

黄行：《广西龙胜勉语的语音变异》，《民族语文》1990年第1期。

黄行：《论国家语言认同与民族语言认同》，《云南师范大学学报》2012年第3期。

蒋彬：《简论民族地区的城镇文化建设》，《西南民族大学学报》2005年第9期。

雷红波：《上海新移民的语言社会学调查》，博士学位论文，复旦大学，2008年。

李丽生：《国外语言景观研究评述及其启示》，《北京第二外国语学院学报》2015年第4期。

李丽生、夏娜：《少数民族地区城市语言景观中的语言使用状况——以丽江市古城区为例》，《语言战略研究》2017年第2卷第2期。

李生信：《回族话中的别同现象》，《修辞学习》2002年第6期。

李文莉：《地名词汇的历时变化及其社会动因——以涪陵地名为例》，《重庆教育学院学报》2007年第4期。

李现乐：《试论言语社区的层次性》，《东北大学学报》（社会科学版）2010年第3期。

李宇明：《城市语言规划问题》，《同济大学学报》（社会科学版）2021年第32卷第1期。

李宇明：《当代中国语言生活中的问题》，《中国社会科学》2012年第9期。

李宇明：《语言生活与语言生活研究》，《语言战略研究》2016年第3期。

林涛、许钟宁：《纳家户方言的语音系统》，《西北第二民族学院学报》1997年第4期。

刘宝俊：《民族语言学论纲》，《中南民族学院学报》（哲学社会科学版）1994年第5期。

刘青松：《入湘三峡移民的语言态度及其对语言交际的影响》，《中南大学学报》（社会科学版）2007年第1期。

刘晨红：《变异告示语的互文研究》，《北方民族大学学报》（哲学社会科学版）2013年第4期。

刘晨红：《从移民文化看宁夏话的形成与发展》，《北方民族大学学报》2009年第6期。

刘晨红：《告示语的言语行为分析》，《北方民族大学学报》2021年第1期。

刘晨红：《公益广告语言的艺术化表现》，《西北第二民族学院学报》2005年第2期。

刘晨红：《临时名量词与名词匹配的认知机制》，《宁夏大学学报》（人文社会科学版）2011年第2期。

刘晨红：《论银川市街道命名的语言文化特色》，《现代语文（语言研究版）》2009年第9期。

刘玉屏：《农民工语言再社会化实证研究——以浙江省义乌市为个案》，《语言文字应用》2010年第2期。

刘玉照：《"移民化"及其反动——在上海的农民工与台商"反移民化"倾向的比较分析》，《探索与争鸣》2005年第7期。

刘悦淼、谢林：《基于语言景观文化功能的汉语文化传播路径》，《武汉冶金管理干部学院学报》2020年第4期。

娄开阳、徐赳赳：《新闻语体中连续报道的互文分析》，《当代修辞学》2010年第3期。

马伟华：《移民与文化变迁：宁夏吊庄移民语言变迁的调查研究》，《内蒙古大学艺术学院学报》2009年第4期。

聂鹏、木乃热哈：《西昌市彝文语言景观调查研究》，《语言文字应用》2017年第1期。

邱莹：《上饶市语言景观调查研究》，《语言文字应用》2016年第3期。

沙爱霞：《宁夏纳家户民族生态旅游村的建设研究》，《宁夏大学学报》（自然科学版）2004年第2期。

尚国文、赵守辉：《语言景观的分析维度与理论构建》，《外国语（上海外国语大学学报）》2014年第6期。

尚国文、赵守辉：《语言景观研究的视角、理论与方法》，《外语教学与研究》2014 年第 2 期。

施旭：《究竟什么是"话语"和"话语"研究》，《社会科学报》2008 年第 1 期。

水镜君：《"忆旧共同体"与多元社区的建设》，《中州学刊》2004 年第 2 期。

苏杰：《上海私人标牌中的语言权势与文化权势》，《语言战略研究》2017 年第 2 期。

苏金智：《国内外语言文字使用情况调查概述》，《语言文字应用》1999 年第 4 期。

孙德平：《语言认同与语言变化：江汉油田语言调查》，《语言文字应用》2011 年第 1 期。

孙亦平、邓琳：《当代大学生语言与社会文化秩序构建——基于江西地区大学生语言状况的分析》，《江西社会科学》2017 年第 6 期。

孙玉卿：《山西方言亲属称谓研究》，博士学位论文，暨南大学，2003 年。

屠国平：《大学生汉语言文字能力现状调查与对策研究》，《中国大学教学》2009 年第 12 期。

王安忠：《宁夏南部山区移民吊庄模式和效益分析》，《宁夏社会科学》1998 年第 2 期。

王玲：《城市化进程中本地居民和外来移民的语言适应行为研究——以合肥、南京和北京三地为例》，《语言文字应用》2012 年第 1 期。

王玉华：《店名修辞及其审美取向》，《天津大学学报》2006 年第 5 期。

王玉珏、李洪亮：《大学生母语素质现状与对策研究——基于山东省部分高校为例》，《语文学刊》2016 年第 8 期。

王远新：《论我国民族杂居区的语言使用特点》，《民族语文》2000 年第 2 期。

王远新：《论我国少数民族语言态度的几个问题》，《满语研究》1999 年第 1 期。

吴福祥：《关于语言接触引发的演变》，《民族语文》2007 年第 2 期。

伍铁平：《论汉语中的从儿称谓和有关现象》，《中国语言学报》1985 年第 2 期。

武小军、杨邵林：《返乡流动人口的语言选择与变化——基于交际空间的量化分析》，《语言文字应用》2014 年第 1 期。

武晓平、单欣：《关注大学生语言生活状况 提高大学生母语能力素养——基于三所理工类大学学生语言生活状况的调研》，《长春理工大学学报》（社会科学版）2011年第11期。

喜清娉：《宁夏闽宁镇回族吊庄移民语言生活调查研究》，硕士学位论文，中央民族大学，2012年。

夏历：《农民工言语社区探索研究》，《语言文字应用》2007年第1期。

夏立华：《古汉语第二人称代词的感情色彩》，《集宁师专学报》1999年第3期。

谢俊英、李卫红、姚喜双、魏小军：《普通话普及情况调查分析》，《语言文字应用》2011年第3期。

徐大明、王玲：《城市语言调查》，《浙江大学学报》（人文社会科学版）2010年第6期。

徐大明：《言语社区理论》，《中国社会语言学》2004年第1期。

徐红罡、任燕：《旅游对纳西东巴文语言景观的影响》，《旅游学刊》2015年第30卷第1期。

徐茗：《北京市语言景观调查研究》，《对外汉语研究》2018年第2期。

徐盛桓：《幂姆与文学作品互文性研究》，《暨南大学华文学院学报》2005年第1期。

许钟宁：《公关语言的精品——宁夏系列公关标语口号论析》，《修辞学习》2002年第5期。

薛正昌：《历代移民与宁夏开发（上）》，《宁夏社会科学》2005年第4期。

杨晋毅：《洛阳市普通话和方言的分布与使用情况》，《语言文字运用》1997年第4期。

杨晋毅、孙永应、潘贵英：《洛阳市现代语言形态的产生原因和理论意义》，《语文研究》1997年第1期。

杨晋毅：《中国新兴工业区语言状态研究（中原区）（上）》，《语文研究》2002年第1期。

杨丽萍、张沥文、李现乐：《乡村振兴背景下语言生态建设的思考》，《中国语言战略》2018年第1期。

杨晓宇、刘鸿雁、马军丽：《宁夏高校普通话水平测试及培训现状调查》，《宁夏师范学院学报》2017年第5期。

于芹：《临泉方言中指人"子"尾词考察》，《阜阳师范学院学报》2005年第 2 期。

张安生：《宁夏境内的兰银官话和中原官话》，《方言》2008 年第 3 期。

张安生：《银川话阳平、上声合并史新探（上）》，《河北大学学报》2005 年第 1 期。

张秋红：《移民方言接触与回族方言语音变迁探析——以宁夏红寺堡开元村关中方言为例》，《北方民族大学学报》（哲学社会科学版）2017 年第 5 期。

张廷兴：《山东民间"子"缀人品称谓词的考查》，《民俗研究》1998 年第 1 期。

张媛媛、张斌华：《语言景观中的澳门多语状况》，《语言文字应用》2016 年第 1 期。

郑庆君：《"互文"型手机短信及其语篇特征探析》，《语言教学与研究》2007 年第 5 期。

周传斌：《宁夏河西地区的城市化与回族社区变迁——以银川市和石嘴山市为例》，《西北第二民族学院学报》2007 年第 2 期。

周永军、马子豪：《宁夏生态移民区移民语言使用状况实证研究》，《宁夏大学学报》2018 年第 6 期。

朱培培、孙汝建：《试探店名谐音现象》，《牡丹江教育学院学报》2010 年第 2 期。

后　记

《言语社区与语言文化研究——宁夏语言生活调查》是在2011年国家社科基金项目"宁夏回族社区语言研究"的成果基础上修改完成。将由中国社会科学出版社出版，这是一件值得庆贺的事情。我对宁夏地区语言的调查，最早关注的是方言调查，于2009年开始从社会语言学的角度进行调查研究。十多年来，在繁忙的教学工作之余，始终坚持调研，也指导对宁夏语言生活感兴趣的硕士研究生进行调研，经过多年的积累，产生了一些研究成果，迄今为止，以宁夏语言生活为内容的调查研究，本人已经主持了一项国家社科基金项目，一项宁夏社科规划项目，一项国家民委研究项目，发表论文多篇，获得两项宁夏优秀社科成果论文奖。

《言语社区与语言文化研究——宁夏语言生活调查》一书的最终出版得益于许多人士的支持与帮助，在此，我由衷地表示感谢。

感谢北方民族大学李生信教授，他是我的老领导老同事，也是我主持的国家社科基金项目"宁夏回族社区语言研究"的主要成员，本项目的申报得到了他的精心指导，在项目具体实施过程中，李生信教授无私地提供相关研究资料，给予了极大的帮助。感谢北方民族大学郭玉梅老师，在我校对书稿时，她提出了许多有益的建议。感谢北方民族大学张秋红老师，在出版过程中，她帮助我完成了学校学院各种复杂的审批事宜。感谢我的硕士研究生汪洋对于宁夏闽宁镇语言景观的调查；感谢帮助我统计数据、整理资料、校对文稿的所有研究生们。

感谢北方民族大学文学与新闻传播学院领导统筹安排出版事宜，感谢北方民族大学"语言学及应用语言学"区级重点学科的经费资助。

感谢中国社会科学出版社耿晓明编辑，因出版事宜，我们用微信交流联系，她的耐心热情给我留下了深刻的印象，她认真细致的工作保证了本书的顺利出版。

  由于本人才疏学浅，书中一定存有这样或那样的疏漏缺点，敬请各位专家和读者批评指正！

刘晨红

2022 年 5 月